元宇宙
概念研究与体系构想

惠怀海 等编著

Concept Study
and
System Construct

国防工业出版社
National Defense Industry Press

图书在版编目（CIP）数据

元宇宙：概念研究与体系构想 / 惠怀海等编著 . --
北京：国防工业出版社，2022.8
ISBN 978-7-118-12556-6

Ⅰ . ①元… Ⅱ . ①惠… Ⅲ . ①信息经济 Ⅳ . ① F49

中国版本图书馆 CIP 数据核字（2022）第 133736 号

元宇宙——概念研究与体系构想
惠怀海 等编著

责任编辑	崔艳阳 刘 翾
封面设计	秦 靳
出版发行	国防工业出版社
社　　址	北京市海淀区紫竹院南路 23 号
电　　话	010-88540777
网　　址	www.ndip.cn
印　　刷	雅迪云印（天津）科技有限公司
开　　本	710mm×1000mm　1/16
印　　张	25.5
字　　数	243 千字
版　　次	2022 年 8 月第 1 版
印　　次	2022 年 8 月第 1 次印刷
印　　数	1—8000 册
定　　价	128.00 元

元宇宙——概念研究与体系构想

两仪灵境团队

武江涛　崔　颢　惠怀海　张　斌
印二威　王敬超　杨靖琦　曹双僖
沈宇婷　魏中锐　秦　靳　张小苗
王　晋　王　颖　时　零　夏乾臣
钱滨冰

元宇宙——概念研究与体系构想

专家咨询组

陈　静　闫　野　程　剑　杨长虹

王少军　张林东　徐　珞　赵晓虎

张桂华　张知恒　陶建华　田　丰

蔡　亮　王党校　谭　林　夏　琦

徐向华

鸿蒙初辟——前 言

对宇宙的探索贯穿了整个人类文明史。公元前 450 年，古希腊哲人留基伯撰写了一本著作《宇宙学》，他的弟子德谟克利特又写了《宇宙小系统》一书。他们师生构建了西方古典原子论和宇宙学的基础。我国战国时期的著作《尸子》中有"四方上下曰宇，古往今来为宙"的描述，在中国古代先贤的认识中，宇宙可以说是整个空间、时间概念的集合。

元宇宙一词源自作家尼尔·斯蒂芬森 1992 年的科幻小说《雪崩》（Snow Crash）。在小说中，人类通过虚拟现实（Virtual Reality, VR）设备与虚拟人共同生活在名为 Metaverse 的虚拟空间中，在这个共享的线上世界中，人们能够互联互通，甚至在其中生活、工作。Metaverse 由 meta 和 verse 两个词根组成，其中，meta 表示"超越""元"，verse 表示宇宙（universe），故中文译为元宇宙，也被译为"虚拟实境""超元域"。钱学森也曾提出 Meta-synthesis（"从定性到定量的"综合集成法）。

2020 年，全球新型冠状病毒肺炎疫情（简称新冠疫情）的暴发加速了社会数字化转型，社交、教育、制造、娱乐、金融等领域也同步加快了向线上迁移的步伐。当前，在元（Meta，原 Facebook）、微软（Microsoft）、英伟达（NVIDIA）、腾讯、字节跳动等科技巨擘的推动下，元宇宙已迅速从理念思潮转化为社会热潮，引发了社会各界的广泛讨论，甚至政府部门的高度关注，形成了独特的元宇宙现象。

鸿蒙初辟，发轫之始，百家争鸣。本书描述了元宇宙的源起，提出了元宇宙的概念和构想，描绘了元宇宙技术体系和平台，介绍了元宇宙可能的应用样式，畅想了元宇宙的未来发展形态。元宇宙概念正处于快速演进之中，技术、平台与应用发展日异月殊，"驽马十驾，功在不舍"，此书仅一家之言，不足之处敬请广大读者攻瑕指失，不吝赐教。

两仪灵境团队

2022 年 3 月 3 日

目 录 CONTENTS

第三章 元宇宙构想

两仪灵境

第四章 元宇宙技术

博雅之美

第五章　元宇宙平台

不拔之柱

第六章　元宇宙应用

灵境之象

第七章 元宇宙畅想

大成之路

空间·虚实融合

体系·数据主导

景象·万物新生

豪气·寸土必争

拔新领异

序集

人因工程与元宇宙

随着脸书（Facebook）改名元（Meta）带来的溢出效应，元宇宙火了，其爆发可视为社会经济转型与变革的一种需求和要求。美国在概念引领上一直走在前面，并且十分重视这种概念引领的作用，从美国航空航天局（NASA）对"以人为中心设计"理念和方法的坚持倡导，及其将人因工程学科纳入系统工程体系中，可见一斑。虽然，理性声音把元宇宙解读为商业与产业对新刺激的需求，但我们应看到美国对概念的敏锐性，以及未来围绕这个概念形成的潜在技术体系。对待元宇宙，我们既要保持必要理性，也要探寻求索，创新形成自己的理论与概念。

本书作者的反应是敏捷的，在较短的时间里为我们生动呈现了一个元宇宙全景图，对于我们从事人因学研究的人来说，也觉耳目一新。元宇宙看上去是一种对旧概念的新刻画，但它其实也与"以人为中心"进行情景营造、系统设计的人因理念密切关联。随着工业文明进化到 4.0 智能化时代，人的社会性及技术复杂性融合演进，智能交互与虚实结合的技术变革必将极大增加社会复杂性，以元宇宙为代表的未来人机关系将深刻影响并改变我们人类自身。

时下元宇宙热潮源于消费级人机交互产业的助推，而不仅仅是虚拟现实的翻版。从人因工程的角度看，元宇宙会塑造人、改变人，人的思维和性格都在其中变化，使得人与机的思维进化趋于同步和一致。而机器又是由人制造的，人在其中起到了关键与核心作用。换言之，元宇宙一定是以人为中心设计、运行，又以适人性进行评价，进而实现演化。基于广义人因的视野，放眼元宇宙，每个人都有期望，它是一个多重想象的混合体。人在其中能够以虚拟身份进行舒适地交流，在未来与现在、虚拟与现实中实现价值的交换，进而塑造新的环境和秩序。从某种意义上说，元宇宙是在时空属性、虚实属性上铰链万物的复杂系统和复杂社会。我将元宇宙理解为"心"动世界，元宇宙因人"心"而存在、因人"心"而变化、因人"心"而共鸣。

这本书以科学的理念、体系的视角和系统的技术，较为详实地剖析了元宇宙的发展来由、脉络和趋势。书中的一些观点引发了我的共鸣，相信也能够引起广大读者对未来世界的无限畅想。让我们欢迎这个新世界的到来、拥抱新发展中的机遇，走入这个"心"动世界。

陈善广

陈善广，中国载人航天工程副总设计师，国际宇航科学院院士。

视觉测量与元宇宙

近年来，社会数字化转型速度趋于爆发，社会经济各个领域也同步加快了向线上迁移的步伐，"元宇宙"作为一个创新发展的技术概念引起了各界的广泛关注。

新事物的诞生，总有它合理的前因后果。对待"元宇宙"这个热火朝天的新名词，需要保持开放和包容的心态，保持好奇心和学习探索的精神，也要保持审慎研究的严肃态度。追溯起来，钱学森先生在20世纪90年代对于"灵境技术"的探究就是国内对元宇宙研究的源头。钱老用"灵境技术是继计算机技术革命之后的又一项技术革命，它将引发一系列震撼全世界的变革，一定是人类历史中的大事"，让人不免感叹科学巨擘的超前智慧。

元宇宙是什么？它应该是一个基于现实世界的、足够真实的"虚拟世界"。在元宇宙中，如何通过"眼耳鼻舌身意"来获得对元宇宙世界的真实反馈与全面认知，是需要重点突破的核心技术之一。横看成岭侧成峰，仅从人眼视觉的角度而言，看到的东西并不能完全反应世界的全貌，除了人类自身可标记的信息之外，还可以通过对视觉传感器进行算法设计，将人眼不可及之处变为传感器可测量的范围，用于超越人类感知，支撑元宇宙场景的构建。

作为科研人员，我们要善于从国家经济建设的战略方向和需求中凝练科学问题，结合自己的专业来研究，做别人做不了的事，从源头上创新，不能总跟在别人后面；还要搞好成体系创新，形成具有核心竞争力的理论、方法和技术，走在世界的前列，为建设创新型国家多做贡献。

> 问天阁上观像来，
>
> 测南量北混沌开。
>
> 更待琼楼此处起，
>
> 不将命运问仙台。

这本书客观理性地分析了元宇宙的源起、概念、构想、技术、平台和应用，畅想了元宇宙发展前进的脉络，为读者提供了全景式的概念理解和体系梳理，既开宗明义，又抛砖引玉，值得一读。

这本书出自一个充满激情、朝气蓬勃的团队，希望这些年轻学者们能够在元宇宙这个交叉领域里不断拓展认知，深耕细作，把基础性研究和前沿探索摆到首位，为科技强国做大贡献。

于起峰

于起峰，中国科学院院士。

区块链与元宇宙

元宇宙是一个概念，不是特指某个应用或产品。从社会视角看，它是数字化形态的平行宇宙，在这个"宇宙"，我们可以有各种全新的身份、资产和社会关系，可以进行不同于现实物理世界的生活和社会活动。从科学视角看，它促进了数学、密码学、信息学、生命科学等学科的深度交叉和发展。从技术视角看，它是虚拟现实、5G/6G、人工智能、云计算、大数据、区块链等多项技术综合运用的融合体。

在构成元宇宙的主要新技术中，无论是大数据技术、云计算技术，还是虚拟现实技术，甚至是人工智能技术，它们都只能在某些场景或者某些片段当中有效，而无法真正将整个场景串联起来。区块链则不一样。它不仅可以建立各种新技术之间的联系，而且还可以打造一个基于这些新技术的完整闭环的"宇宙"。可以这么说，在元宇宙中，生产力是5G/6G、人工智能、云算力等，生产资料是自然数据、人类数据、物联数据、数字原生数据等，而生产关系就是区块链。区块链将生产力和生产资料组合起来，实现一个有场景、有行为、有交易的完整闭环，真正带给我们一个称为元宇宙的新世界。

区块链究竟如何支撑元宇宙呢？目前看主要有三点：一是独一无二的数字身份，二是个人数据的专属权，三是分布式经济体系。数字身份和个人数据确权这两点本来就是区块链的技术本质属性，元宇宙要实现与现实社会的映射与共生，需要一个完整的经济运行规则体系支撑，区块链分布式经济体系提供了一种切实可行的方案。

元宇宙不只是一个体验世界，更是一个数学和数字世界，同时也是数字空间和物理空间的融合共生，或许是人类新的存在空间，也或许我们已在其中。

是为序。

陈纯，中国工程院院士，浙江大学信息学部主任。

科技创新生态与元宇宙

　　习近平主席在中国科学院士大会、中国工程院十五次院士大会、中国科协第十次全国代表大会上指出，"科技创新速度显著加快，以信息技术、人工智能为代表的新兴科技快速发展，大大拓展了时间、空间和人们认知范围，人类正在进入一个'人机物'三元融合的万物智能互联时代"。

　　当前，新一轮科技革命和产业变革突飞猛进，科学研究范式正在发生深刻变革，学科交叉融合不断发展，科学技术和经济社会发展加速渗透融合。元宇宙通过融合科技属性与社会属性，更进一步体现基于数字革命的科学技术对社会生产的全新赋能，并成为人类社会的创新范式。

　　元宇宙作为可能的下一代互联网正在蓬勃发展。MEMS、IoT、5G、人工智能、数字孪生、云、边缘计算等技术集群的飞速发展，能够颠覆一些传统产业，升级变革一些产业，并孵化新的应用，催生新的业态，这都推动了元宇宙时代的到来。

　　我认为，元宇宙或许是催生新一轮信息技术创新发展的引擎，围绕 Web3.0、5G、虚拟现实 / 增强现实、区块链等智能技术打造生态发展、创新应用的优良环境，将为构建人类命运共同体这一伟大进程不断贡献智慧和力量。元宇宙是未来人类社会发展过程中网络的愿景，可随之而来的是元宇宙的构造设计问题，需要解决虚拟世界与现实世界的融合、系统复杂性和内部运行模式等难题，在其发展过程中可能存在非常艰巨的挑战，因此，元宇宙"愿景美好，任重道远"。

本书对元宇宙进行了系统化的描述，从元宇宙的发展历程、概念图像、技术体系、物化平台、应用领域和未来畅想等方面进行客观审视与深入剖析，具有梳理深度与认知广度。本书既可以作为技术人员的准工具书，也可以作为广大元宇宙爱好者的通识读本。大家对元宇宙概念、组成及相关技术的疑问，在这本书中都能够找到答案。

陆军，中国工程院院士。

科技哲学与元宇宙

从古至今，人类从未停止对宇宙的思考和探索。《易传·系辞上传》中提到"易有太极，是生两仪，两仪生四象，四象生八卦"，这是中国古代文化中世界的形成过程。"两仪"即"阴"和"阳"，被认为是世界的构成要素，古人用其相互作用来解释世间规律。

现代科学认为，物质、能量、信息是客观世界里的三大基本要素，也正是由这三要素构成了宇宙。诺贝尔物理学奖获得者、量子力学奠基人尼尔斯·波尔提出："每一个我们称为'真实'的东西，都是由'不真实'的东西组成的。"量子物理学家基于这个理论，发现物理原子是由能量漩涡组成的，每一个漩涡都放射出自己独特的能量样式，通过量子力学解释了物质与能量的关系。控制论奠基人诺伯特·维纳提出"信息就是信息，不是物质，也不是能量"，但是物质、能量与信息之间的关系还未形成定论，仍需探索。

2021年秋，随着元宇宙火遍全球，我们或主动、或被动地走进了元宇宙。在包含物质空间和虚拟空间的元宇宙中，我们能够以更丰富的维度探索世界奥秘，以更宽广的角度发现信息与能量、信息与物质的关系，从而更深刻地认识世界，最终更好地反馈和建设我们的世界。

如果大家也和我一样，对世界有很多思索，对元宇宙有很多想象和期待，我将本书推荐给大家。在本书中，我们能够发现元宇宙的"混沌之光"，走入虚实结合的"两仪天地"，探索元宇宙的"博雅之美"和"不拔之柱"，感受元宇宙的"灵境之象"。同时，愿本书的所有读者能够走上自己的"大成之路"。

毛明，中国科学院院士。

社交娱乐与元宇宙

　　近期，元宇宙这一全新概念引发了许多现象级事件，读完这本书，我对元宇宙概念有了一定了解，对元宇宙中的社交和娱乐方式颇感兴趣。元宇宙超越了实体空间的范畴，模糊了现实世界与虚拟世界之间的界限，为我们提供了一个可以无尽遨游、畅快交流的空间。在元宇宙中，天涯变咫尺，我们可以不受空间限制举办更多更大型的活动，无论身在何处，都可以身临其境一般参与其中。

　　我是个喜欢与人交往、兴趣爱好比较多的闲人，桥牌是我的一个爱好。打桥牌不仅是一项思想的"体操"、高雅的智力运动，更是一种加深了解、增进友谊的手段。现在，我虽至耄耋之年，仍会时不时与朋友小聚，打打桥牌，互相切磋切磋，甚有乐趣。在元宇宙中，也许我还可以与远在天涯海角、多年未见的老友"面对面"打打牌呢！

　　如果广大读者希望对元宇宙有一个更具象化的了解，我将这本书推荐给大家。本书从不同视角深入浅出地描绘了元宇宙画像，在这里有元宇宙的前世今生，也有元宇宙技术体系和平台体系，还有鲜活生动的元宇宙应用案例和热门事件，相信这些都能够为广大读者带来思想的碰撞和启发，带领大家走进全新的元宇宙世界。

陈明德，中国民主建国会中央委员会原副主席。

基础研究与元宇宙

　　道家有"一元初始"的说法，即《道德经》中"道生一，一生二，二生三，三生万物"。"元"蕴含着开放、生长、发展，且形态与数字世界相呼应，就像数学里面的积分元一样。伴随着区块链、人工智能、大数据、云计算、VR、5G/6G等信息技术的迅猛发展，现实世界不再囿于物理限制，"时间"与"空间"被赋予了全新的体验。在这里，"元"透过时与空，将物理世界与数字世界紧密地连接在一起，既平行，又交织，"宇宙"随之开始了新一轮的演化，精骛八极，心游万仞，虚实相生。

　　元宇宙作为数据主导的体系，在算力、存储和通信相平衡的超融合架构下，一方面有赖于创新技术支撑的能源物化消耗，另一方面可能为物质的转化与能源的供给带来新的运行模态。元宇宙是多领域融合的体系，有赖于数学、物理等基础学科的支撑。基础研究是高新技术起源和发展之基，元宇宙的虚实融合协同交互环境，也可为基础研究提供平行实验平台，促进领域融合与效能提升。

　　虽然目前元宇宙热潮有着资本追捧与产业助推，但科学研究是长期的、严谨的、严肃的。这本书对元宇宙进行了客观审视和理性分析，进一步阐明了前沿科学与应用探索相互促进发展的重要性。科研工作者当做好基础研究之事、担好科学研究之责，在基础研究与应用领域力争取得原创性成果，为加快实现高水平科技自立自强做出更大贡献。

苏刚，中国科学院前沿科学与教育局局长，中国科学院大学原副校长，讲席教授。

平行智能与元宇宙

《元宇宙——概念研究与体系构想》是一本关于"元宇宙"探索的有益之作，十分有助于激发大家对元宇宙的想象力，这正是元宇宙之"元"的本源与实质。

自 2020 年下半年起，不断有人问我元宇宙的问题，特别是元宇宙与平行智能的关系。当去年扎克伯格在"万圣节"前夕宣布其社交网站"脸书（Facebook）"更名为"元（Meta）"后，元宇宙一下子变成了世界性热词。随之而来的就是"Trick or Treat（"飞猪"的风口还是又来"割韭菜"了）？""Hope or Hype（希望还是忽悠）？""到底什么是元宇宙？"等各种各样的疑问。相信本书将有助于解答这类问题。

我曾讲过，元宇宙之"元（Meta）"就是形而上学"Metaphysics"之元"Meta"。因此，元宇宙的本质就是"形而上"，实际功能就是激发大家的想象力和创新能力。所以，不是每个人都应有一个自己的元宇宙，而是每个人都该有自己《一千零一夜》的元宇宙之梦。

"形而上者谓之道，形而下者谓之器"，这本是中国古老的哲学思想，但今日的元宇宙之 Meta，区块链之 DAO，还有各种智能科技之"器"般的理念与算法，从维纳的 Cybernetics 到 Cyberspace，从人工智能到深度学习，从影子系统到平行智能，已将这一哲学思想转化为技术要求和工程系统，如图所示。

平行智能与元宇宙：迈向智慧社会的"真 TRUE"与"道 DAO"

中国经典老子的《道德经》四十二章开首为"道生一，一生二，二生三，三生万物"。二者之合，恰好"形而上"地刻画出未来智能技术的必然流程：①太初有道，元源太初，是催生 Cybernetics 的"循环因果"论，将区块链之"道（DAO）"与元宇宙之"元（Meta）"，通过"真道（TRUE DAO）"的理念融合起来，变成技术，特别是机器学习等"形而下"的人工智能技术，为"真（TRUE）"的可信（Trust）、可靠（Reliable）、可用（Useful）、效益（Effective/Efficient），以及"道（DAO）"层次和功能（分布/全中心、自动/自主、组织/行动），提出具体要求；②道生一，就是我们必须面对的特定自然系统和问题；③一生二，就是我们解决问题开始时必须面对的界限和"小数据";④二生三，就是我们的由经验、模型、"实验"，特别是"计算实验"所产生的"大数据";⑤三生万物，就是由智能方法从大数据中所提炼出来的各种具有针对性的"深智能";⑥所有这些，从"小数据－大数据－深智能"这一流程的组织与行动，尽归于"元"，必须在"元宇宙"中有其对应，从而虚实合一、平行互动。由此，必然走向基于ACP（人工社会、计算实验、平行执行）的平行智能方法，融合机器人、区块链和智能科技为一体，变革生产资料、生产关系和生产力，进入人类社会发展的新阶段。

这一切的本质，就是试图把过去受个人认知能力的Miller数，社会认知容量的Dunbar圈之限而无法商品化的注意力（Attention）和信用度（Trust）转化为可批量化生产、可规模化流通的新型商品。这正是我们研究元宇宙的原因和动机。我们相信，如果正确的元宇宙模式成功，将革命性地变革经济商品的范畴。同时，也能够极大地扩展提高社会效益的途径，必将加速从工业时代到智业时代的进程。

从20世纪80年代初，从利用蒙特卡罗（Monte Carlo）方法和高斯随机场进行材料缺陷研究开始，我有幸在浙江大学走上了利用计算手段设计、分析、实验、验证物理系统的学术研究。90年代初，向NASA提出将模型作为数据产生器和可视化工具的"影子系统"方法，用于外星无人系统的构建与验证，即今天的数字孪生思想。本世纪初，在科学哲学家卡尔·波普尔"三个世界"思想的影响下，在科学院提出"平行系统"

及其平行智能，以及相应的 ACP 方法和 CPSS（Cyber-Physical-Social Systems）概念。我一直希望这些研究能够催生新的产业革命，促成智能企业和智能产品，而且从我们日常离不开的智能家居系统开始。为此，2000 年在上海举办的第一届中国家电科技大会上，我专程回国做了家用"网器"及其互联互通与产业革命的大会报告，认为互联网将导致"第四次产业革命"即"工业 4.0"，而 OSGi 服务互联协议将开启"第五次产业革命"即"工业 5.0"。同年，与广东科科龙电器集团、中国科学院和美国亚利桑那大学合作，成立国际研发中心和创业公司，于 2000—2002 年进行云计算和物联网相关科研和系统开发，并有幸发表了平行、ACP 和 CPSS 等领域的开篇文章。这些经历，让我对数字孪生和元宇宙等现象有了不同的思考与认识，因此相信本书所展示的研究和探索将更加深入地推动智能科技的发展与应用。

元宇宙在赛博空间（Cyberspace）中孕育，在《镜像世界》一书中诞生，借小说《雪崩》成名。通过平行智能，元宇宙进化到钱学森的"灵境"科技，名字上再少一个字，内涵上更上一层楼。最终，构成"明镜、临镜、灵境"三位一体的智能科技体系，成为不但更有"中国味"，也更加人性，更好地服务于人类向善的新科技。

王飞跃

王飞跃，复杂系统管理与控制国家重点实验室主任，中国科学院自动化研究所研究员。

智能人机交互与元宇宙

人机交互是人机之间信息交换理论和技术研究的总称，与今天无所不在、人人使用的计算机交互接口直接相关。而对元宇宙这样创造性、沉浸式交互应用需求，现有的人机交互模式还是显得"捉襟见肘"，仍需要探索适合其应用发展的智能人机交互模式。

从主机、个人到 PC、桌面计算，以及移动/穿戴和普适计算时代，交互模式发生了划时代的变化。交互模式从 CUI（字符用户界面）的键入命令，到 GUI（图形用户界面）的鼠标拖拽，再到智能手机上的动作语音操控，不断突破用户使用计算机的难度瓶颈，计算得以从少量专家用户的科学计算扩增到数十亿人的日常应用。当然交互模式变迁的节奏没有那么快，和硬件的更新节奏——摩尔定律相比还是很慢的，大致遵循 20 年的变化周期，从命令行到图形用户界面，以及人人都希望的自然用户界面，都用了大概 20 年的时间。越来越多的普适计算场景，计算嵌入现实世界，万物都将成为计算感知或交互的平台。

智能交互通过实现以人为本的自然交互和体系设计，为构建虚实共生的元宇宙环境，搭建了一座跨越人与系统间鸿沟的桥梁。智能交互既可以让机器更"懂"你，也可以让你更"懂"机器。

可以想象，在智能交互的支持下，未来元宇宙中人的行为，都能够被准确理解和把握，仿佛人们访问信息世界的界面前移到身体上，访问表达自然、无须额外的注意力，信息系统所具有的深度意图理解和情境感知能力能为我们的生活、工作、教育、娱乐等构造出轻松、适意、高效的环境。

回到现实，目前尚无成熟可用的元宇宙人机交互技术。元宇宙的用户终端将从智能手机扩展开来，新型的终端将多种多样，典型的包括智能眼镜和智慧物联网环境，如家居等，这些新型终端在交互接口上的共性是接口的虚拟化、远程化和多映射关系，失去了 PC 和手机的具有明确反馈确认的固定接口，交互功能和效率还都差强人意，留给我们很大的研发空间。

科技发展需要无数具有情怀的人奋力拼搏，如果你是立志改变世界的人，那么我推荐此书给你。这本书给复杂技术体系的元宇宙一个时空全景描述，并畅想了未来世界的无限可能。希望这也是你的阅读体验。

史元春，青海大学校长，中国计算机学会人机交互专业委员会主任，清华大学计算机系教授。

认知融合与元宇宙

　　元宇宙是一个充满想象的概念，就像一千个读者眼中就有一千个哈姆雷特一样。想象的建构一定有其现实的基址，元宇宙是物理可认知的、数学可刻画的、信息系统可实现的。从其发端到现在，元宇宙也许已经走过了简单的仿真时代，来到了虚拟世界影响现实世界的时间点。

　　现实世界与虚拟世界平行发展的演进路径将在人与机器融合中逐渐清晰。在融合的过程中，人与机器之间交互的信息渠道越加丰富，需要更加便捷高效的信息映射方式。围绕着人的周身感官，如何在信息过载条件下，通过人机之间的可靠通信和语义交互等手段，实现人与机之间理解层面的传递，将是元宇宙的主要课题之一。

　　互联网连接了人和人，而元宇宙将连接人和虚拟世界，这会产生一个"我是谁"的问题。在虚拟世界中，思想可能会受到影响，产生自我认知混淆，身体在一个"疆域"、精神在另一个"疆域"。在元宇宙营造的视觉传达、识别理解和行为操控环境里，人与人的互动、人与虚拟人的互动、人与虚拟世界的互动的现实映射，将引发人工智能领域与认知领域相关学科的进一步深化融合。

目前，关于元宇宙概念的探讨很多，但尚未形成明确的概念定义，需要一个合适且可持续深化的起点。本书敏锐地发现了这个问题，并进行了科学理解和深入分析，完成了一些基础性工作，尝试建立了元宇宙概念研究和体系构想的基点，探索了元宇宙体系发展方向。我将本书推荐给大家，让我们一起思考人类与机器、现实与虚拟、现在与未来。

石光明，鹏城实验室副主任，教授，博士生导师。

虚拟现实引擎与元宇宙

　　元宇宙是赋予了社会属性和商品属性并支持沉浸式虚实融合体验的互联网环境，也叫"互联网 n.0"。元宇宙不是一个新概念，但是随着信息技术的发展和社会发展形态的变化，元宇宙的概念内涵仍在不断的演变中。

　　元宇宙概念的升温，除了科技巨擘的推动，离不开虚拟现实产业的发展和技术的积累。虚拟现实引擎是构建虚拟世界大厦的技术底座，是数字化场景高真实感表达和场景行为高逼真度仿真再现的软件体系，是元宇宙构建的重要技术基础。以现实世界为蓝本构建的元宇宙，能够带给参与者较强的代入感，更容易获得参与者的认可。这样的元宇宙需要构建一个具有真实感和沉浸感的虚拟世界，这个虚拟世界内容复杂多样，对物理仿真和真实感实时绘制提出了更高的技术要求，需要提供海量模型的高临场感呈现、三维虚拟环境的高效构建、虚拟环境的高真实感交互、物理行为和状态的高敏捷响应等能力。

　　此外，元宇宙作为各个行业应用的承载交互空间和共性技术基础，还需满足不同行业应用虚拟环境的精度和速度要求，这对促进行业应用的数字化建设，乃至促进行业发展具有现实意义。从技术发展角度而言，通过元宇宙这样的一个共性概念来联结各种相关技术并促进各种技术的融合发展具有研究价值。从行业应用角度而言，面向当前纷繁复杂的国际形势，促进共性技术的自主可控发展，可为后续行业应用的健康、安全发展提供可靠基础。

虚拟现实引擎被认为是第四次工业革命中推动数字化产业发展和创新的关键技术引擎。在元宇宙中，虚拟现实引擎作为一种重要的技术手段和工具，将用于构建全要素透明生产环境，带动企业组织形态和管理模式的变革，扩展复杂协同工作的场景，优化或打破工业制造、医疗、传媒等传统行业原有的工作流程，甚至发展出现实世界还未出现的创新产品和行业形态。同时这些元宇宙中的行为逻辑，反过来将对现实世界的发展产生重要影响，从中也可以体现虚拟现实引擎的作用和地位。

本书客观地对元宇宙的概念内涵、主要特征进行了分析，对相关技术、平台和物化载体进行了梳理，对现阶段典型应用进行了归纳。这样的内容规划旨在帮助读者在读完本书后能够对元宇宙理念和相关技术有更加系统的了解，建立起较为完备的知识体系。本书可作为科技工作者们研究元宇宙的工具性参考读物，也可帮助其他行业广大元宇宙爱好者从科技的纬度更好地理性看待元宇宙。

汪国平

汪国平，北京大学计算机学院教授。

第一章

混沌之光

元宇宙源起

ORIGIN

紫宙始·感遇

元始旃檀北海滨

宇寰两仪意无垠

宙合远望立冬雪

火种刀耕万物擎

从全球视角看，信息技术的发展大多以概念为牵引，随着资本进入，推出概念产品培育引导市场，从而推动技术迈上新台阶，塑造新的产品形态和应用领域，进而对实体社会产生拉动和牵引作用。依据高德纳（Gartner）公司技术成熟度曲线模型，新兴技术的发展一般经历技术萌芽期、期望膨胀期、幻灭期、复苏期和成熟期五个阶段。元宇宙的发展也遵循上述规律。

1.1 初生之犊——元宇宙萌芽期

元宇宙概念的启蒙离不开游戏产业的发展。1979 年，多用户虚拟空间（Multiple-User Domain，MUD）游戏作为第一个开放多人游戏的实例，将多用户联系在一起，通过提供文字

```
                          Welcome to

  (___)      @@@@@@ @@@@@@@@@      @@@@@@@@ @@@@@@@@@@ @@@@@@@ @@@@@@@@
   ==        @@@@@@ @@@    @@@@ @@@@ @@@@     @@@       @@@ @@@@   @@@@
  =/.\       @@@@@@@ @@@    @@@ @@@  @@@@     @@@       @@@ @@@     @@@
  //-"       @@@@@@@ @@@    @@@ @@@  @@@@     @@@       @@@ @@@     @@@
/--//===--\  @@@ @@@ @@@@@@@@@@ @@@  @@@@     @@@       @@@ @@@     @@@
  \\ |      @@@ @@@  @@@ @@@    @@@  @@@@     @@@       @@@ @@@     @@@
  \\|@@@@@@@@@@@ @@@  @@@ @@@    @@@  @@@@     @@@       @@@ @@@@   @@@@
 |\\ |      @@@ @@@  @@@ @@@    @@@@@@@@@@     @@@       @@@ @@@@@@@ @@@@@@@
  | \\
  | |/ 0=================================================================0
  | |  | Based on DikuMUD I by Michael Seifert, Sebastian Hammer,  |
 /| |  |  Hans Henrik Staerfeldt, Katja Nyboe, and Tom Madsen.     |
  | |  |                                                           |
  \\|  |     Mail may be directed to gods@mud.arctic.org           |
 |\\ |  |                                                          |
  | \\ |  | ** Dont forget to visit our web page! **               |
  | |/ |     http://mud.arctic.org                                 |
 \ | 0=================================================================0
  \\|

Type 'start' to create a new character.
What is your character's name? #10 SECONDS TO TICK
```

MUD 游戏

交互界面，构建了一个实时开放式社交合作世界。

　　MUD 游戏是文字网游的统称，也是最早的网络游戏，没有图形化界面，全部由文字和字符画组成，包含各种冒险游戏、棋类游戏和丰富详尽的数据库。其中最典型的代表是《北大侠客行》（简称《北侠》），在其中玩家只要自己喜欢，或专心做生意，或到处游历，或什么事情也不做而随便走走，与现有网络游戏中充斥着的 PK、杀戮相比，《北侠》是一片纯粹的游戏玩家梦寐以求的圣土，在《北侠》上发生的很多传奇故事至今仍广为流传。

　　1986 年，《栖息地》（*Habitat*）提供了基于 2D 图形界面的

《栖息地》

多人游戏环境，是第一个投入市场的大型多人在线角色扮演游戏（Massive Multiplayer Online Role-Playing Game，MMORPG）。《栖息地》受美国著名科幻作家弗诺·文奇（Vernor Vinge）1981 年创作的小说《真名实姓》（*True Names*）影响，将书中梦幻般的虚拟世界变成现实，其呈现给用户的颇具想象力的梦境世界

与现实社会极其相似，但又有很多现实中无法做到的行为，这极大地刺激着游戏玩家的神经。与之前的 MUD 游戏相比，《栖息地》的游戏性有限且更像是一个大型在线社区，由聊天文本框和图形化界面结合所带来的革命性互动体验让人无法自拔。

我国科学家也早在 20 世纪 90 年代就关注到了元宇宙中重要的虚拟现实技术。1990 年 11 月 27 日，钱学森在写给汪成为院士的信中提到，"Virtual Reality" 的中译可以是"人为景境"或"灵境"，并表示他"特别喜欢'灵境'，中国味特浓"。

1990 年钱学森致汪成为的信

汪成为委员：

　　您现在是国防科学技术工业委员会科技委的专职委员了，可以免去事务性工作，专攻学问了。可贺！

　　我对灵境技术及多媒体的兴趣在于它能大大扩展人脑的知觉，因而使人进入前所未有的新天地，新的历史时代又开始了！我们应该高兴呵！

　　文件我将仔细读，有何想法再向您报告。

　　此致

敬礼！

钱学森
1993.7.3

附一复制件供参阅

1993 年钱学森致汪成为的信

1992 年，尼尔·斯蒂芬森（Neal Stephenson）的科幻小说
《雪崩》（*Snow Crash*）出版，好评如潮。《雪崩》是尼尔·斯
蒂芬森的第三部小说。它追随威廉·吉布森（William Gibson）
和鲁迪·拉克（Rudy Rucker）等作家的赛博朋克小说的脚
步，但与其前辈不同的是，《雪崩》包含了大量的讽刺和黑色
幽默。像斯蒂芬森的许多其他小说一样，它包含对历史、语言
学、人类学、考古学、宗教、计算机科学、政治、密码学和哲
学的引用，它描述的是脱胎于现实世界的一代互联网人对两
个平行世界的感知和认识。《雪崩》第一次提出并描绘了元宇
宙，在移动互联网到来之前就预言了未来元宇宙中人类的各种
活动。

尼尔·斯蒂芬森

《雪崩》

1994 年，第一个轴测图界面的多人社交游戏 web world 出现，用户可以在游戏中实时聊天和旅行。但是跟以前不一样的地方是用户可以改造游戏世界，这开启了游戏中的"用户原创内容"（User Generated Content，UGC）模式，即用户将自己原创的内容通过 web world 平台进行展示或者提供给其他用户。

轴测图示意

1995 年，世界上第一款使用三维（3D）引擎的 MMORPG 游戏——《子午线 59》（*Meridian* 59）在 Steam 平台上线，并于 1996 年 4 月进行测试，这是一款原型互动游戏。《子午线 59》的诞生意味着 MMORPG 正式成为主角，该游戏强调开放性世界而非固定的游戏脚本。在这个游戏中，玩家可以定义自己喜欢的角色，并依托该游戏角色对游戏世界进行自由式探索。更加让玩家惊喜的是，这款游戏还有一套可以实现玩家与玩家，以及联盟公会之间的交流与对战的系统。

1999 年，Active Worlds 公司推出专门用于开发教育虚拟

《子午线 59》

环境的 AWEDU（Active Worlds Educational Universe）系统，AWEDU 可以让教师甚至初学者在 3D 环境中快速构造和定制一个虚拟世界。使用者可以对 AWEDU 提供的各种目标对象赋予交互属性，并利用行为触发器和事件触发器使得目标对象可以在 3D 环境中便捷交互。

　　2003 年，由美国 Linden 实验室开发的第一个现象级构造虚拟世界的网络虚拟游戏平台《第二人生》(*Second Life*) 问世。在游戏中，用户被叫作"居民"，可以通过在游戏中创建的虚拟身份进行交互。《第二人生》在一个虚拟世界的基础上提供了一个高层次的社交网络服务，居民可以在系统中进行游弋、交友，参加集体活动，甚至是创造和交易虚拟资产。在 Twitter 诞生前，BBC、路透社、CNN 等将《第二人生》作为发布平台，IBM 曾在游戏中购买过地产，建立自己的销售中心，瑞典等国家在游戏中建立了自己的大使馆，西班牙的政党在游戏中进行辩论。

《第二人生》

2006 年，罗布乐思（Roblox）公司发布了同名游戏 Roblox，该游戏是一款具有虚拟世界、休闲游戏和自建内容等特征的游戏，游戏中的大多数作品都是用户自行建立的，并允许其他用户共同参与。在 Roblox 上从第一人称射击（First-person Shooting，FPS）、角色扮演游戏（Role-playing Game，RPG）到竞速、解谜，全由玩家操控圆柱和方块形状组成的小人们参与和完成。在游戏中，玩家也可以开发各种形式类别的游戏。

Roblox 宣传图

　　Roblox 为人们提供了一个更加人性化，让大家可以自由表达的平台，人们可以突破想象的极限，尽情地抒发个性，通过游戏创作，分享人生体验。Roblox 允许玩家使用其专有引擎 Roblox Studio 创建自己的游戏，供其他用户参与。根据官方说法，没有编程和游戏开发经验的人，也能通过 Roblox Studio 搭建一个简单的小游戏。每年总共有 2000 万款游戏是使用它制作的，且大部分都是由未成年人开发的。截至 2020 年 8 月，Roblox 拥有超过 1.64 亿的月活跃用户，其中超过一半的美国 16 岁以下儿童都在玩这款游戏。

　　很多主流的动感十足的冒险游戏可能会让人厌烦，但在 Roblox 中，大部分的游戏既没有强调玩家间的竞争，也不会设定一个必须达成的目标。比如，Roblox 里最受欢迎的一个小游戏叫"*MeepCity*"，它被描述为"社交聚会／角色扮演游戏"。在 *MeepCity* 中，用户可以在虚拟世界中与朋友一起在场景中游玩，卖花、钓鱼、置办家具。正是由于这种"佛系"的特点，MeepCity 成为 Roblox 上第一款总访问量突破 10 亿的游戏。

MeepCity

　　2009 年 5 月，瑞典视频游戏开发商 Mojang Studios 发布沙盒（Sandbox）视频游戏《我的世界》（*Minecraft*）。游戏世界由粗糙的 3D 对象组成——主要是立方体和流体，通常称为

《我的世界》（*Minecraft*）

"块"——代表各种材料，如泥土、石头、矿石、树干、水和熔岩。玩家通过操作这些"块"，可以在虚拟世界中建造自己的城市。

《我的世界》发布至今广受好评，赢得了多个奖项，并被评为有史以来最伟大的电子游戏之一，成为有史以来最畅销的视频游戏，截至 2021 年已售出超过 2.38 亿份副本，拥有近 1.4 亿月活跃用户。

2015 年，央视春晚首次利用全息投影技术制作三维舞台进行数字表演。

央视春晚数字表演

2017 年，在线视频游戏开发公司英佩游戏（Epic Games）开发了大型逃生类型游戏《堡垒之夜》（Fortnite），共包括三种不同的游戏模式：一是《堡垒之夜：拯救世界》（Fortnite: Save the World），这是一款需要玩家合作的塔防 – 射击类生存

《堡垒之夜》

游戏，在游戏中可以构筑陷阱和防御工事等，来对抗类似僵尸的生物；二是《堡垒之夜大逃杀》(*Fortnite Battle Royale*)，这是一款免费的大逃杀游戏，一次游戏最多可容纳 100 名玩家一起争夺最后一个存活的名额；三是《堡垒之夜创造》(*Fortnite Creative*)，玩家可以在其中自由地创建世界和战斗竞技场。玩家可以在私人岛屿上与最多 16 名玩家（包括岛屿所有者）共同游戏。《堡垒之夜》在不断迭代之后，似乎开始显露出元宇宙的部分特质，逐渐成为一个超越游戏的虚拟世界。

2018 年，史蒂文·斯皮尔伯格（Steven Spielberg）执导

的电影《头号玩家》中展现的风靡全球的虚拟游戏世界"绿洲"，其原文为全沉浸式虚拟现实感官模拟（Ontologically Anthropocentric Sensory Immersive Simulation，OASIS），呈现出元宇宙最简单直接的样子。在电影中，人们试图通过在 OASIS 这一虚拟娱乐世界中建立与现实不同的身份。"绿洲"不仅能为玩家提供逼真的感官体验，本身还拥有完整社会形态和商业经济规范，数字内容和物品都可以买卖。而正是这些无限类似于现实世界的虚拟世界规则，形成了元宇宙的雏形。

电影《头号玩家》

1.2 弱冠之年——元宇宙期望膨胀期

在元宇宙期望膨胀期，人们对于元宇宙的想象更为具象。在资本的强势介入下，各大公司纷纷抢滩元宇宙。

2020 年 3 月，任天堂发布《动物之森》（*Animal Crossing*）系列第 7 部作品《集合啦！动物森友会》（*Animal Crossing : New Horizons*）。动物森友会是一款社交模拟游戏，在游戏中，玩家扮演名为"村民"的人类角色，居住在一个有拟人化动物居住的村庄。可以通过钓鱼、摘果子、卖萝卜、捉昆虫等方式"赚钱"建立自己的家园。最重要的一点是，游戏中包括了天气、季节和昼夜系统，和现实时间完全同步。玩家可以访问其他玩家的岛屿，可以设计自己的衣服、招牌等道具。同时玩家可以参与村庄的日常事务并为村庄的发展做出贡献。

动物森友会已经"出圈"到了学术界，2020 年 7 月，动物森友会首届 AI 顶会"ACAI 2020"正式开幕，全程通过 YouTube 平台直播。在研讨会开始前，所有的参会者提前飞到了主持人所在的小岛上做演讲准备。每场演讲由四五位演讲者轮流上台演讲。这次活动完美体现出了元宇宙中多人会议的雏形。

2020 年 4 月，《堡垒之夜》与美国饶舌歌手特拉维斯·斯科特（Travis Scott）开展跨界合作，在游戏中举办"ASTRONOMICAL"虚拟演唱会，场次横跨美国和欧洲、亚洲、大洋洲等服务器。根据 Epic Games 的官方统计，目前已表演的场次吸引了超过 1200 万名玩家同时在线参与，创下惊

特拉维斯·斯科特在《堡垒之夜》中表演

人的纪录。

2020 年 6 月，让·米歇尔·雅尔（Jean Michel Jarre）和 VRrOOm 合作在 VRChat 平台上组织了一场现场音乐会，地点设在用 VR 技术建造出的世界著名地标性建筑巴黎圣母院虚拟场景内。让·米歇尔·雅尔表示："VR 可以让我在无法想象的空间里进行表演，这是以往任何现实中的舞台所不具备的。VR 或 AR 技术对于艺术表演的意义，与电影的出现对于剧院的意义类似，是特定时间里基于新技术的新颖表现方式。"这次活动有 2500 人用 VR 设备观看，在 YouTube 平台上有 60 万人观看。

线上现场音乐会

2021 年 3 月，Roblox 将"元宇宙"写进招股说明书，其中提到："有些人把我们的范畴称为'元宇宙'，这个术语通常用来描述虚拟宇宙中持久的、共享的三维虚拟空间。"随着越来越强大的计算设备、云计算和高带宽互联网连接的出现，"元宇宙"将逐步变为现实。Roblox 已经构建出了元宇宙的雏形，其被称为"元宇宙"概念股。

Roblox 敲钟

2021 年 5 月 18 日，韩国信息通信产业振兴院联合 25 个机构和企业成立"元宇宙联盟"，旨在通过政府和企业的合作，在民间主导下构建元宇宙生态系统，在现实和虚拟的多个领域实现开放型元宇宙平台。随着韩国政府大力推动元宇宙相

韩国成立"元宇宙联盟"

关项目，如今该联盟已经囊括了 500 多家公司和机构，包括三星集团、韩国电信公司等。

2021 年 6 月 16 日，中国传媒大学动画与数字艺术学院的毕业生们在《我的世界》游戏中根据校园风景的实拍搭建了建筑，还原了像素风校园场景，上演了一场独特的"云毕业"。除了还原校园的基本风貌，花草树木、校猫也亮相其中。

2021 年 8 月 11 日，显卡巨头英伟达（NVIDIA）公司宣布将向数百万新用户开放全球首个为构建元宇宙提供基础的模拟和协作平台 Omniverse。在 Omniverse 平台上，创作者、

中国传媒大学"云毕业"

设计师、研究人员和工程师可以在共享的虚拟空间中运用设计工具开发项目。开发者和软件提供商还可在 Omniverse 的模块化平台上轻松地构建和销售扩展程序、应用、连接器和微服务。

英伟达公司 Omniverse

根据英伟达公司官网介绍，Omniverse 可以转变行业工作流程，其中物理级准确的光线追踪渲染对于沉浸式可视化、准确模拟而言较重要。同时，Omniverse 平台采用新的 Omniverse 应用、扩展程序和接口，实现了平台能力的持续增强。在元宇宙时代，产业需要更为强大的工具将现实中的物体进行 3D 建模，为元宇宙世界输入不同的模型。

元宇宙发展进程离不开 Facebook 和马克·扎克伯格（Mark Zuckerberg）的推动。2021 年 7 月 27 日，Facebook 宣布将成立元宇宙团队，在五年内转型为元宇宙公司。2021 年 10 月 28 日，Facebook 公司更名为 Meta，扎克伯格将其解释

Facebook 改名 Meta

为"品牌重定义",即在 Facebook 网站及该公司目前掌握的多个品牌的基础上构建一个名为"Meta"的新品牌。Meta 平台将成为一个全新的、功能更多元的互联网社交媒体形式,部分媒体将其翻译为"元宇宙",即借助 VR 和 AR 技术及设备,吸引用户在这个 3D 的虚拟世界中建立一种与现实世界类似的工作、交流和娱乐空间。

1.3 鸿鹄之志——元宇宙未来预测

随着全球上网人口规模、线上经济规模等的大幅增长,虚拟空间的功能正在不断强化,甚至是接近现实世界。虚拟与现实正在逐步双向打通,生产要素的流通也逐步顺畅,相关硬件与产品也进入了高速发展阶段。据国际数据公司（IDC）预测，2020年至2024年期间，全球虚拟现实产业规模的年均增长率将达到54%。元宇宙是虚实融合的终极形态，是科技和人文的有机融合，是科技对人类的虚拟现实体验和工作效率的赋能，是技术对经济体系和社会关系的重塑。元宇宙在热潮退散后，由于现阶段技术无法达到市场的应用预期，或将经历幻灭期与复苏期，逐步演化为各类创新技术的集成，并最终迈入技术成熟期。

在应用创新层面，目前金融领域经"非同质化代币"（Nom-Fungible Token，NFT）等机制认证的虚拟土地、数字艺术品等虚拟资产得到"以太坊"等区块链系统认可，在现实中交易；虚拟银行、虚拟交易所等虚拟金融系统获得全球信用卡巨头Visa等实体金融机构承认，可与现实资产兑换。在传媒领域，美国国务院出资在"第二人生"等早期游戏场景中建立传播美国文化的虚拟课程，宣扬西方思维理念和认知形态。各领域的应用方向均体现出向元宇宙发展的趋势。

在科技创新层面，当前，人工智能、区块链、物联网等技术理论体系与应用生态日趋成熟。但若想全面支撑元宇宙概念落地，还需大力发展仿真计算与人机交互、区块链与人工智能等融合应用技术。目前，上述融合应用技术尚处于联动建立阶段，还难以支撑元宇宙理念物化实现。依据技术成熟度曲线模型预测，元宇宙整体技术成熟需5～15年。

在社会发展层面，作为下一代互联网，元宇宙有望进一

步重构人与人之间连接方式，大幅加快人类秩序演化节奏。元宇宙将深刻改变人类生产和生活方式，在元宇宙中可创造出有价值并可交易的数字产品，其能够在物理世界和虚拟世界间流通，这将重塑传统世界的产业逻辑，推动社会发展演化出新的形态。

第二章

格物致知

元宇宙概念

CONCEPT

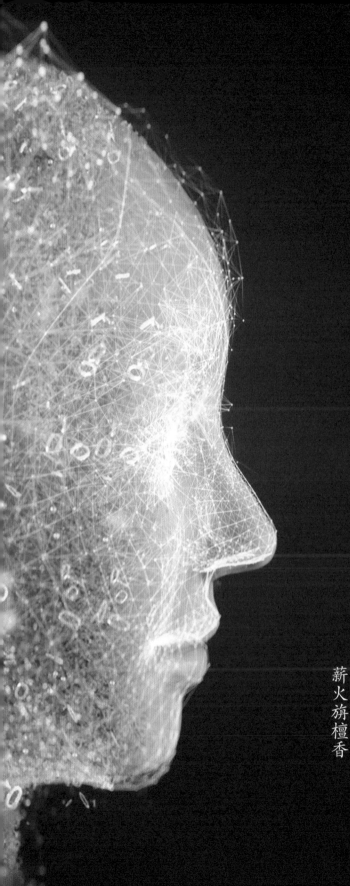

旃檀 · 冬至

冬元雪苍茫
浑宇似洪荒
紫宙融万品
薪火旃檀香

究竟什么才是元宇宙？

元宇宙又有哪些特征？

众说纷纭之中，元宇宙的概念内涵似乎总在清晰与模糊间徘徊。想要识得它，走进它，需要通过大量剖析与论证，辨析元宇宙特征体系，并分析研判元宇宙各视域下的发展态势，为元宇宙进行画像。

2.1 行远自迩——元宇宙基本概念

为元宇宙概念论道立说，不妨从当下元宇宙的实际发展状态出发，挖掘各家之谈中潜在的关联，融合大量新生或旧有的观点，辨析元宇宙的实质内涵与核心要义，在元宇宙当下概貌的描绘中，探索元宇宙的概念内涵与定位，并找到发展元宇宙应秉持的态度。

2.1.1 采撷群言——广纳元宇宙百家之谈

尼尔·斯蒂芬森在 1992 年发表的《雪崩》中对元宇宙概念的描述是：一个能够通过人机交互设备连接终端，以虚拟分身进入计算机生成的虚拟空间。从元宇宙概念的初生到现在，各领域科学技术迅猛发展，给了各界人士与机构更多的解读空间和论断依据。但在元宇宙爆发成为现象级热议话题的过程中，无论是学术界、产业界，抑或是助力其成为热潮的资本界，对元宇宙内涵和外延的界定，似乎都无法达成共识。

从对元宇宙概念最敏感的资本界，就能明显看出各方对元宇宙概念的理解不一致。华西证券将元宇宙笼统地理解为一个与人们生活的现实社会平行的虚拟世界，像电影《头号玩家》中的"绿洲"一样，在现实生活中人们能够做什么，在元宇宙中就同样能够做什么。类似地，天风证券将元宇宙定位成既映射现实又独立于现实的虚拟空间，并认为这个定位下元宇宙是未来互联网具象化、立体化、沉浸化的虚拟呈现。相较于元宇宙是独立、平行于现实世界的概念理解，东吴证券在肯定了元宇宙是未来互联网发展方向的同时，把元宇宙看作脱胎于现实世界，既是现实的延伸，又可与现实相互影响的在线虚拟世界，有完整的经济与社会运行系统。但是，对元宇宙是否是一个完全虚拟的世界并没有统一的认识。比如，易凯资本就认为元宇宙既不能说是平行世界，也不能被定义为完全的虚拟世界，而应该是现实与虚拟结合呈现出的模拟世界，并认为线上与线下会共同存在，模拟与真实能够有机连通、无缝融合，在开放与封闭共存的体系中，成为像真实宇宙一样的有嵌套、有膨胀、有碰撞、有整合的开放、互操作、可携带的模拟世界。据此，易凯资本对照现实世界模式总结了构建元宇宙的五要素，分别是人、人的关系、社会生产资料、交易、环境与技术生态体系。

跳出热潮涌动的资本界，来看与其关系相对紧密的产业界，元宇宙既可以说是浪潮下的新窗口，也能够被理解为产业发展的一种延续。除却 Meta、NVIDIA 等基于应用牵引的市场发展与产品转型考虑，从 2019 年与 Roblox 成立合资企业的腾讯公司发布的一系列信息看，这种产业概念发展的路线可见端倪。2020 年底，腾讯公司董事会主席兼首席执行官马化腾首次提出"全真互联网"的概念。2021 年的腾讯研究院预测分析认为，全真互联网与超级数字场景等概念，会在虚拟现实产业与互联网平台的深度合作中，从丰富内容生产和分发、优化应用生态 VR 化等不同方面共同发力，打通并拓展虚拟与现实世界相互融合的边界。伴随着元宇宙热潮从资本界蔓延到产业界，理念的落地似乎在技术与产品转型发展的加持下，有了看得见、摸得着的"依据"。腾讯研究院的研究人员认为，元宇宙给了下一个时代如何定义互联网模糊正确的方向，对于这个方向的共识也在形成且变得有力。基于这个观点，同时提出元宇宙概念下，人类或成为物理与虚拟同在的"数字物种"，游戏和社交网络等将逐步深入地与心流网络交融，实现娱乐、工作、社交甚至是生存等不同维度的虚实统一，和物理空间共同成为"数字物种"栖息的世界。

脱离开市场导向和用户流量的影响，学术界及其跨界联合发声更多地从技术发展及其可能，去考虑元宇宙概念的现实内涵与意义。复旦大学有报告将元宇宙归纳为基于增强现实（Augmented Reality，AR）、虚拟现实、混合现实（Mixed Reality，MR）等技术，通过虚拟与现实世界的交互混同，构建的三维空间、生态或环境，并认为"元宇宙技术"本质是数字孪生技术，凭借"记录型媒介"，生成物理世界个体的可互操作型数字化身。北京大学汇丰商学院与安信证券的联合报告认为，元宇宙区别于游戏的本质性重构在于感官的体验维度、交互内容／对象的生成与驱动方式，并由此界定出元宇宙的本质是数字化感官体验在交互通道与交互维度上的数字化提升，进而通过近乎物理真实化的感官体验，保障交互运转所需的内容生成与供给。北京大学陈刚教授和董浩宇博士也持有相似观点，他们认为元宇宙是基于现实世界的、具备新型社会体系的虚拟世界，这个会成为数字生活空间的虚拟世界的构建，需要利用科技手段实现映射与交互，完成和现实世界的链接与创造。清华大学新媒体研究中心相关报告则更加细化表达了多重技术综合运用的观点，认为元宇宙是新型的虚实相融互联网应用与社会形态，需要基于扩展现实技术的体验营造、基于数字孪生技术的虚拟镜像生成和基于区块链技术的经济体系建构与运转，融合虚与实的经济系统、社交系统和身份系统，支撑用户的"内容生产"与"世界编辑"，并且将随着技术发展不断丰富自身含义，是一个发展中的概念。

抛开元宇宙是否是纯粹的虚拟世界，元宇宙是否是下一代互联网，以及元宇宙的支撑技术核心到底是数字孪生还是区块链等，尚存在诸多概念分歧，参照民生证券关于元宇宙本质和互联网终极形态相关分析中的观点来总结，也许能获得纷议下的一定认同：

元宇宙不是一夜之间就出现的概念；

元宇宙不是单项技术的简单综合；

元宇宙一定具备从感官出发、回归体验的数字化空间；

元宇宙会与现实世界产生诸多连接和交叠；

元宇宙必然需要长期的融合发展过程。

2.1.2 精研覃思——研机元宇宙理念要义

在目前阶段，想要明确界定元宇宙的概念是非常困难的事情。但资本浪潮下的纷议，又显得思考辨析清楚元宇宙的概念是非常必要的工作。界定元宇宙的困难在于，在当前"百家争鸣"般的元宇宙概念表述"体系"下，似乎潜藏着难以穷尽的透明触手，它们遍及人类社会生活的各个角落，或深或浅地影响着技术、产业乃至社会的演进方向，并牵动着这些方向指引下演进的轨迹。如此，辨析元宇宙概念的必要便在于，无论当前我们看到的这些对元宇宙各式各样的理解是否精准，是否全面，也无论元宇宙的"概念剖面"有几何，究其根本，要看到由混沌向有序的演化必然。而且这种必然，不仅仅是自然演进的必然，也是人类社会发展的必然。

当我们走进这种必然之中，无论是从资源角度来审视人类社会的发展，或是从经济体系来分析世界格局的变迁，还是从自然界能量流转的规律来看待人与环境的共生关系，新的稳态将在"变动"中得到孕育，向内看去，这种必然走向稳态的过程中，也存在着众多局部有序逐渐同步和统一的过程。

因此，若想得到对于元宇宙基本概念真切且实际的认识，就要深层次理解其概念产生的缘由，在纷繁复杂且有些似是而非的表述中，厘清各方的认知背景和意图，多个剖面分析其思想内核，才能逐渐明确范围和边界，建构起对元宇宙基本概念的清晰认知，并基于此不断丰富概念体系。这样方能抽丝剥茧，由表及里，获得真知，以它为概念体系的牵引，指导相关联的技术、产业和社会发展。

2.1.3 论道立说——浅尝元宇宙当下概貌

在当前认知水平下，对元宇宙的具象化理解如下：

> 元宇宙以 5G/6G、云计算、区块链、大数据等为底层支撑，并以人工智能、数字孪生、VR/AR 等为映射、动力与通道，同时融合人的思维意志、情感想象等主观意识，连接了物理世界与数字世界，形成虚实共生的"新世界"。元宇宙将在演化与发展中构筑人类存在的"新空间"，或将成为国之"新疆域"。

在元宇宙中，资源将以新的形态呈现，并可能存在虚拟与现实映射互联的通道。在资源存量竞争的未来，这片可能实现的"新大陆"上，人与人之间、组织与组织之间甚至国与国之间的博弈似可以新的方式和形态延伸或延续。

在新兴科技加速演进的今天，已很难去预估它们未来发展的速度，以及潜在的创新爆发点。但可见的是，随着高速通信、大数据、人工智能等技术的发展，人们的认知范围随着不断拓展的感知和作用范围，在时间、空间等不同维度延展。因

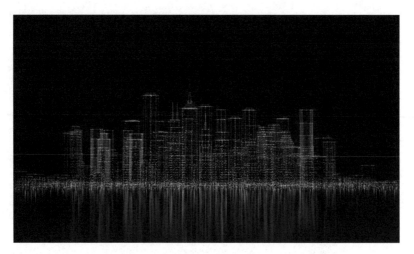

而，在这个"人机物"三元融合的万物智能互联时代，元宇宙作为新的存在空间，将加速人、机、物的深度融合，在市场和技术的交替助推下，逐步形成新的经济增长极和产业链。也许，自然与社会的虚实融合存在空间，将在这种发展中到来。

2.1.4 作而行之——乃得元宇宙实践真知

界定元宇宙概念的基本内核，需要抱有一种开放融合的态度，而不是简单地坐而论道。元宇宙既不是一个具象的科学问题，也不是一个边界明确的技术集合，它是关乎人类社会演化所能够涉及的感知层面与认知层面的相关要素，在交叠耦合过程中，形成的技术与组织持续集成、发展演化的求索范式。

所以，伴随着技术迭代，也伴随着人类对未来世界、社会生活愿景的描绘与重构，元宇宙的概念内涵将处在不断的动态发展与演化中。人类对于未来社会与世界的想象不停止，元宇宙的概念内涵就不会停止生长。因此，接纳元宇宙的合理存在，以促进其实践与发展为抓手，在思辨中探求元宇宙存在对于技术创新与社会重构的意义，应是未来较长时期内，在元宇宙相关领域的讨论中应秉持的且更为合适的态度。

2.2 方圆殊趣——元宇宙特征体系

找到了元宇宙概念的合理定位，从何开始、如何去做，发掘元宇宙概念内涵里的特征要义就成为一个至关重要的问题。只有抓住了本质与核心，元宇宙的发展才能在长久演化的过程中、在与人类社会耦合融合的过程中，不偏航且航速适度。

当前，对元宇宙主要特征，如内涵外延一样，存在各式理解和阐述，不妨从资本界、产业界和学术界各选"一位"，权作代表，共同理解。

应当首先来看的是产业界的代表 Roblox 提出的元宇宙特征。因为，作为首个将元宇宙写进招股说明书的公司，Roblox 在美国证券交易委员会官网发布的上市招股书中所提出的元宇宙特征，无论对资本、产业还是学术各界的分析研究，都具有一定影响作用。Roblox 在其招股书中提出的元宇宙八个关键特征分别是身份（Identity）、社交（Friends）、沉浸（Immersive）、随处（Anywhere）、低门槛（Low Friction）、内容丰富（Variety of Content）、经济体系（Economy）和安全（Safety）。

The Roblox Platform has a number of key characteristics:

- **Identity**. All users have unique identities in the form of avatars that allow them to express themselves as whoever or whatever they want to be. These avatars are portable across experiences.

- **Friends**. Users interact with friends, some of whom they know in the real world and others who they meet on Roblox.

- **Immersive**. The experiences on Roblox are 3D and immersive. As we continue to improve the Roblox Platform, these experiences will become increasingly engaging and indistinguishable from the real world.

- **Anywhere**. Users, developers and creators on Roblox are from all over the world, including North America, Europe, South America, Asia, Australia and Africa. In 2019, we entered into a joint venture agreement with Songhua River Investment Limited, or Songhua, an affiliate of Tencent, to operate a Chinese version of the Roblox Platform that will be operated and published in China by Tencent under the name "Luobulesi." Further, as of December 31, 2020, the Roblox Client operates on iOS, Android, PC, Mac, and Xbox, and supports VR experiences on PC using Oculus Rift and HTC Vive headsets.

- **Low Friction**. It is simple to set up an account on Roblox, and free for users to enjoy experiences on the platform. Users can quickly traverse between and within experiences either on their own or with their friends. It is also easy for developers to build experiences and then publish them to the Roblox Cloud so that they are then accessible to users on the Roblox Client across all platforms. On behalf of the developers and creators, Roblox also provides critical services such as user acquisition, billing, collections, content moderation, translation, safety, regulatory compliance, and customer support. This makes it easier and simpler for even individual developers and creators and small studios to be successful developers and creators.

- **Variety of Content**. Roblox is a vast and expanding universe of developer and creator-built content. As of December 31, 2020, there were over 20 million experiences on Roblox, and in the year ended December 31, 2020, over 13 million of these were experienced by our community. These ranged from experiences that simulate building and operating a theme park to adopting a pet, scuba diving, creating and playing your own superhero, and more. There are also millions of creator-built virtual items, such as hats, shirts, and pants, with which users can personalize their avatars and 3D virtual items, assets and sounds that creators can incorporate in experiences. Historically, Roblox has also created virtual items with which users can personalize their avatars. Our focus today and going forward, however, is on user-generated content.

- **Economy**. Roblox has a vibrant economy built on a currency called Robux. Users who choose to purchase Robux can spend the currency on experiences and on items for their avatar. Developers and creators earn Robux by building engaging experiences and compelling items that users want to purchase. Roblox enables developers and creators to convert Robux back into real-world currency.

- **Safety**. Multiple systems are integrated into the Roblox Platform to promote civility and ensure the safety of our users. These systems are designed to enforce real-world laws, and are designed to extend beyond minimum regulatory requirements.

Roblox 上市招股书阐明的元宇宙关键特征（节选自美国证券交易委员会官网）

为了更好地分享和理解，我们将 Roblox 提出的关键特征具体内容，作如下转述：

1. 身份

所有用户都以化身的形式拥有独特的身份，允许他们以自己想成为的任何人或任何东西来表达自己，通过化身能够得到体验的共享，也就是化身面向体验的可移植性。

2. 社交

在 Roblox 中互动的双方，可能是现实中彼此熟知的朋友，也可能素昧平生，在 Roblox 中结识。

3. 沉浸

Roblox 的体验是立体沉浸式的，并会随着 Roblox 平台的不断完善，不断提升体验的吸引力。虚拟与现实之间的差别在此过程中将会越来越难以区分。

4. 随处

无论在世界各地，用户、开发者和创造者只要有相应的设备，就能够接入 Roblox 平台，而不必拘泥于地理空间。随处还体现在 Roblox 客户端的多样化支持能力上，如支持移动终端的 iOS 和 Android 等多种操作系统，支持个人计算机、苹果 Mac 和 Xbox 等不同类型的终端，支持基于 Oculus Rift、HTC Vive 和 Valve Index 耳机等个人终端的虚拟现实体验。

5. 低门槛

在 Roblox 上建立账户即可获得免费且便捷的体验。成为用户后，不仅可以获得自己的体验，还能够感受朋友的体验经历。开发者也可以生成体验并发布到 Roblox Cloud 上，让全平台的用户都能够访问并体验。

6. 内容丰富

Roblox 是一个庞大且不断扩展的游戏世界，包含开发者和创造者所创造的内容，比如 Roblox 提供了数以百万计的虚拟物品供用户定制自己的虚拟形象。

7. 经济体系

Roblox 拥有基于 Robux（Roblox 中的游戏货币）充满活力的经济系统。用户可以用 Robux 购买虚拟角色的各种体验服务和道具。开发者与创造者通过提供和售卖各种体验服务及道具来赚取 Robux，并兑换成现实世界的货币。

8. 安全

Roblox 平台能够集成不同的游戏应用系统，基于集成促进平台生态环境的构建，同时提供保证用户安全的服务。这些系统的集成设计初衷在于加强对用户间现实的社会规则约束，并能够实现最低限度运维监管需求下的生态拓展。

资本界方面，让我们来一起看看易凯资本的观点。易凯资本基于其提出的元宇宙构成五要素（人、人的关系、社会生产资料、交易、环境与技术生态体系），认为元宇宙终极形态需要满足虚拟身份、社交关系、极致在场感、极致开放性和完整的经济法律体系等五个特征。具体地，虚拟身份描述的是现实中人在一个或多个元宇宙中的身份认证及权责认定；社交关系则指人们使用虚拟身份进行交互而产生的与真实社交获得感一致的社交关系；极致在场感要求元宇宙能够基于低延迟和沉浸感的通信与交互技术支撑，提供给人们充分的"在场感"；极致开放性描绘的是未来元宇宙能够随时随地、通过不同方式自由地接入；完整的经济法律体系则是整个元宇宙安全性和稳定的基石，能够据此衍生出元宇宙的文明。

学术界方面，北京大学新闻与传播学院陈刚教授、董浩宇博士在发表的元宇宙研究阶段性成果"元宇宙特征与属性 START 图谱"中，梳理并系统界定了元宇宙的五大特征与属性，具体包括：社会与空间（Social & Space）属性，科技赋能的超越延伸（Technology Tension），人、机与人工智能共创（Artificial，Machine & AI），真实感与现实映射性（Reality &

Reflection），交易与流通（Trade & Transaction）。

在各方对特征的分析中，一定会包含自己对概念内涵与外延的理解，并在此基础上，结合产业链定位、投资意向、受众群体去考虑。比如：在 Roblox 提出的特征及其解释中，能够看到产品和平台的宣传含义；易凯资本的观点中又能映射出 Roblox 观点的影响；陈刚教授、董浩宇博士的特征图谱中则能看到学术研究的意味。所以，在概念、认知背景、阐述意图的演化和变动过程中，要想把握好元宇宙的特征，必须跳出圈层的束缚，变换不同视角，找到主线脉络。

2.2.1 端本正源——厘清特征体系脉络

"乱花渐欲迷人眼，浅草才能没马蹄。"在发展初期，各方理解尚未同步形成共识时，应由表及里地基于元宇宙概念内核审视其主要特征。选择跟随人类生命体进化和社会化发展的历史进程来梳理元宇宙主要特征体系，不失为一种对元宇宙——作为人类未来存在的可能形态的最大尊重。

1. 能量盈余视域

无论是从生物学角度看，还是从社会学角度看，人类的器官、机能、意识和行为都可以追溯到能量盈余最大化这个基因的本源需求上。从石器时代、青铜时代、铁器时代、蒸汽时代、电气时代到信息时代、智能时代，整个社会生产的变迁与发展过程都可以视作以人为中心的，对宇宙能量获取手段、流通效能以及存储效费比等的控制方式不断提升的过程。为了最大化能量盈余，人在与宇宙、自然的博弈过程中，不仅获得了内在生理机能的进化，而且同步实现了外在资源载体和能量流通、存储手段的升级。

在物质存在和意识存在所依赖的实体、属性和关系全然不似以往的当下，虚拟世界作为人的意识世界的外化，是否存在物化的可能，是否能够成为能量承载与传递的新介质，以及是否能物化保持这种能量的盈余，或许能影响元宇宙是否成为人类社会新形态的依托。

实际上，在信息化时代向智能化时代融合演进的当口，站在数字世界建构的视域下，随着信息与智能技术的发展，能量已不再拘泥于光能、风能、热能和电能（有关于一切能量均为光能不同承载形式的立论）等物理世界能量的形式，数字信息俨然已经成为意识存在的外化能量。因此，在元宇宙的范畴讨论的能量，是以数字信息交互为手段，对人类意识和物理存在进行反哺的各种资源的集合。

无论元宇宙处于其发展的技术萌芽期、期望膨胀期，还是未来发展的任一时期，从谋取能量盈余的博弈角度看，元宇宙具备能量获取的多模泛在性、能量流动的广义人因性、能量留存的动态可控性和能量存在的宏观有序性四方面的总体特征。如果站在信息的能量视域去看：

（1）能量获取的多模泛在性。从信息能量感知的多模去看，在元宇宙中人的感官体验提升是多模态、多模式下的，除视觉、听觉、触觉等常见感官外，甚至可能包括心觉。泛在则指这种感知能力的获取范围、反馈范围将无处不在，且尺度和粒度能够朝着更广、更平滑的方向发展。

（2）能量流动的广义人因性。以人和社会关系的角度去看待信息能量的流动，需要依靠广义人因性来推动能量流动，并使得能量流动为广义人因性提供有益保障。这里的广义人因性既要包括在信息能量的刺激和作用过程中对人本身需求的感官和心智满足，也要包括人在社群关系中、社群在整个社会中的多维度、多重层次的社交与社会满足度。

（3）能量留存的动态可控性。按照元宇宙的自由、永续的要求，信息能量的流转发生在元宇宙内和各个元宇宙中的实体之间，信息获取、转换、融合、理解和反馈等一系列信息变迁，都能够基于行为主体（人、组织、社会等）的意志随心控制。在控制的过程中，必然存在着行为主体的博弈和冲突，控制也因此需要动态化调整，在各方能量留存最大化的目的间寻找平衡。

（4）能量存在的宏观有序性。基于多模泛在的获取、广义人因的流动和动态可控的留存，从元宇宙的整体形态上看信息能量的存在，当信息能量的配给在一定时空等尺度下趋于平衡，稳定的暂态就会出现。从而基于更长的时空尺度下，呈现出信息能量整体的稳定有序发展。这种宏观有序性不仅是一个客观规律的表述，更是元宇宙发展的必然需求，即规则体的演化在一定能量的综合下能够达到稳态，为新一轮的规则体迭代提供足够的能量基础。

能量盈余视域下元宇宙主要特征

让我们设想一个元宇宙的场景，作为深入浅出地理解元宇宙能量盈余视域主要特征的实例化解读，来看看能量究竟是如何作用的。

当下，我们在Meta（原Facebook）的概念发布中能够看到，他们描绘的未来元宇宙社交方式将打破物理的界限，打破感官的界限，打破交互的界限。想象一下，你有了一个难得的假期，放松身心。当你坐在泸沽湖边欣赏美景，两只鸬鹚在微微露出水面的小石上不时地展开或收起翅膀，对望着舞蹈。你突然觉得这一幕十分有趣，让你想起了去年一起在景区投喂过鸬鹚的朋友。于是你按了智能眼镜上的按钮，说了一句连线朋友的语音指令。正在加班写材料、苦于没有思路的朋友收到了你的邀请，回复了确认加入。你眼前所有的景象通过 AR、虚拟声场和全息投影等技术，瞬时呈现在你朋友的面前。你们俩有说有笑，这可比景区专供游客投喂的小动物们真实又可爱得多了。这时，你的朋友在美景前突然产生了灵感，困扰了他多时的问题有了解决思路。虽然他下线继续加班去了，但那一刻的陪伴却是真真切切的。

这里不仅仅有视觉、听觉等多模态能量（信息）的感知，还有能量跨越时空的传递与交互，并形成了基于数据信息交互的情感与思维层面的社会性交互。信息的一切交互内容、起止条件等都是过程有序的，能够基于共识而控制。这一刻你们的经历可以存储在交互元宇宙中，成为让你们每个人都能随时随地回味的美好记忆。

2. 价值共识视域

从上面的实例不难看出价值共识的作用，它发生和表现在能量的存在、获取、流动和留存的各个环节中。

人类社会时刻处在强中心和弱中心局部社会网络的动态连接与变换中。每个人都是上述社会网络中的一个节点，而节点所处的群组在不同的逻辑层中，处在耦合程度与节点状态的不断变化中。这种变化进而影响了节点之间的连接关系、连接强度和信息交互行为，从而体现为人类社会内部各种组织的形态在"分布式"与"中心式"间"游走"，即能从宏观上显现出群体性和自主性，表现出信任在不同社会关系之间的建立、传递和消亡。

区块链的兴起，带动了解决分布式一致性、匿名性等问题的相关技术的融合。从这个角度看，也许人类真的来到了这样一个时代，通过各项技术的综合运用，来达成人的信任传递与机器的信任传递的匹配。区块链之所以可以引起如此广泛的产业认同，是因为它在弱信任场景下，具备了可传递信任的能力。一旦这种以机器为媒介的信任传递可以有保障地达成，那么在虚拟世界，以及虚拟世界与现实世界之间，传递信任的机制就能够可信地建立并运行。

区块链与元宇宙

元宇宙无论在何种发展阶段，也无论能否成功成为下一代人类生存的可能空间，这种可虚实一体的信任机制，都是人类社会在进一步数字化的过程中要面临和必将解决的问题。在动态边界内，有虚拟与虚拟、现实与虚拟、虚拟与现实，更有借由虚拟通道实现的现实与现实之间的价值可信让渡。这种价值可信让渡终将成为元宇宙构建、存在和演化的规则与秩序的"度量衡"。

价值共识视域下元宇宙主要特征

　　而这种价值可信让渡在社会认知域看，其实是人类意识形态的发展表征。目前，业界众多人认为，元宇宙就是下一代互联网，并以"全真互联网""Web 3.0"等相似概念进行关联。这种概念的迁移是否能在未来得以实现尚无定论，但"全真"与元宇宙的内在关联可以基于意识形态的角度进一步去分析。

元宇宙中存在的事物是以人的自由意志为存在和转移的一切，站在意识形态视域去思考元宇宙的存在，就一定离不开基于价值共识视域的融合理解。

2.2.2 诸法实相——剖释当前主要特征

综合上述分析，在当前认识下，元宇宙可理解为虚实共生的"新世界"，它将成为未来数字社会的总体依托，拓展传统社会的地理环境、人口因素和生产方式的内涵与外延。具体而言，基于能量盈余视域和价值共识视域，元宇宙当前阶段主要特征概括如下：

1.经济社会的数字秩序驱动

在元宇宙中，通过构建完善的数字市场机制，每个参与者都可以创造可流通的数字资产，并在数字市场交易，最终支撑形成元宇宙自有的文明体系，以及未来的数字世界，这种以数字秩序作为驱动的方式，将可能是一种高自由状态的无限期持续。

2.多维创造的价值链接通道

元宇宙能够赋予参与者创造新实体、新规则的能力，完成物理世界中无法实现的内容与尝试，并具备影响现实世界的潜能。同时，元宇宙实现的跨越空间多维社交，能够在价值的流转与传递过程中，促进人类社会潜在新资源的形成。

3.开放融合的数字文明存在

元宇宙利用虚拟现实交互设备，实现"低门槛＋高渗透率＋多端入口"的随遇接入，基于沉浸式数字场景的临场感营造，打破现实世界和虚拟世界之间的界限，支撑人类活动在现实世界和虚拟世界平行交错发展，孕育数字文明，促进人类生存与活动新空间的构建。

对元宇宙主要特征体系的理解，似乎正应和了那句"年年岁岁花相似，岁岁年年人不同"。无论未来我们处在元宇宙的何种发展阶段，元宇宙是否有新的语言概括和表达，追本溯源，从能量盈余和价值共识的总体特征体系脉络出发，来审视其物化技术和外化形态的特征表达，将能够从本原上阐述与总结彼时元宇宙的主要阶段特征，并能够据此研判其发展态势和需求，辅助辨析相关领域的发展潜能与机会窗口。

元宇宙主要特征体系下的当前主要特征

2.3 知微知彰——元宇宙态势分析研判

我们应以何种态度来直面元宇宙这股热潮？

应理性客观地从资本市场、产业基础、行业技术、科学理论等方面，站在全球、国家和社会发展等不同角度尽力思考与研究。只有熟思审处，才能在元宇宙热潮中甄别出具备潜藏实效的发展路径。

2.3.1 蹈机握杼——元宇宙的发展态势

元宇宙当下的热潮，是基于多方面要素量变积累，在资本的大力助推下，引发的质变结果。从市场的需求与运作等维度看，存量竞争愈演愈烈，资本急需新的"引爆点"来探求出口。具体来说，资本力量试图以新的概念牵引创业和投资，推出新的产品形态，获取用户体验的提升和市场的认可，来激发产业活力。所以，现阶段的元宇宙总体上可研判为资本助力下以新规则培育的新市场，其技术领域动能尚待观察，但其中蕴

含的机遇与挑战需要审慎对待。

1. 元宇宙的理念效应大过技术能力

从元宇宙概念引发的讨论热潮中不难发现，虽然社会对于当前技术的发展水平是否能支撑当下元宇宙的理念实现尚存疑虑，但其远景蓝图正在得到广泛的共识。一梦虽好，路途漫漫，元宇宙的实现尚需各项技术的体系和应用生态的联动与融合。

2. 元宇宙的商业运作早过市场认同

虽然 Meta、Microsoft 等科技巨擘已进行了概念产品发布，但从概念发布到实际上市并获得市场认同，进而成为成熟市场，元宇宙尚需很长的孕育期。在这种较大的不确定性中，要想获得用户需求、商业概念、技术理念和物化产品之间的效益契合，不是现阶段市场的短暂热捧就能保障的。

3. 元宇宙的对抗冲突越过虚实边界

由于元宇宙承载了娱乐、经济、社会等人类社会具备的同样属性，人以虚拟化身、全新的生活方式以及社会关系参与其中，将获得越来越大的自由度。难以避免高自由度下，现实社会的纷争向虚拟社会中迁移。如此，在监管缺失的灰色地带，极有可能引发一轮又一轮舆论、法律、道德、伦理的冲突，进而引发虚实同步的资源掠夺和国际争端。

2.3.2 寸积铢累——数字社会建设视角

伴随着新的科技革命进程的持续深入，人类社会的数字化

程度不断提高。我国《"十四五"规划和2035年远景目标纲要》提出的"加快数字社会建设步伐""适应数字技术全面融入社会交往和日常生活新趋势，促进公共服务和社会运行方式创新，构筑全民畅享的数字生活"，表明了数字社会建设的必要性。在新的数字社会图景的描绘中，结合元宇宙的概念特征与发展态势，不仅需要看到其对数字社会发展的促进作用，而且要看到可能产生的负面影响。在数字社会建设视角下，"促发展"与"强监管"将成为未来一段时期内，元宇宙发展的两大主旋律。

从"促发展"的角度看，元宇宙既是社会数字化生产与生活发展到一定阶段的产物，又将成为进一步推动数字社会建设的"助推器"。一方面，元宇宙的兴起与发展是在物质基础、技术积累达到一定程度的基础上，人们认识中理想的具象

化。就如同当前衣、食、住、行等社会生活的方方面面，逐渐朝信息化、网络化方向发展一样。想一想，你有多长时间没有使用过纸币或硬币去菜市场买东西了？网络购物、数字交易、线上课程、直播引流等，无不在实证着未来社会数字化的必然趋势，同时也将一步步推动元宇宙形态走向清晰化。反过来，元宇宙是信息、网络、交互等多维度技术的综合，是网络虚拟社会与现实物理社会的有机结合，天然具有数字化特征。随着元宇宙发展，其对社会各个阶层、生活各个方面潜移默化的影响，必将投射到社会生产与生活的数字化水平提升上，推动数字社会的发展与建设进程。

从"强监管"的角度看，元宇宙在为社会生产与生活的秩序带来新的活力的同时，也很有可能在助力新秩序和新规则形成的过程上引向"歧路"。元宇宙在形成和演化的过程中，会持续沉淀虚拟与现实世界深化融合、协调同步的映射规则和运

行秩序。也许未来，每个人所有的虚拟账号和现实账户归并，网络的身份权限与现实的身份权限成为统一的数字身份，出门不再需要携带身份证才能证明身份、记录行为，数字身份或将成为人们出生即有的基本属性并相伴一生。而像数字身份一样的映射，将为社会生产与生活的关系建立、运行、变换等，提供准则、依据和规范。它可能建立虚实互动的规则与秩序，也可能重构现实生活的规则与秩序。但就像立法的修订过程一样，规则难免疏漏，必然需要在元宇宙建立和健全虚实互动规则与秩序的过程中，以促进数字社会健康、良性发展为核心，时刻保持警惕，在监控全域的同时重点关注潜在灰色地带，及时弥补规则的漏洞，使行为的发生可管可控，保障构建良好健康的数字社会生产与生活秩序。

2.3.3 本固枝荣——国家总体安全视角

党的十九大报告提出关于新时代坚持总体国家安全观："统筹发展和安全，增强忧患意识，做到居安思危，是我们党治国理政的一个重大原则。必须坚持国家利益至上，以人民安全为宗旨，以政治安全为根本，统筹外部安全和内部安全、国土安全和国民安全、传统安全和非传统安全、自身安全和共同安全，完善国家安全制度体系，加强国家安全能力建设，坚决维护国家主权、安全、发展利益。"在国际局势变动发展中，元宇宙相关技术研究、产业发展和生态构建，需要以坚持维护总体国家安全为要义，伴随着国家总体安全观内涵的持续

丰富和完善，同步协调发展。在国家总体安全视角下，"国内稳"与"境外安"将成为很长的时间跨度下元宇宙治理的两大目标。

对待国内元宇宙相关的理念与生态发展，要实现"国内稳"。这种"稳"不仅须体现在技术与产业发展的稳步适度上，而且须体现在社会形态向虚实互通、虚实互动与虚实融合的稳定过渡上。元宇宙是多行为主体有机统一的整体，就像人与人借由机器便捷地交互既离不开多源信息的感知与融合处理，也离不开多模态信息的反馈与投送，更离不开网络算力的基础支持。站在谋发展的角度上看，需要谋的不是单项技术的攻坚克难，而是有规划、有布局、有阶段、有策略的体系性技术融合创新，并考虑如何在元宇宙概念的稳定发展下，实现技术与产业稳步适度且相协调的发展。同时，元宇宙或将引起社会形态的演进，而这种演进存在着天然的关联，即虚实共生必须建立在虚实互通的基础上，逐步深化虚实互动，向着虚实融合不断发展。所以，这种演进要"稳"，才能让元宇宙获得当前演进阶段的全面发展，为进入下一个演进阶段坚实筑基，避免不均衡、不全面的演进过程带来的"泡沫"、"歧路"或"死胡同"。

面对境外元宇宙相关创新技术、产品、应用的扩张，要实现"境外安"。这种"安"，既是我方元宇宙相关领域蓬勃发展的基本保障需求，又是我们与世界上其他国家、组织共同和谐安全发展元宇宙技术与产业生态的重要保障需求。当今是万物互联的时代，没有什么领域可以在封闭环境里获得发展的长久驱动力。因此，元宇宙的发展只有广泛试错、广泛吸纳，才能具备可持续性。归因于元宇宙特殊且突出的社会属性，如何在走出去的过程中获得最大收益的同时，又不至于因相异的意识形态侵蚀本心？又如何在请进来的过程中，做到撷取各方精华的同时，又能相互促进，教学相长？这些都将成为元宇宙发展路径在"国内稳"的前提下获得"境外安"，实现和谐与安全发展的关键课题。

2.3.4 众擎易举——全球治理格局视角

在世界多极化发展趋势下，全球的政治、经济、科技等需要多层面、全链条的体系性秩序维护与治理。而当下对于元宇宙概念的关注，早已显现出全球性热潮的发展趋势。回顾人工智能、大数据、区块链等技术浪潮的层层翻涌，元宇宙作为各类信息技术的"融汇者"，其概念引领下的技术浪潮将更具长久的生命力，潮起潮落，波涛不绝。而在全球化与信息化加速融合发展的时代里，这种技术浪潮的覆盖面将不仅仅在科研与产业领域，政治、经济、文化等方面的因素都将影响元宇宙的发展。反之，元宇宙也将对经济、科技、社会等多个方面产生影响，这也将成为全球治理视野下需要考量的要素。在全球化治理视角下，"求同存异"和"普惠互利"将成为可见的未来中元宇宙融合发展的两大要义。

元宇宙的碰撞融合必然面临"求同存异"的现实需求。这种现实需求的来源在于元宇宙以数字技术实现虚实内容生产与流动的本质属性。既然涉及了虚实的内容生产与流动，不同文化背景与意识形态下必然产生不同的内容。在同一个文化体系内部，不同的组织利益、生活环境、阅历背景等，都能够影响人们关注点、思维方式以及决策走向。更何况在不同的国家、国际组织等更加复杂的文化背景中。这就需要在发展元宇宙的过程中掌握全局，充分了解环境的变化，及时研判发展的趋势。同时，也要博采众长、求同存异，在合作与竞争中实现超越生活圈层和文化圈层的包容式共同发展。

元宇宙的深度融汇必须秉持"普惠互利"的发展理念。历史经验表明，人类社会的发展不是一个国家、一个地区、一个民族的"独奏"，尤其是在全球性融合的今天，元宇宙的发展，基于数字化、社会化同步协调的根本需求，一定是"合唱"式发展。所以，不论是国际科研交流、产业链条塑造，还是全球

生态构建，元宇宙必将走向大同式的融汇演进之路，形成以大众应用为牵引的全方位发展态势。要形成这样的发展态势，达成这样的发展目标，就要本着"普惠大众、互利共赢"的理念，形成交互有益的战略引导，并始终坚持初心本意，以积极和谐的发展态度感召各方，不断促进这种有益的深度融合。

2.3.5 待势乘时——元宇宙的综合研判

基于上述元宇宙发展态势，以及在社会发展、国家安全、全球治理等各层次视角下发展、治理和融合的需求分析，在此待势乘时之际，需要审慎研判。

短期来看，元宇宙中对内容生产和交互运行的技术支撑，还处在通过市场概念吸引资本投入、获取并积累用户流量，并借此生长拓展的过程中，处于初级阶段，仅是概念理念与现有技术支撑下数字服务、数字经济等的嫁接，而这些探索构建的应用和产品是否能成功沉淀为下一代信息技术的产物，仍有待观察。

长远来看，倘若元宇宙能够通过虚实融合方式支撑人的感官与生存维度、空间的延拓，其终将成为数字化虚实共生新型社会关系存在的"新世界"，人类在元宇宙中的行为活动、经济交易和存在空间等将成为虚实全面交织的基本支撑。因此，亟须现实世界与数字空间实现规则、秩序、法律的有效同步，并实现监管和预警，以确保在发散的虚实混淆空间中，社会与经济属性在高交互与高自由的双重作用下，不会引发现实冲突。

第三章

两仪灵境

元宇宙构想

CONSTRUCT

两仪·灵境

两宇相望一心间

仪形仿佛似人寰

灵迹自由古今显

境深幽探虫洞仙

对于或将成为国之新疆域的元宇宙，不仅需要认识其概念与特征，更需要根据实际情况和客观规律，提出其发展目标与路径、所需资源与依托。我们基于元宇宙概念与特征体系的研究，尝试描绘元宇宙图像，从内涵与架构审视元宇宙内在驱动与外在表现营造出的数字世界与物理世界的共生形态——两仪灵境，以期形成对元宇宙实践的一些有益参考。

3.1 钟灵毓秀——两仪灵境之概念内涵

站在元宇宙火热的当下，洞悉其内图景的过程中，回看钱学森在思考虚拟现实技术对未来的科学意义和发展空间时，将虚拟现实技术称为"灵境"技术的阐述，他认为"Virtual Reality 是指用科学技术手段向接受的人输送视觉的、听觉的、触觉的，以至嗅觉的信息，使接受者感到如亲身临境"，指出"临境感不是真地（的）亲临其境，而是感受而已；所以是虚的"，并融合技术理念和人文意境，给出了"用'灵境'才是实事求是的"定名建议。个中描述与缘由似乎同今天我们理解中的元宇宙未来图景不谋而合。由人类对于数字虚拟世界的观感"入口"来描述其对人类存在的空间意义，确实是一个妙不可言的方式。

100717

本市东黄城根北街16号

全国科技名词审定委员会办公室：

　　你们6月11日信及附件收到。

　　我对 Virtual Reality 的定名道路再写了几

句. 现附上请审阅。

　　　此致　　　　敬礼！

　　　　　　　　　　　　　钱学森

　　　　　　　　　　　　1998·6·18

附短文：《用"灵境"是实事求是的》

钱学森致全国科技名词审定委员会办公室的信

用"灵境"是实事求是的

钱学森（1998年6月18日）

Virtual reality 是指用科学技术手段向接受的人输送视觉的、听觉的、触觉的以至嗅觉的信息，使接受者感到如亲身临境。这里要特别指出：这临境感不是真地亲临其境，而是感觉而已，所以是虚的。这是予盾。

而我们传统文化里正好有一个表达这种情况的词："灵境"；这比"临境"好，因为这个境是虚的，不是实的。所以用"灵境"才是实事求是的。

钱学森《用"灵境"是实事求是的》

显然，单凭虚拟现实已无法阐述元宇宙现下的技术图景。我们不妨沿着钱老的足迹继续求索，用中国人对世界的美好想象指引人类对未来数字世界的远景描绘，将元宇宙图像构想为"两仪灵境"。

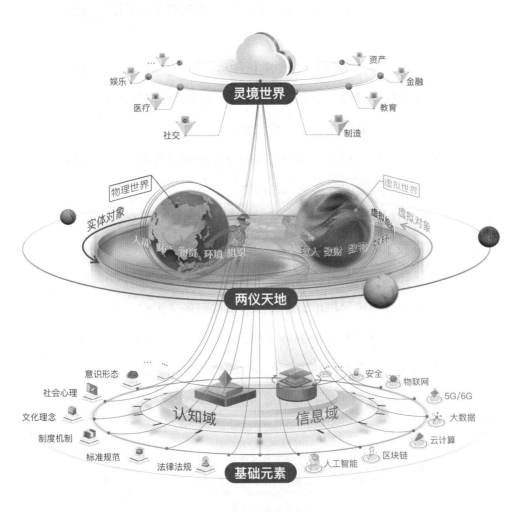

两仪灵境

"两仪"——古人在阐述有关天地的起源和演化问题时认为，混沌初开，乾坤始奠，气之轻清上升者为天，气之重浊下凝者为地。天为阳气，地为阴气，二气相互作用，产生万物。可见在中国古人的眼中，"两仪"代表了宇宙中所有物质运动与交互转化的基本存在，是建构自然万物的本原。因此，谨用"两仪"来描述虚拟世界与现实世界、客观物理和思维意志的分立与统一的整体。

"灵境"——我们将元宇宙比作"两仪"交互融合的空间。这种交互融合就像一个莫比乌斯带①，无论这个空间是否伸缩、变形，若空间建构的本原不变，即元宇宙所有主体的客观物理存在不变，作为这个空间交互融合纽带的映射规则就是共识的存在，并且具备时间和空间延续性。

"两仪灵境"是一个广阔自由、交互联动的世界，在社会维度和技术维度的多重支撑下，既是现实世界中人员、财产、物资、环境、组织等的数字化映射，也是以交互感知多维度影响物理世界的数字作用力存在，能够在娱乐、医疗、社交、制造、教育、金融和资产等多领域，给人以全新的应用体验感，打造出虚拟与现实世界间前所未有的"共情"力。

让我们先寻觅到"入胜之界"，即未来虚实交互的界面，

---

① 莫比乌斯带（改写自百度百科）由德国数学家莫比乌斯和约翰·李斯丁于1858年发现，是一种可拓展图形，在被弯曲、拉大、缩小或任意变形的过程中，不使原来不同的点重合为同一个点且又不产生新点。以纸带举例，莫比乌斯带可通过180°扭转一根纸条，两头连接黏合后得到。普通纸带具有两个面（双侧曲面），而这样的纸带只有一个面（单侧曲面）。所以若在纸带的一面行走，可以一直走过整个曲面而不必跨过它的边缘。

通过多元应用感受"两仪灵境"的"样貌",再逐步深入去探寻建构这样一个虚实互动世界的"营造法式",解构底层生成的逻辑和驱动运转的机制,发现其"层台之基",洞悉数据、网络、算力、规则等"基础元素"对建构"两仪灵境"的作用,从而在脑海中刻画出真切且真实的元宇宙图像。

3.1.1 入胜境界——灵境世界

作为"两仪灵境"的"入口","灵境世界"是一系列潜在应用场景的集合,如娱乐、医疗、社交、制造、教育、金融、资产等。在元宇宙发展的初级阶段,这些应用场景是分立分治的。随着元宇宙的不断发展、虚实界面的丰富、数据互操作能力的增强，以及内容生产关联程度的加深，这些应用场景将逐渐向耦合组织发展，并慢慢演进形成永续的、广阔的"虚实应用市场"。

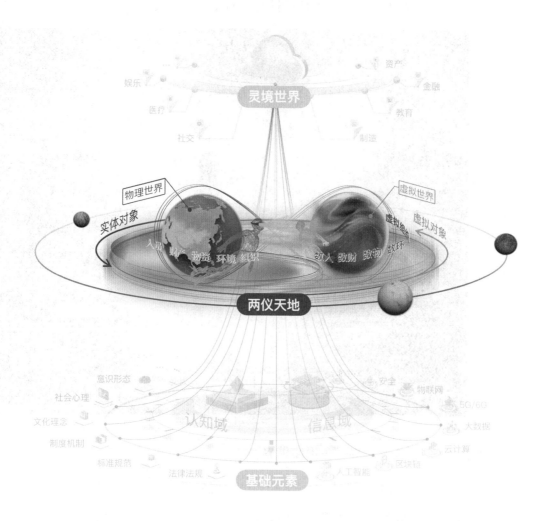

灵境世界

"灵境世界"是"两仪灵境"的交互界面和虚实感官的"载体",这种"灵"之感受:在于沉浸式、高临场感、娱心悦目的娱乐体验;在于千山万水即刻共享、天涯比邻般的社交存在;在于挥毫而就、吹影镂尘般的精益制造;在于虚实一体、自由流转,虚实同步的新经济;在于寓教于乐、真实体验,突破时空与物理隔阂的沉浸式教学;在于人机互助、普惠大众,从制药、看诊、手术等全维度支撑提升人类健康水平……种种灵境之象,将在本书第六章徐徐展开,一番未来之图景也将呈现眼前。

　　究竟需要在何种规律与法则的指引下,才能获得"灵境世界"中全新融合式虚实联动的沉浸体验?这种体验又将如何一步步演化提升?这就需要我们解构"两仪灵境"底层生成的逻辑和驱动运转的机制,发现它的"营造之法"。

3.1.2 营造法式——两仪天地

元宇宙需要完成物理环境中人员、财产、物资、环境、组织等的数字化投影，同时需要创造数字环境中的数字化人员、数字化财产、数字化物资、数字化环境、虚拟组织。其中的数字化投影与数字化创造，既需要相互依存、交互融合，又需要虚实制约、交替转化，共同构建一个分立又统一、紧密联系又可分治的"人机物"三元融合世界，正所谓"天地合而万物

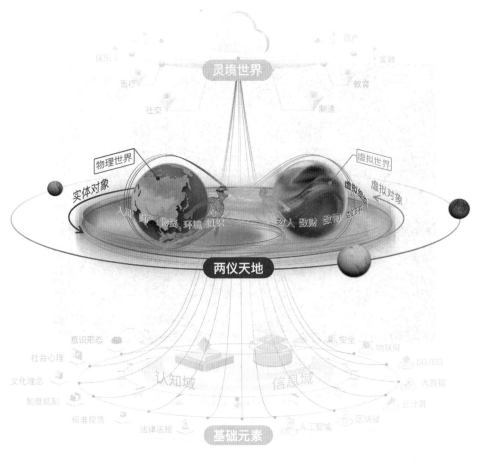

两仪天地

生，阴阳接而变化起"。就像宫殿、园囿的建造有规制和标准一样，"两仪灵境"的运转法则是元宇宙中现实世界空间与虚拟世界空间互动映射的基本规则，也是"两仪灵境"的底层生成逻辑和驱动运转机制。

在构造元宇宙空间、生成"两仪天地"时，需要各方面技术支撑，实现虚实互联、虚拟创造，成为底层生成逻辑的支撑，并广纳博雅之美，不断丰富元宇宙支撑技术体系，在本书的第四章中将打开这扇大门，引你走入技术探秘之路。同时，这些技术将关联构建形成支撑各种应用的底层平台，打造出元宇宙驱动运转机制的载体。这个载体如倚不拔之柱，持续向元宇宙这个超大型数字应用生态输送能量，在本书第五章中将揭开那层神秘面纱，共同领会这个极致开放的复杂巨系统的运转之基。

按图索骥，沿着技术与平台的指引，不难发现"两仪灵境"的层台之基，在于对数据、网络、算力、规则等"基础元素"的虚实关联塑造，这也将是"两仪灵境"拼图的最后一部分。

3.1.3 层台累土——基础元素

正所谓"合抱之木，生于毫末；九层之台，起于累土"，"两仪灵境"构建的基石是层叠式的，同时也是多方交联的，它既依赖于信息域"基础元素"提供内容生成与流动的支撑手段，又依赖于认知域"基础元素"提供内容生产、交互与消费的基本资料。从而逐步形成一整套数据和社会体系——以码为源、以人为本的未来世界。

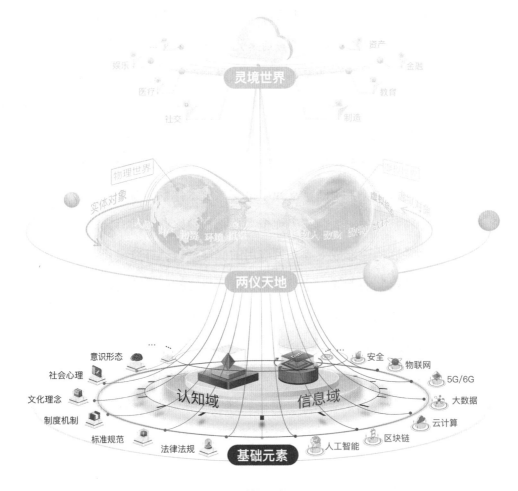

基础元素

从"基础元素"的信息域方面看，为了实现内容生成与流动，"两仪灵境"是将人工智能、区块链、云计算、大数据、5G/6G、物联网、安全等多项技术融合，用于构建数字孪生、数字原生、虚实相生的世界。这些信息域元素，从自然交互、场景构建和场景运行支撑等不同维度，为用户创造临场感、沉浸式感官体验，拓展用户的感官维度，有效构建虚拟场景中数字化投影与数字化创造之间的映射和行为交互，支持数据资产的生成和流通，并提供支撑"两仪灵境"双循环经济所需的网络、存储、算力等元素，用以支撑包括数据分析、数据验证、数据隐私保护在内的"两仪灵境"运转的底层资源自由流转。

从"基础元素"的认知域方面看，"两仪灵境"需要以法律法规、标准规范、制度机制、文化理念、社会心理、意识形态等内容生产、交互与消费的基本资料为驱动，才能完成一个"两仪天地"核心基础支撑资源的建构。"两仪灵境"运转的基础在技术之上，是虚与实之间数字资产的共识流转，而共识的流转需要规则与制度的实物化。这种实物化一方面体现在初期阶段，由物理世界已具备的法律法规、标准规范、制度机制、文化理念、社会心理、意识形态等指导内容生产、交互与消费，进行数字化映射；另一方面体现在发展中，数字化演进或创造生成虚拟世界的"法律法规、标准规范、制度机制、文化理念、社会心理、意识形态"等，从而使虚实一致性映射的规则化、制度化固化成为基础的运转机制。

综上，对于元宇宙的体系构想可归纳如下：在信息、认知和社会域，在内容生成与流动的过程中，基于"基础元素"构建元宇宙内容生产、交互和消费等相关能力，提供元宇宙必需的"生产资料"与"生产力"。"两仪灵境"的建构与运转，则依赖作为"生产关系"的"两仪天地"所提供的底层生成逻辑与运转机制法则，进而驱动元宇宙的内容生产、交互与消费。上述一切的物体呈现，就是营造多样化场景耦合的"灵境世界"。"灵境世界"作为元宇宙的入口和界面，是内容生产、交互与消费的行为要素的提取与反馈接口。

3.2 披沙沥金——两仪灵境之构想表征

为提炼"两仪灵境"显著表征，不妨让我们先回顾前述研究的元宇宙主要特征体系，从能量盈余和价值共识两方面视域出发进行剖析。基于谋取能量盈余的博弈角度，元宇宙的四方面总体特征表现在能量获取的多模泛在性、能量流动的广义人因性、能量留存的动态可控性和能量存在的宏观有序性。基于价值共识的"度量衡"视角，元宇宙中规则与秩序的形成、运行和更替，将表现出高度地依赖"关注"和"信任"。同时，能量盈余与价值共识是一体相生的。这种一体相生，既体现在共识达成过程中需要基于"关注"的能量感知与获取，也体现在共识达成后形成基于"信任"的能量流动与留存。"两仪灵境"作为元宇宙的体系构想，其构想表征将统一于上述两视域的主要特征体系。

"两仪灵境"表征描述为：基于多行为主体的价值共识，实现能量盈余在虚实空间中的可信让渡，使得"关注"和"信任"能够量化、连接和流通。

具体而言，从"基础元素"出发，"两仪灵境"表征可归纳为两个方面：一方面是信息域筑基，以"虚实相长"为表现的建构表征，主要体现为技术维度上虚实共生的新社会活动空间的生成与运转；另一方面是认知域驱动，以"动静之机"为表现的演化表征，主要体现为社会维度上网络空间与数字空间融合发展与未来进化的过程。无论是建构表征还是演化表征，都不以信息域或认知域为唯一支撑。在信息域和认知域的融合支撑下，建构表征与演化表征始终保持一体相生，从而形成"两仪天地"，进而打造"灵境世界"。

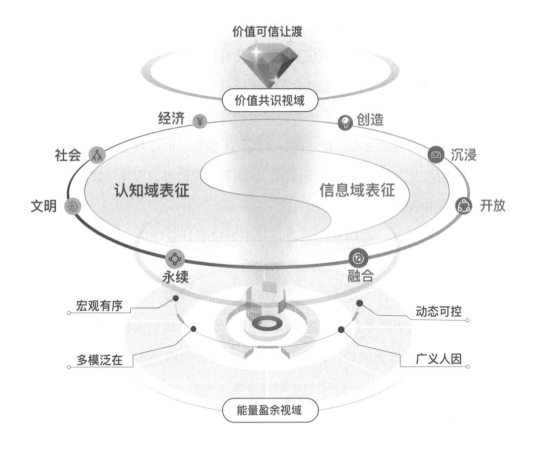

两仪灵境之构想表征

3.2.1 虚实相长——信息域筑基建构表征

从元宇宙特征脉络看，"两仪灵境"以信息域为筑基的建构表征，体现在数字世界与物理世界间的虚实关系上，具体而言：

由实入虚，是"两仪灵境"生成与不断丰富内涵的基础手段和前提条件。无论是从资源还是价值的视角去看，只有当虚拟世界中的资源能够基于现实资源实现映射，甚至成为现实资源体系的增补，其价值才有可能被广泛认同并形成共识。

由虚入实，是"两仪灵境"演化与扩大覆盖范围的发展路径和必然要求。因为物理存在，在资源的成功虚拟化和虚拟实体的成功资源化上，形成资源盈余的价值共识必然会影响到物理客观的各种存在。在"两仪灵境"不断生长的过程中，借由物理实体间的认同和信任传递，会随着虚拟世界的演化与要素增长而发展。

基于此，建构表征是透过技术维度看社会维度，可以用"融合、开放、沉浸和创造"来描述。

（1）融合。"两仪灵境"中虚实之间的界限，将随着人类行为在两者间平行交错发展日趋模糊，渐渐形成"人机物"三元融合的数字世界。从人的社会需求水平和内容出发，在人员、财产、物资、环境与组织等方面，存在着表现形式多样、保障时效差异化、多通道内容互动等虚实映射要求。借助多感官的自然交互技术、仿真与渲染技术、数字资产管理技术，以及包括大数据、区块链、泛在计算、高速网络通信等在内的场景运行支撑技术，实现虚实互动逐渐走向虚实融生。

（2）开放。一方面，"人机物"的虚实交互界面在三元融合的过程中，将从便捷的多径接入向低门槛的泛在多模发展，并在渗透率的不断增强中，逐步形成集视觉、听觉、触觉、嗅觉，甚至心觉于一体的多通道自然交互感知、意图理解、动态调度、多模呈现等能力。另一方面，交互效能将在技术的加持下，扩展感知、计算、存储和交互的渠道与内容维度，助益实现"随时"、"随身"和"随遇"。可借助多通道、多模态的信息采集与处理、特征提取与分析等技术，以及围绕支撑的相关存储与计算技术，丰富虚实交互设备的类型和能力，拓展虚实交互的渠道和维度。

（3）沉浸。"两仪灵境"构想对沉浸存在三重理解：第一重针对体验需求营造临场感，通过低延迟和高逼真渲染等给予参与者切实感受，参与者对是否身处不同网系、使用何种设备无感。依赖下一代多通道智能设备的升级，在感知与反馈间架起桥梁，保证临场感与既有体验经验一致，或实现基于经验的延续。第二重面向情感需求实现共情，体现为行为的深度理解与数字内容的即时按需供给。共情要求能够及时获取"关注"的需求、形成贴合"关注"的内容。共情的实现主要依赖下一代多模态交互的完善，如界面手段的丰富、分析理解能力的提升、多感官内容的即时融合渲染等。第三重着眼于满足多层次共享需求，体现为共享的泛在互联与可信流动，在沉浸感不断提升过程中，基于个体沉浸与共享式沉浸发展。泛在互联的参与者将置身于下一代虚实共生互联网中，获取整体性、一致性和平滑迁移的体验支撑。可信流动通过区块链、大数据、人工智能等，使得价值在泛在互联的基础上得以量化流通，令参与者能够从个体沉浸发展为共享式沉浸，从而为内容生产形成主观参与的能动性。

（4）创造。创造主要在于虚拟创造和虚实创造两个方面。比较显而易见的是虚拟创造，也就是"两仪灵境"能够赋予参与者创造新实体和新规则的能力。高精度的仿真渲染、高性能计算等，使得在物理世界中无法实现的内容与尝试变得可能。而且，虚拟创造过程中的试错与修正环路，将在群体智能与算力网络等多重技术的帮助下，在更加便捷、范围更大的模拟博弈过程中大大提速。这种提速的意义不仅仅在于新创造诞生的周期可能缩短，更在于由提速带来的社会整体生产效能的提升。同时，"两仪灵境"在融合、开放和沉浸的支撑下，使得虚拟创造具备影响现实世界的能力，实现虚实相生、虚实融生等不同阶段的联动创造。

3.2.2 动静之机——认知域驱动演化表征

从元宇宙特征脉络看，"两仪灵境"以认知域为驱动的演化表征，可从内在驱动和外在表现两个方面分析，具体而言：

由内而外，驱动"两仪灵境"生成运转的核心是什么？基于对元宇宙特征体系的研判分析看，人类对于数字信息能量盈余的追求，以及虚实世界间价值共识的达成与传递，将成为牵连元宇宙万物、组建数字虚实生存空间的内在驱动。

由表及里，外化呈现的元宇宙究竟是怎样一个"新世界、新空间"？同样从对元宇宙特征体系的研判分析看，虚实世界之间价值共识建构的各项手段，以及实现共识表象化的人类意志思维和情绪，将成为未来通过新的人机界面看到的元宇宙的"一切"。

因此，演化表征阐述的是通过社会维度牵引技术维度，可以用"经济、社会、文明、永续"来描述。

（1）经济。"两仪灵境"拥有一个完整、公平的经济体系，在信息域区块链、人工智能等技术构建的可信数据交互与评价环境中，认知域"基础元素"可以创造基于价值共识认证流通的数字资产和数字货币。同时，"两仪灵境"在数字化演进或创造过程中，生成虚拟世界的"法律法规、标准规范、制度机制、文化理念、社会心理、意识形态"等，将成为虚实一体数字经济运转的基础要素，构建出"两仪天地"间完善的数字市场机制。作为"上层建筑"的基础，经济机制的重塑将不仅仅引起经济领域模式的更迭，而且会辐射影响社会稳定、科技进步、产业发展、国际合作等人类社会的方方面面。

（2）社会。"两仪灵境"以认知域的需求满足和需求发展为驱动，加之信息域的技术、算力等支撑，构造了可供人们跨越虚实空间实现多维度交互的"两仪天地"，在支撑形成数字空间中现实社会镜像的同时，基于"人机环"相似的"关注"

和可传递的"信任",达成不同层次的"共识",通过其中的数字化交互和创造,影响现实社会组织构成和运行模式,在不同程度上重构或增补现实社会的内在组成和机制。所以"两仪灵境"的社会性演化表征表现为价值跨虚实界面流转与传递过程中,个体行为与群体行为的特征与模式的变化,从而影响社会生活和社会生产组织的模式。

（3）文明。文明是人类所有自然行为和社会行为的集合,囊括了工具技术、语言文字、民族信仰、地缘文化等诸多要素。"两仪灵境"的"基础元素"就是上述要素在认知域和信息域的投影。因而,在社会性与经济性等认知域演化表征的综合过程中,"两仪灵境"在新的数字空间中,将联合虚拟世界与现实世界,逐渐形成新的文明。这些文明将可能具备更加多元、角色多重的特点,在更加频繁的要素交汇融合中,形成一个基于现实文明世界的、自有的文明体系。这个自有文明体系

将不仅仅是"两仪灵境"的终极层次，它的形成也或将是元宇宙真正到来的标志。在终极层次的深化发展过程中，各种元宇宙文明将共同构成精彩纷呈的未来世界，进一步丰富在"两仪天地"驱动下形成的"灵境世界"。

（4）永续。永续的认知域演化表征概括了"两仪灵境"的社会性、经济性和文明性，在时间、空间和信息等多重尺度上耦合发展的延续和延展性。在物质文明与精神文明相辅相成的发展过程中，"两仪灵境"构想的丰富完善不会暂停或终止，"两仪天地"的生成与运转，将是一种高自由状态的无限期持续。从这个意义上，也许元宇宙就是"两仪灵境"发展的愿景目标，其终极层次也许没有尽头，我们也很难明确自己是否已经身处元宇宙之中。所以，真切实在的一切，其实就是"两仪灵境"构想中可一步步实现和发展的相关技术、平台和环境。而这些技术、平台和环境，是人类精神追求、发明创造过程中，被绝大多数人认可与接纳的物质和精神的总和。这个总和的积累必将随着人类的发展而发展，从而获得永续。

3.3 观往知来——两仪灵境之发展构想

在当下资本强力助推的元宇宙热潮中，"两仪灵境"体系构想可作为一套融汇行业技术的元宇宙综合实践指导。为了实现"两仪灵境"的合理布局与稳步发展，必须找出潜在影响要素，规划实效发展路径，视情更新对策措施。总体来说，"两仪灵境"发展需要在把握好元宇宙概念研究与主要特征体系脉络的前提下，关注建构表征与演化表征在发展中的关系和变化，结合技术融合发展水平与社会接纳认同程度，进行潜能预测分析，谋划如何实践构想并逐步推进。

所以，若想准确地预测"两仪灵境"潜能，甄别出起主导作用的发展策略，就要把体系构想放到当前的技术基础、社会环境中，深入分析数字社会建设、国家总体安全和全球性治理发展等各方面的需求和要求。只有这样，在元宇宙理念效应的带动下，"两仪灵境"构想及其实践，才能够扎得实、走得稳、行得广。

3.3.1 见时知几——两仪灵境之潜能分析

在潜能分析过程中，我们不分项细谈将在博雅之美与不拔之柱中具体展开的每一项技术的现状和攻关难点，谨从全局视角来分析"两仪灵境"作为多通道智能设备、多模态交互方式和虚实共生互联网的有机技术结合体，如何在形成"关注"与"信任"的量化流通能力过程中，引起多重模式变革与进化，助力社会加快走向智能化时代。

1. 推动信息域技术融合跨代发展

"两仪灵境"需要依靠人工智能、区块链、大数据、物联网、高速通信网络等多重技术的齐头并进式发展，在发展中实践，在实践中融合。所以从信息域"基础元素"出发，各项技术在与认知域内容生产需求的牵引下，以满足"两仪天地"生成与运转、保障"灵境世界"动态按需呈现为原则，互为支撑、相互融合。当前，人工智能、区块链、物联网等技术的理论体系与应用生态日趋成熟。同时，伴随着计算与存储能力的提升，仿真渲染、人机交互等技术也迎来了发展的又一个新阶段。

"两仪灵境"是信息技术融汇的集大成者，尚处于各项技术联动关系建立的阶段，距离真正融合运用来支撑"灵境世界"的物化实现尚需时日。依据技术成熟度曲线模型预测，"基础元素"信息域的整体技术成熟尚需 5 ～ 15 年，且在此过程中，依旧可能存在着阶段性泡沫。但透过这一漫长过程，我们需要看到，元宇宙所涉与所需的技术覆盖面和融合程度都是前所未有的。因此，依托"两仪灵境"体系构想逐步构建"灵境世界"的过程，对上述融合应用技术也是一个难得的发展机遇。融合过程带来了新的使用需求、应用场景和创新挑战，也给了各项技术突破"自我"的空间与动力。所以，究竟将是信息技术成就"两仪灵境"，还是"两仪灵境"助力了信息域技术发展，也许不那么重要。更加重要的是，在"两仪灵境"的物化过程中，如何找到信息域技术融合跨代发展的方向和途径。

2. 驱动认知域社会机能代际跃迁

"两仪灵境"作为新一代虚实共生互联网的承载，基于"基础元素"信息域的技术融合应用，将认知域的内容要素进行了连接与量化，这是传统信息技术难以企及的。有赖于区块链、大数据、人工智能等技术的结合与发展，在虚实空间的交互将能够统一到"两仪天地"这一数字新空间中。这种对于参与者"关注"的理解、对个体间"信任"的量化，以及"关注"和"信任"的有益流通，能够帮助人们进一步重构连接方式，大幅加快人类秩序演化节奏，从而使得更深层次模式特征能够被感知、被理解、被传递、被认同。

所以，"两仪天地"将以现实社会中的生产关系、生产资料为蓝本，在数字空间中孕育新的关联与关系，并借由虚实互动的过程影响现实社会。比如，在新的数字空间创造出具有价值并可交易的数字产品，并借由交易和产品流通的价值流转，在物理世界和虚拟世界间重塑传统世界的产业逻辑。如此一来，"两仪灵境"的物化落地将深刻改变人类生产和生活方式，人与人、人与组织、组织与组织的关系都可能在这种互动过程里发展角色与定位的转变，在社会性机能的代际跃迁过程里演化形成新的社会形态。

3. 催生多重模式变革与进化出现

现今计算机、网络和各种智能设备虽已经成为我们日常生活"必需品"，但真正的智能时代还远没有到来。我们尚身处工业化、信息化和智能化多重发展路径的交迭中。在这种交迭中，技术与社会的同步发展，会不断地产生新的模式，并引发模式的聚合与筛选等。在偶然性与必然性越发混杂的时代里，"两仪灵境"的发展需求有着其技术基础日臻成熟的必然性，也有着其社会需求扩大发展的偶然性。那么从上述角度看，"两仪灵境"的构想落地会给现实世界带来什么？

"两仪灵境"所描绘的数字新空间的实现，必将伴随着虚拟自由度的不断提高，这些源于数字空间的行为将扰动现实生活。从技术层面来说，它带给技术更新换代机遇的同时，将提出诸多新的能力增长点，发现各项技术的短板；从社会层面来说，它带来虚拟世界中"社会"机制的创造空间，也可能对现实社会运行机制、价值体系、意识形态等多方面带来颠覆性改变。比如，在扰动中，现实世界规则、秩序、法律如不能及时有效地向虚拟空间同步，"基础元素"认知域中的社会与经济属性在缺乏预警和监控的地带，就可能成为现实冲突的"引爆点"。因此，这些多重模式变革与进化，在"两仪灵境"加速更迭的催化下，需要及时甄别和严肃对待。倘若加速的方向选对了，"两仪灵境"的模式成功了，它将可能在变革经济领域范畴与模式的同时，极大地提升社会生产与组织效能，成为人类奔向和拥抱智能化时代的强大助益。

3.3.2 敬陈管见——两仪灵境之发展预测

在"两仪灵境"建构表征和演化表征的提炼过程中，我们既深化了"两仪灵境"作为元宇宙物化实现的体系构想内涵，同时从技术维度、社会维度与多重模式进化等角度分析了"两仪灵境"的潜能。综上，我们对"两仪灵境"作出下述发展预测，以期在推动技术融合发展和赢得社会广泛认同的实践过程中，尽可能发挥"两仪灵境"引领作用。

1.以助力新基建为牵引，加速丰富"基础元素"

"两仪灵境"是多通道智能设备、多模态交互方式与虚实共生互联网的有机结合体。在硬件设备由台式机、手机等向多通道智能设备发展，交互方式由文本、图形操作形式向多模态交互发展，网络形态由互联网、物联网等向虚实共生互联网发展的总体进程里，我们需要思考如何利用"两仪灵境"推动信息化社会新型基础设施的构建，加快"基础元素"迭代完善的速度，在极大拓展信息化社会内容和范畴，形成信息技术的集合式发展态势的同时，使"两仪灵境"成为助力新基建的"新工具手段"。

2.以构造社会新范式为愿景，助益打造"两仪天地"

"两仪天地"的生成与运转，需要同时兼顾沉浸性、创造性和社会性。所以与仿真模拟系统、数字孪生系统相比，"两仪天地"更具动态开放、虚实共生、生命活性等特点。利用好这种虚实互动过程中"关注"和"信任"的可信量化与有益流动，在"两仪天地"的形成和运行过程中，物理世界里客观存在的组织机构、人员、物资、设施、环境、法规制度等，就能够和虚拟世界实现深度交互，进一步推动构建虚实相映、虚实相融、虚实相长的数字社会新范式。

3.以需求带动适度合理布局，稳妥建构"灵境世界"

"两仪灵境"在元宇宙概念引领下，将不断追求极致的虚拟化、网络化、智能化，有望催生新的社会和经济形态。在模式孕育与博弈的过程里，竞争将越发激烈。在人类和虚拟镜像的深度融合中，这种竞争的手段通道将极大地丰富。面临可能的高渗透度的竞争覆盖，以及庞杂的体系构成，我们需要甄别发展需求的合理性，论证发展方向的正确性，把握发展规划的稳妥性，形成真正有益、主动但不盲目的发展布局，协调一致地构建起与社会经济生活需求匹配的"灵境世界"。

第四章

博雅之美

元宇宙技术

TECHNOLOGY

大成之路·觅寻

嫦娥赴月清

始皇觅仙蓬

博雅筑灵境

两仪终大成

　　本着追本溯源的态度，在分析元宇宙的技术架构前，可以再次回顾一下其在国内最初的起源研究和描述。20世纪90年代初，钱学森接触到虚拟现实技术，便立刻想到将之应用于人机结合和人脑开发的层面上，并给其取名为"灵境技术"。钱老认为，灵境技术的产生和发展将扩展人脑的感知和人机结合的体验，使人机结合进入新时代，这可以从钱老写给戴汝为、汪成为和钱学敏三人的信中得到证实。钱老认为"灵境技术是继计算机技术革命之后的又一项技术革命。它将引发一系列震撼全世界的变革，一定是人类历史中的大事"。

戴汝为同志 汪成为同志 钱学敏同志：

　　我近读汪成为同志写的《灵境是人们所追求的
一个和谐的人机环境，一个崭新的信息空间(cyberspace)》
颇有启发。已看了《高技术通讯》1994年9期39页-43页
清华大学计算机系 曾建超以及石定机同志写的《虚
拟现实技术及系统》。　钱学敏同志则多次在她写的
文章中提到灵境技术与大成智慧的关系。　由此引
起我的一个想法：灵境技术是继计算机技术革命之
后的又一项技术革命。它将引发一系列震撼全世
界的变革，一定是人类历史中的大事。具体关系见
附页图表。

　　　诸教。

　　　此致　　　　敬礼！

　　　　　　　　　　　钱学森
　　　　　　　　　　　1994.10.10

钱学森致戴汝为、汪成为和钱学敏的信

在命名概念的同时，钱老也对灵境技术给他带来的启示进行了描述，对其将来可能"引发、推动"的革命性变革进行了研判，认为灵境技术可以推动"人的创造力的大提高"，驱动"形象思维、灵感思维的理论"进步，其通过信息网络凝结价值信息打造的"大成智慧"，能够带来科学和文艺的大发展，甚至引发科学革命，进而形成人类社会的新疆域。

本书尝试对支撑元宇宙发展的技术底座进行了切分，将支撑元宇宙发展的关键技术划分为自然交互、场景构建和场景运行支撑三大体系。其中，自然交互体系为元宇宙用户创造了一种全新的沉浸式感官体验模式，拓展用户在虚拟空间的感官维度，实现了用户－用户、用户－系统、用户－环境间更为高效真实的交互，让用户相信元宇宙所构建的虚拟场景真实存在。场景构建体系为元宇宙构建符合物理约束的高逼真三维虚拟场景和具有自学习能力的智能虚拟角色，并有效支持数据资产创建和交易，创造了用户活动所需自然维度、社会维度和认知维度的新空间。场景运行支撑体系提供了支撑元宇宙双循环[①]所需的通信网络、数据存储和泛在计算能力等基本条件，管理和分析元宇宙实时产生的海量数据，构建去中心化环境中安全防护及鉴权验证能力，保护用户在元宇宙系统中的隐私安全。

元宇宙关键技术体系组成如下图所示。

---

① 双循环一般指内循环和外循环，本书定义"元宇宙双循环"概念，一是现实世界人－物之间的循环；二是融合了虚拟世界环境的人－机（元宇宙）－物循环，即人通过元宇宙作用于物品或环境。

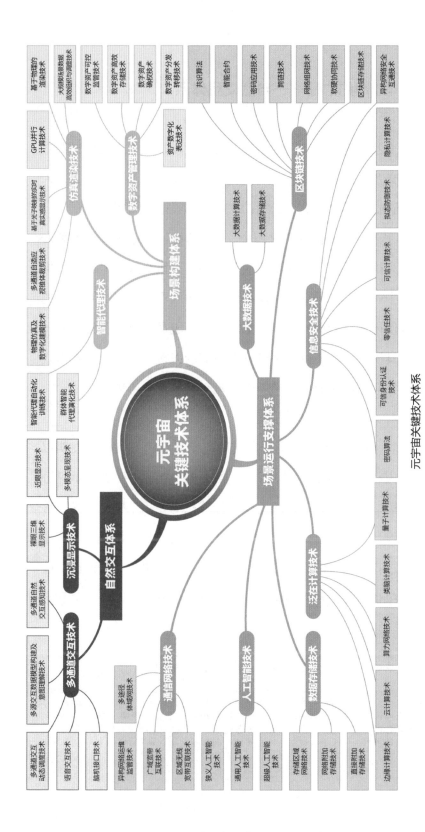

元宇宙关键技术体系

4.1 眼约心期——自然交互体系

交互是人类满足精神需求的必要手段，在人发明出机器之后，交互模式也从"人－人"模式衍生出"人－物"模式，人类能够成为万物之灵，交互在其中起着极其重要的作用[①]。

在人类改变世界的过程中，"人机物"的运作模式不断发展，人机交互模式也在不断演进发展。人机交互技术是计算机科学中一个重要分支，从发展历程的角度看，人机交互方式的进步使得人对于机器的操作更加便捷，进而促进各类机器向日常工具演进。在探讨元宇宙发展所需的人机交互模式和技术之前，我们可以先简单回顾一下人机交互的发展历史。

1. 人机交互早期发展史

自 1946 年世界上第一台通用电子计算机 ENIAC[②] 发明以来，人机交互就成为计算机科学领域一个非常重要的学科分支。第二次世界大战期间的早期计算机主要用于密码破译、火炮弹道计算等，这个时期的人机交互方式非常原始且低效，主要通过打孔纸条的方式实现指令的输入和输出，一个简单功能的程序也需要很长时间来制作打孔纸条，并需要改变开关和电

---

① 根据心理学家赤瑞特拉（Treicher）实验结果，人类的记忆权重，75% 来自交流，阅读只能记住 10%。由此可见发展元宇宙中自然交互的必要性。

② 全称为 Electronic Numerical Integrator And Computer，即电子数字积分计算机。曾有误传 ENIAC 是第一台计算机，实际上，真正的第一台电子计算机是阿塔纳索夫－贝瑞计算机（Atanasoff - Berry Computer, ABC）。事实上 ABC 不可编程，且不具备图灵完全性，只能进行线性方程组的计算。它的价值是确定了一些现代计算机设计思想，如采用二进制、可重用的存储器等。所以说 ENIAC 是第一台通用电子计算机。

缆的设置。如此"原始"的人机交互方式极大地影响了计算机操作的便捷性，对于高级的创造性应用显得非常不友好，因此亟须发展更为高效的人机交互方式。下图简单梳理了人机交互的早期发展历程，将每个时代最前沿、最流行的人机交互技术进行呈现。

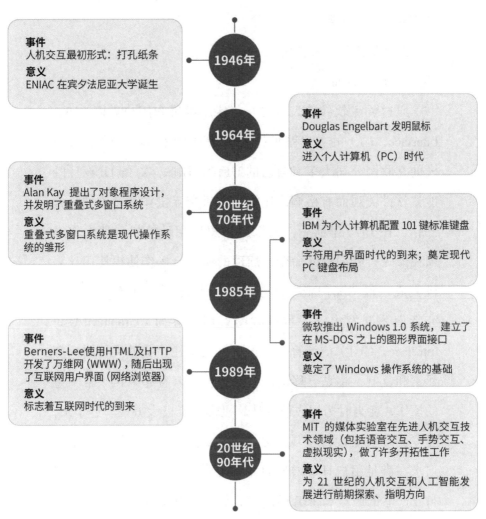

事件
人机交互最初形式：打孔纸条
意义
ENIAC 在宾夕法尼亚大学诞生

1946年

1964年

事件
Douglas Engelbart 发明鼠标
意义
进入个人计算机（PC）时代

事件
Alan Kay 提出了对象程序设计，并发明了重叠式多窗口系统
意义
重叠式多窗口系统是现代操作系统的雏形

20世纪70年代

事件
IBM 为个人计算机配置 101 键标准键盘
意义
字符用户界面时代的到来；奠定现代PC 键盘布局

1985年

事件
微软推出 Windows 1.0 系统，建立了在 MS-DOS 之上的图形界面接口
意义
奠定了 Windows 操作系统的基础

事件
Berners-Lee使用HTML及HTTP开发了万维网（WWW），随后出现了互联网用户界面（网络浏览器）
意义
标志着互联网时代的到来

1989年

20世纪90年代

事件
MIT 的媒体实验室在先进人机交互技术领域（包括语音交互、手势交互、虚拟现实），做了许多开拓性工作
意义
为 21 世纪的人机交互和人工智能发展进行前期探索、指明方向

人机交互早期发展历程

由上可见，早期人机交互的发展是一段人（用户）适应机器到机器适应人（用户）的过程。总结人机交互的发展历史，可以分为成三个阶段：第一阶段，手工作业阶段，以打孔纸条为代表；第二阶段，交互命令语言阶段，用户通过编程语言操作计算机；第三阶段，图形用户界面阶段，Windows 操作系统是这一阶段的代表。

2. 传统人机交互技术

1）用户界面

通过关注软件的人机交互、使用逻辑和用户界面（User Interface，UI）的美观程度来提升用户使用体验，当前稍具规模的互联网公司大多有自己的 UI 设计团队。好的 UI 设计既能让软件美观而有格调，还能让人机交互操作变得方便、人性化。在 1970 年前后，如果用户想使用计算机，那么他必须在命令行界面输入命令，烦琐的命令行操作使得使用计算机变成一件"高门槛"的事情。10 年之后，计算机科学研究者们才开发出第一款搭载图形用户界面（Graphical User Interface，GUI）的计算机，窗口、菜单栏、文件夹、图标等元素和复制、粘贴、移动、删除等现如今看起来再平常不过的操作，在当时为用户使用计算机带来了极大方便。近年来，互联网、智能硬件领域的各大企业越发重视 UI 设计，逐步追求在满足用户日益增长的多元化要求的同时，又要展示出自身产品的质量和价值观，UI 设计已经成为高新技术企业的"门面"。

2）传统外接硬件设备

从人机交互角度来看，最常见的外接交互硬件设备就是鼠标和键盘，这也是今天仍然在频繁使用的设备。

鼠标是计算机显示系统横纵坐标定位的指示器。鼠标诞生于1964年，真正成为计算机标准配件是在1984年，苹果公司推出的Macintosh让鼠标走进大众视野，为计算机用户带来了全新的交互体验。鼠标的发明和普及使计算机操作变得简单便捷，用户再也不必记忆复杂的指令集。根据其工作原理的差异，鼠标可分为滚球鼠标、光电鼠标和无线鼠标，当前还发展出了多种具有附加功能或者多按键的鼠标。

键盘用于英文字母、阿拉伯数字、汉字、标点符号等字符的直接输入。计算机键盘发源自打字机键盘，目前最为经典的"QWERTY"型键盘设计之初的目的是降低打字员打字速度以免卡键。键盘操作虽然不如鼠标方便，但是作为计算机最重要的外部设备，有着无法替代的作用。为了满足不同人群的使用需求，键盘还发展出了打字手感更好的机械键盘、能够降低长时间工作疲劳度的人体工程学键盘和能够防水防尘的特种键盘等样式。

传统的人机交互模式，都是人类为了适应机器的进步所发明创造出的非自然交互模式，需要进行一定的"专业"训练才能够掌握，但这样的交互模式还是形成了一定的性能瓶颈，为了推进"人机关系"的进步，亟须发展更为高效的交互方式。

3. 自然交互技术

经过人机交互技术的发展与积累，当前人们追求一种人–机

间更加多维、高效的交互模式，称为自然交互技术。自然交互技术体系为用户提供与虚拟数据的高真实感互动体验，使得用户能够看到、听到、摸到、闻到基于数据所构建的元宇宙中各式各样的高逼真虚拟场景，并支持使用肢体、手势、语音等自然交互方式与虚拟场景进行互动，从而全身心融入元宇宙。

史元春认为自然交互可以使人脱离传统的交互工具，无须特定的设备，甚至无须视觉注意力就可参与交互任务，完成交互界面的呈现和交互命令的表达。人类的行为更多的是基于人的肌肉记忆形成的习惯，而非刻意的学习过程，所以需要建立一种适应人的感知、认知和行为的交互模式。

自然交互技术：一是沉浸显示技术，为元宇宙用户构建贴近并超越真实世界的三维虚拟环境；二是多通道交互技术，支持用户通过手势、眼动、笔、触控、体态、语音、生理、环境、空间定位、脑机等通道同系统进行信息交互以及用户情绪的识别与理解。自然交互体系如下图所示。

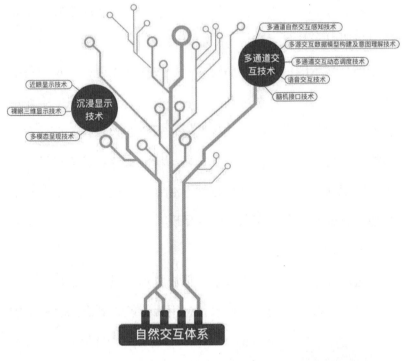

自然交互体系

4.1.1 沉浸显示技术

沉浸显示技术是元宇宙中实现三维显示与沉浸呈现的各类技术的统称，是用户能够看到高逼真三维虚拟场景的关键。在人类感官功能中，视觉接受外界信息的比例很高，通过视觉，人类感知外界物体的大小、明暗、颜色、动静，获得对机体生存具有重要意义的各种信息，而为了更加逼真地模拟现实物理世界，同样需要融合其他感官交互，构建多模态的自然交互方式[①]。

---

① 根据心理学家赤瑞特拉(Treicher)做过的实验，人类获取的信息，83%来自视觉，11%来自听觉，视听占据94%的权重。

在元宇宙环境中，为了构建贴近现实的逼真效果，需要通过近眼显示技术，实现 VR/AR 头戴设备光学系统设计优化、基于微型显示图像芯片的高清显示、多焦面构建、显示设备适人性佩戴等功能，从而呈现三维复杂场景；通过裸眼三维显示技术，实现基于投影融合或高性能平板阵的大规模虚拟显示环境构建，完成多用户协同沉浸式显示功能；通过多模态呈现技术，实现虚实融合情景下触力觉、温度觉、速度觉等多感官信息通道融合和信息跨模态一致性呈现。

1. 近眼显示技术

近眼显示技术是在人眼附近形成显示效果的综合性计算技术，是头戴显示器的核心技术，是用户能够看到高逼真三维虚拟场景的关键所在。与其他沉浸显示技术相比，近眼显示技术能够确保良好的私密性。

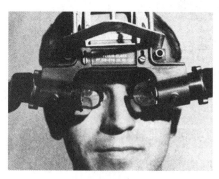

早期近眼显示设备[①]

近眼显示技术主要包括近眼成像光学系统设计、微型显示图像芯片制备、适人性头戴设备设计等关键技术。早期的近眼显示设备由于采用了简单的双目视差立体显示，存在人眼辐辏与聚焦失配的问题，且图像成像到一个固定位置的像平面，无法实现多焦面显示。

[①] 真实意义上的第一款头戴式 VR 产品诞生于 1968 年，由计算机图形之父伊万·萨瑟兰（Ivan Sutherland）及其学生共同制造。

虚拟现实、增强现实和混合现实类近眼显示设备被认为是未来个人移动设备的显示终端。我们可以简单理解为，VR构建的是纯虚拟数字画面，AR构建的是虚拟数字画面叠加裸眼现实，MR构建的是数字化现实叠加上虚拟数字画面。

在组成上，近眼显示设备通常包含微显示芯片、成像光学系统、头部跟踪设备等。微显示芯片主要涉及硅基液晶（Liquid Crystal on Silicon，LCOS）、数字光处理器（Digital Light Processor，DLP）、有机发光显示（Organic Light-Emitting Diode，OLED）以及微发光二极管（Micro-LED）等技术；成像光学系统包含微投影光机、光学波导、自由曲面元件等光学技术；头部跟踪涉及同步定位与地图构建（Simultaneous Localization and Mapping，SLAM）技术。

SLAM 技术

总体来说，近眼显示技术正朝着佩戴更为轻薄、舒适，观看视场角更大，清晰度更高，更接近人眼光场观察习惯的方向发展。在显示芯片方面，需要发展高分辨、高亮度的 LCOS、Micro-LED、OLED、激光扫描等显示技术。在光学成像方面，波导技术是目前接近普通眼镜形式的主要技术手段，主要发展浮雕光栅波导、全息波导以及液晶聚合物光栅波导等技术，实现高均匀性、高效率的图像传输；研究折叠式光学系统、视场拼接光学技术、自由曲面成像技术、全息元件成像技术，实现超薄、大视场的近眼显示；探索光场近眼显示技术、变焦透镜技术，以及近眼全息显示技术等，实现多焦面或连续焦面的近眼显示，解决近眼显示立体视觉中人眼辐辏聚焦冲突造成的晕眩问题。在同步定位与地图构建方面，需要探索优化算法的应用，完成虚拟时空的快速构建。

2. 裸眼三维显示技术

裸眼三维显示技术是指不借助三维眼镜等光处理设备，通过光本身的衍射、叠加特性创造出三维立体显示效果的技术，是创造多用户沉浸体验的核心技术之一。

裸眼三维显示技术尚处于行业试应用阶段，目前主要应用在工业商用显示市场，大众消费者接触的裸眼三维应用场景也在逐步丰富，其推广受到技术实现效率和构建成本的限制。从技术上来看，裸眼三维显示技术可分为光屏障（Barrier）式、柱状透镜（Lenticular Lens）和指向光源（Directional Backlight）三种。裸眼三维显示技术最大的优势是摆脱了眼镜的束缚，但是在分辨率、可视角度和可视距离等方面还存在很多不足。

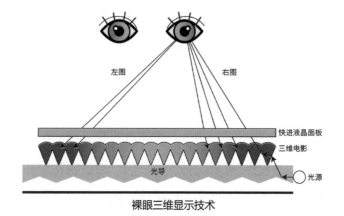

左图　　右图

快进液晶面板

三维电影

光导

光源

裸眼三维显示技术

　　光屏障式三维显示技术也称为视差屏障或视差障栅技术，其原理和偏振式三维显示较为类似，是由夏普公司欧洲实验室的工程师通过多年努力才研究成功的。光屏障式三维显示产品与LCD液晶工艺友好兼容，因此在产品的可量产性和成本上具有一定优势；但采用这种技术的产品影像分辨率和亮度会存在一定的不足，尚需进一步改进提升。光屏障式三维显示技术的实现方法是使用开关液晶屏、偏振膜和高分子液晶层，利用液晶层和偏振膜制造出一系列方向为90°的垂直条纹。

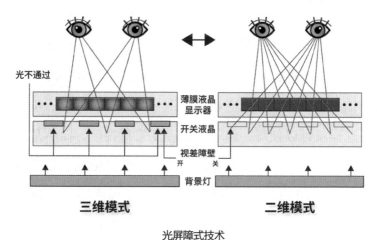

光不通过

薄膜液晶
显示器

开关液晶

视差障壁

开　　关

背景灯

三维模式　　　　　　　　二维模式

光屏障式技术

光屏障式技术制造垂直条纹宽度通常为几十微米,光通过条纹后就形成了垂直的细条栅,称为"视差障壁"。而该技术正是利用了安置在背光模块及 LCD 面板间的视差障壁,在立体显示模式下,应该由左眼看到的图像显示在液晶屏上时,不透明的条纹会遮挡右眼;同理,应该由右眼看到的图像显示在液晶屏上时,不透明的条纹会遮挡左眼,通过将左眼和右眼的可视画面分开,使观者看到三维影像。该项技术的优点是与既有的 LCD 液晶工艺兼容,因此在量产性和成本上较具优势;缺点是画面亮度低,分辨率会随着显示器在同一时间播出影像的增加成反比降低。

柱状透镜技术也被称为双凸透镜或微柱透镜三维显示技术,其最大的优势便是其亮度不会受到影响。柱状透镜三维显示技术的原理是在液晶显示屏的前面加上一层柱状透镜,使液晶屏的像平面位于透镜的焦平面上,在每个柱透镜下面的图像的像素被分成几个子像素,这样透镜就能以不同的方向投影每个子像素。双眼从不同的角度观看显示屏,看到不同的子像素,从而看到不同的画面。然而,在将像素分解为子像素的过程中,像素间隙会被放大,因此不能简单地叠加子像素,而应让柱透镜与像素列成一定的角度排列。这样就可以使每一组子像素重复投射视区,而不是只投射一组视差图像。它的亮度之所以不会受到影响,是因为柱状透镜不会阻挡背光,从而较好地保证画面亮度。该项技术的优势是显示效果更好,亮度不受到影响;缺点是相关制造与现有 LCD 液晶工艺不兼容，需要投资新的设备和生产线。

对指向光源三维显示技术投入较大精力的主要是美国的明尼苏达矿业及机器制造（Minnesota Mining and Manufacturing，3M）公司，指向光源三维显示技术搭配两组 LED，配合快速反应的 LCD 面板和驱动方法，让三维显示内容以排序方式进入观看者的左右眼产生视差，进而让人眼感受到三维效果。3M 公司研发的三维显示光学膜，实现了无须佩戴三维眼镜，就可以在手机、游戏机及其他手持设备中显示真正的三维立体影像，极大地增强了基于移动设备的交流和互动。该项技术的优势是分辨率、透光率方面能保证，不会影响既有的设计架构，三维显示效果出色；缺点是技术尚在开发阶段，产品不成熟。

三维显示技术从最初的红蓝 / 绿补色眼镜技术，历经偏振光技术、快门眼镜技术，这期间人们一直以来都不得不借助眼镜等辅件来实现三维显示效果。而随着技术的发展，裸眼三维显示已经接近成为现实，但在技术性能指标和实现成本等方面还有一段路要走。

3. 多模态呈现技术

多模态呈现技术是通过多种类的仿真手段，为元宇宙用户提供所处环境真实情况的综合技术集成。人类用来同外界世界交互的感知系统包含视觉、听觉、触觉、味觉、嗅觉及心觉（第六感），这些感觉大多与现实世界中明确的物理刺激相对应。人类在通过视觉获取 80% 以上的外界信息的基础上，同样需要通过其他感官来"监测"环境和交互信息。为了让元宇宙用户"忘记"自己置身于计算机系统所创造的虚拟环境中，需要分别针对用户的感知系统和行为系统进行设计，以实现用户在虚拟环境中更为真实、自然的交互信息获取。

在元宇宙中，可以在视觉三维渲染的基础上，通过构建更加立体的声音、模仿物体的外观带来的触觉感受、模拟现实世界中物品的气味、创造类似现实世界的运动感受，以及创造性的氛围营造，为用户打造更加沉浸式的立体感受。通过多模态技术的演进发展，使得元宇宙能够更加全面地包围用户，从而让用户更加真实地感受"世界"。

多模态呈现技术构建了"系统－用户"之间进行信息交换的自然用户界面。在元宇宙中，"人机物"通过交互界面进行多轮信息交换形成交互路径，交互路径一定程度上决定了信息交换的效率和质量。每轮信息交换可基于不同模态不同接口进行，通过虚实融合情景下多种通道信息的融合处理，理解用户"感知－认知－运动"机制，研究感觉信息跨模态调节交互技术，探究呈现的融合交互机理和模型，支持多通道虚实场景下交互信息融合，以虚实融合的方式呈现，构造虚拟景物与现实世界的统一共享空间，兼顾交互的自然性与高效性，实现用户反馈与元宇宙情景内容的自适应组织，以及相关设备的一致性交互处理，提升元宇宙场景交互的沉浸感。

4.1.2 多通道交互技术

多通道交互技术是跨场景、跨时间、跨目标的多源信息感知融合和互动技术。面向未来元宇宙交互情景，需要解决传统范式固定空间、固定场景、固定目标、固定指令的问题。在多通道交互模式下，用户可以通过多通道自然交互感知技术，实现对手势、眼动、笔、触控、体态、语音、生理、环境、空间定位定向等通道信息的同步感知；通过多源交互数据模型构建及意图理解技术，实现对元宇宙空间环境以及人的行为、状态的理解，支撑对模糊不确定性行为精准解读与结果可计算的情境数据表征；通过多通道交互动态调度技术，支撑生成姿态、动作、语言等多通道自然表达数据，形成心理、生理等隐式信息，实现虚拟与现实的跨域无缝自然交互；通过语音交互技术，实现同元宇宙的高效直接指令交互；通过脑机接口技术，实现跨越现实感官、通过大脑直接同外界进行"沟通"的新型交互模式。

1. 多通道自然交互感知技术

多通道自然交互感知技术融合手势、眼动、笔、触控、体态、语音、生理、环境、空间定位定向等通道的自然交互感知技术，把感知范围拓展到元宇宙空间环境以及人的行为、状态，具体包括姿态、动作、语言等自然表达，也包括人的心理、生理等隐式信息。人的行为往往具有模糊不确定性，且具有更加明显的时空特征，如在不同元宇宙场景中，用户同一肢体动作的含义可能不同，无法基于单模态传感数据精准地解读并传递交互指令。所以，综合感知、分析各个交互通道的特征与差异性，将多种自然交互模式获取的信息纳入机器的理解范畴之内，通过对交互数据分析、描述和建模，建立多源感知计算理论，提出多通道信息融合方法，支撑元宇宙中交互行为的动态感知，才能让用户在虚拟与现实的跨域空间中实现无缝自然的感知与交互。

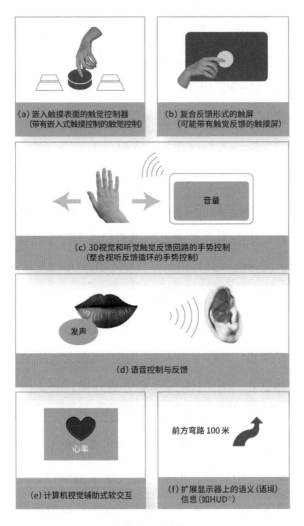

多模态交互技术

---

① HUD: 抬头显示（head up display），又称平视显示系统。

2. 多源交互数据模型构建及意图理解技术

元宇宙若想要帮助用户完成一些复杂任务，首先应了解用户到底想要什么，这里将用户想要做的事情称之为"意图"。在元宇宙交互的不同通道上，交互数据在数据来源、数据量、数据格式和交互协议上存在巨大差异。通过多模态呈现技术的发展，元宇宙中用户能够获取的数据和信息异常丰富，但如果无法将碎片化、异构化的数据和信息进行有效整合而是直接呈现，那会给用户带来信息"超饱和式"灾难。因此，在元宇宙中，必须研究为多元化交互输入构建有限类型的数据模型，实现对于交互意图的准确、快速解读，建立用户－用户、用户－系统间的高效信息传输通路。

用户依据在元宇宙中建立的"知－行"环路，将意图分为三个类别：一是行动意图（action intent），指用户想要完成一个目标或者参加一个活动，如下载软件、在线玩游戏、送花、寻找休闲视频等；二是信息意图（information intent），指用户想要找到信息，想知道些什么，此时高质量、高权威的综合信息是最有帮助的；三是寻址意图（navigation intent），指用户想要导航到元宇宙中的一个特殊位置。

在元宇宙中，通过综合应用上述技术手段，对用户意图分类建模，并通过综合分析和处理，实现对用户意图的准确理解。准确获取和理解用户意图，就好像为元宇宙系统设定了一个好的"问题"，正如艾美奖获奖作家、国际著名记者与主播弗兰克·赛思诺（Frank Sesno）所说："提出问题就已经解决了问题的一半。"[1]

3. 多通道交互动态调度技术

元宇宙用户在不同的应用场景下，"希望"通过视觉、听觉、触觉等特定途径同元宇宙进行信息交互。多通道交互动态调度技术，要求系统在建立起多通道交互感知模式的基础上，进一步明确用户需要的交互模式，并能够根据当前场景进行智能调度。

在元宇宙进行交互通道模式判断，确定用户意图的过程中，需要就意图理解构建层次，以此来建立对于用户意图理解的评价标准，这里可以将元宇宙的智能化评测维度进行划分，依次是意图理解、服务提供、交互流畅和人格特质。

评测元宇宙智能化程度的四大维度

| 意图理解 | 服务提供 |
| 是否能够理解/识别用户表述的意图 | 当用户提出需求时有无高质量的反馈 |

| 交互流畅 | 人格特质 |
| 当用户与元宇宙进行交互时体验是否流畅 | 智能助手是否具备足够魅力/人格化特质 |

元宇宙智能化程度评价维度

在意图理解方面，主要评价标准是元宇宙中控制分配意图的能力、支持句式/话术/词槽泛化度、反馈准确度/容错率、模糊/歧义表述处理以及目标达成表现。

在服务提供方面，主要考察元宇宙提供资源 / 服务的全面性、资源 / 服务的质量、反馈样式的丰富性、内容展示合理程度、兜底处理表现等。

在交互流畅方面，主要评价元宇宙服务稳定性、响应速度/流畅度、交互形式丰富度、新手教学表现、全双工交互表现等。

在人格特质方面，主要要求能够识别情绪丰富度、情绪表现力、人设一致性、情商 / 共情表现、用户印象等。

元宇宙只有在以上四个维度真正"理解"其用户，才能够根据用户特质，定制其特色化的多通道交互动态调度方案，满足用户的交互习惯，制造"沉浸式"多通道交互动态体验。

4. 语音交互技术

语言是人类最常用的交互方式。按照新锐历史学家尤瓦尔·赫拉利（Yuval Harari）的描述，"虽然我们只能发出有限的声音，但组合起来却能产生无限多的句子，这些句子各有不同的含义""人类语言能够传达关于一些根本不存在的事物的信息"。[2]

正是因为语言的特殊性，才造就了人类"万物之灵"的地位，那么有没有可能在人与机器之间抛却那些"指示灯和按键"，采用人类最自然的方式进行交流呢？这就衍生出了语音型人机交互系统。在语音型人机交互系统中，用户通过语音与系统交互的过程包含以下步骤。

首先是语音识别，即通过系统中的麦克风提取声波信号，将声波的振动信号转化为电信号，再将电信号进行处理，分析处理后的信号特征并与数据库中的文字信息进行匹配，数据库越大、样本信息越多，语音识别的准确率越高。

其次是语义识别，即让计算机通过识别出的文字信息"读懂"句子的含义。相比于语音识别，语义识别技术当前仍然不够成熟，目前的消费级产品上只能实现唤醒、设置闹钟、寻找喜欢的音乐、导航路径等简单的指令理解。但值得期待的是，谷歌、苹果、百度、华为等科技巨头都加大了对智能语义识别的投入，机器学习促使计算终端通过不断"学习"大量数据来快速提升语义识别的准确度，随着时间的推移、数据的积累和算法的进步，计算终端在不久的未来可以实现"真正的"理解用户指令，进而更加精确地满足用户需求。

最后是语音合成。语音合成又可分为在线语音合成和离线语音合成两部分。在线语音合成无须占用大量内存，可通过云端数据库合成接近甚至超越人声的合成声音，但是网络环境会极大地影响音质和合成速率，翻译机、智能小助手通常采用在线语音合成技术。离线语音合成则需要用户提前下载本地语音包，计算机接收到需要合成的句子后直接调用本地语音包进行合成，占用较大内存，且音色稍逊于在线语音合成。但其优势在于不受网络环境的限制，合成速度更快，机场、商店等地的公共广播场景通常采用离线语音合成技术。

这里需要介绍"图灵测试"的概念，图灵测试由艾伦·图灵（Alan Turing）提出，指测试者与被测试者隔开的情况下，测试者通过一些装置（如键盘）向被测试机器随意提问。进行多次测试后，如果机器能够让超过30%的参与者误以为和自己交流的是人而非机器，这台机器就通过了测试，并被认为具有人类智能。

直至今日，能够完美通过"图灵测试"的机器仍然没有被制造出来，但这并不妨碍人类发展一代代的语音型人机交互系统。在元宇宙中，用户需要用视觉采集大量的输入信息，那么采用语音作为输出甚至是同系统间的高效指令交互，从目前来看是最为高效的手段，也许经过数年的发展，我们每个人都能够像钢铁侠一样拥有自己的"贾维斯"①。

5. 脑机接口技术

脑机接口（Brain-Computer Interface，BCI）也称脑机交互技术，追求的目标是实现人脑与外部设备间建立直接通信的途径，是一种人机交互的高级形态。中国信息通信研究院给出的定义为：脑机接口是指在有机生命形式的脑或神经系统与具有处理或计算能力的设备之间，创建用于信息交换的连接通路，实现信息交换及控制。[3]

原则上讲，BCI并不是"一种"技术，而是一个技术群。通过多模态信号采集技术，实现对脑电、眼电、皮电等生理信号，以及面部表情、身体手势、声音等行为信号的实时获取和采集；通过多模态信息预处理技术，实现对多模信号的滤

---

① 贾维斯（J.A.R.V.I.S.）是美国漫威漫画旗下人工智能角色，全称为Just A Rather Very Intelligent System（意为"只是一个相当聪明的智能系统"）。

波，提升信噪比；通过脑电特征提取与分析技术，实现对脑电及多模态信号的智能识别和分析，将不同的响应转化为相应输出；通过多模态反馈技术，可以支撑元宇宙用户实时感知反馈需求，实现其与虚实世界即时交互；通过多模态、高通量、高精度、可穿戴的集成化脑机交互技术，实现人和机器友好、自然互动，以及用户情绪的识别与理解，增强用户沉浸式体验感。

21世纪以来，我国BCI研究逐步开展并发展迅速。在"中国脑计划"中，科学家们提出了"一体两翼"的发展建议，即以研究脑认知的神经原理为"主体"，研发脑部重大疾病诊治新手段和脑机智能新技术为"两翼"。随着"脑科学和类脑研究"被列入"十三五"规划纲要中的国家重大科技创新和工程项目，以及国家对该领域经费投入的增多，我国脑科学的研究已经驶入快车道。

脑机接口信号采集方式分为侵入式和非侵入式。侵入式脑机接口还可以根据是否植入皮层内或创伤的程度，分为完全侵入式脑机接口和微创式脑机接口。非侵入式工具通常使用位于头部附近的传感器来跟踪和记录大脑活动。这些工具可以轻松放置和移除，无须动手术，直接从大脑外部采集脑电信号，但其信号较弱，并且不够精确。

从目前的科技水平看，两种技术路径均存在不同的难题，也决定了两者分别向着不同类型的应用场景演进，不过二者融合应用，颅内脑电和头皮脑电结合应用，也是未来的一种可能选择。

目前，科学家正在开发的侵入式脑机接口植入物朝着小型化方向发展，同时激活的神经元数量也从百万朝着更高量级发展。例如，美国加州大学伯克利分校的一个研究团队创造了大约一粒沙子大小的可植入传感器，称为"神经尘埃"[4]（neural dust）。侵入性工具可能会在大脑和设备之间产生更清晰、更准确的信号。又如，埃隆·马斯克（Elon Musk）于2016年联合创立的Neuralink公司正在开发一种微芯片，该芯片可植入人类大脑记录并刺激大脑活动，将被用于医学领域。2021年4月9日，Neuralink展示猴子用意念玩模拟乒乓球游戏"Pong"。这只猴子大脑中成功植入了脑机接口，通过脑电波控制球拍。大脑中的设备记录了猴子玩游戏时神经元放电的信息，并学习预测它将做出的动作。

未来脑机技术的创新发现可以按照传输方向，分为脑到机、机到脑、脑到脑和脑机融合四个发展方向。

脑到机的信息传输方向是由大脑到机器。基本原理是通过脑信号检测技术获取神经系统的活动变化，识别信号类别和动作意图，用计算机把思维活动转变成信号驱动外部设备，实现大脑直接控制外部环境。

机到脑的信息传输方向是由机器到大脑。基本原理是对生物大脑或其他神经系统特定部位施加精细编码刺激，来唤醒或控制生物的特定感受和行为。

脑到脑是大脑之间的信息交互。基本原理是通过对一个大脑的神经系统实时解码并重新编码后直接传输到另一个大脑，从而对另一个大脑产生作用。这种大脑间直接通信可作为新型生物体交互手段，对神经康复、脑机协同具有重要的参考价值。

脑机融合是大脑与机器的深度融合。基本原理是大脑与机器相互适应，协同工作，把生物脑的感知能力与机器的计算能力结合，生物和机器在信息感知、信息处理、决策判断，甚至记忆、意图多个层次相互配合。

脑机接口技术是未来颠覆性的人机交互技术，使人类跨越手指、眼睛等器官，通过大脑直接操控现实场景。脑机接口技术的发展进步，可以支撑实现元宇宙中人与万物的有机互联。

4.2 断鳌立极——场景构建体系

在元宇宙中，场景构建技术是提升多巴胺①和肾上腺素②的关键。通过场景构建技术，我们能够为用户打造一个与现实世界一致的虚拟场景，包括各种自然气象、人工建构筑物和其他各种要素的状态与行为描述等，同时融入用户在现实世界中从未获得的全新元素，制造目标氛围，提升用户体验

---

① 多巴胺是一种神经传导物质，用来帮助细胞传送脉冲。这种脑内分泌物和人的情欲、感觉有关，它传递兴奋及开心的信息。

② 肾上腺素是由人体分泌出的一种激素。当人经历某些刺激（如兴奋、恐惧、紧张等）分泌出这种化学物质，能让人呼吸加快（提供大量氧气）、心跳与血液流动加速、瞳孔放大，为身体活动提供更多能量，使反应更加快速。

效果。

　　场景构建体系主要包括：一是仿真渲染技术，通过数字模型建立场景，对场景进行实时逼真的渲染展示；二是智能代理技术，实现场景中人类与非人类实体之间的信息流动；三是数字资产管理技术，对元宇宙中资产实施全生命周期管理和监督。场景构建体系如下图所示。

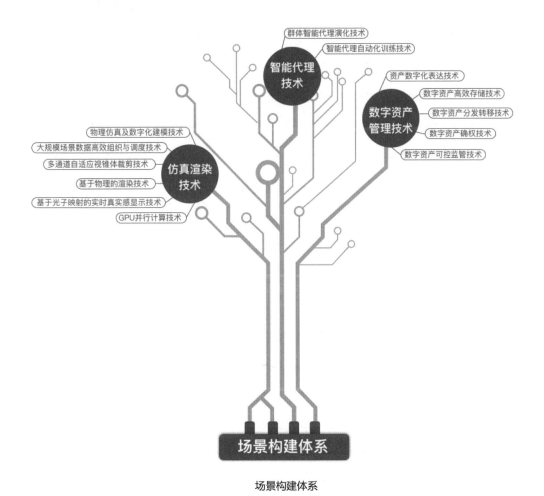

场景构建体系

4.2.1 仿真渲染技术

仿真渲染技术是对元宇宙中构建的数字化场景及其场景对象，采用计算机图形学技术进行渲染，以实现虚拟场景高度贴近现实场景的"高真实感"视觉效果。

元宇宙中的场景宏大而复杂，为了营造流畅真实的用户体验，需要有物理仿真及数字化建模技术，需要大规模场景数据的高效组织和调度、多通道自适应视锥体裁剪、基于物理的实时渲染和基于光子映射的实时真实感显示等诸多实时渲染技术，需要 GPU 并行计算等技术作为底层算力支撑。

1. 物理仿真及数字化建模技术

物理仿真技术主要指对场景、对象的状态和行为进行高效、高精度的数学物理建模，并进行数值计算。依托数字模型的离散化处理、耦合动力学计算等关键技术，实现元宇宙的状态和行为表达与现实世界的高度统一。

数字模型可以理解为通过全数字化的表达方式描述现实世界中的"人机物"，是构建元宇宙虚拟世界的必由途径。在实际场景构建中，涉及的现实世界的物理量大多是连续变量，在虚拟化过程中也需要支持相应的物理定律。在元宇宙中，需要根据系统通信、算力资源，使用有限参量来近似表征连续介质力学中物理量，完成真实世界中连续数据量的离散化快速处理，在真实性和高效性中取得较好的平衡。

数字模型的离散化处理技术以离散数学为基础，离散数学是传统的逻辑学、集合论、数论、算法设计、组合分析、离散概率、关系理论、图论与树、抽象代数、布尔代数、计算模型等汇集起来的一门综合学科。

建立在离散数学基础上的计算机离散化处理方法发展至今，已形成多种离散化方法的分类体系。主要的分类体系包含有监督的和无监督的、动态的和静态的、全局的和局部的、分裂式的和合并式的、单变量的和多变量的以及直接的和增量式的。

无监督的离散化方法在离散化过程中无须使用类别信息，这类方法的典型代表是分箱方法，包括等宽度分箱和等频率分箱。分箱方法使用箱均值或箱中位数替换箱中的每一个值来将数据离散化。实际应用中，分箱方法在数据分布不均匀时使用效果不佳。有监督的离散化方法在离散化过程中需要使用类别信息。研究表明，有监督的方法比无监督的方法效果要好。

2. 大规模场景数据高效组织与调度技术

元宇宙由大量三维场景组成，其数据具有海量、流动、异构等特征，单个三维模型的数据通常在太字节（TB）量级[①]。

在大规模场景构建过程中，需要根据场景构建需求，实时采集物理世界中真实数据，融合系统中原有数据，计算场景搭建新模块所需数据，并快速进行多元数据组合，完成复杂的数据组织过程。当前，对于数据的组织一般有基于分层的数据组

---

① 计算机存储单位一般用字节（B）、千字节（kB）、兆字节（MB）、吉字节（GB）、太字节（TB）、拍字节（PB）、艾字节（EB）、泽字节（ZB，又称皆字节）、尧字节（YB，又称佑字节）表示。1TB=1024GB=2^{40}B。

织和基于特征的数据组织两种方式。

分层分类理论是人们认知现实世界的基本理论之一，基于分层的数据组织也是将现实世界中对于数据认识层次映射到虚拟世界中。基于分层数据组织的地理现象的描述存在下述缺陷：一是现实世界空间几何目标的抽象忽视了地理现象的本质特性及其现象之间的内在联系，对现实世界的人为划分，造成了复杂信息的人为简化，损失了信息内容；二是注重空间位置

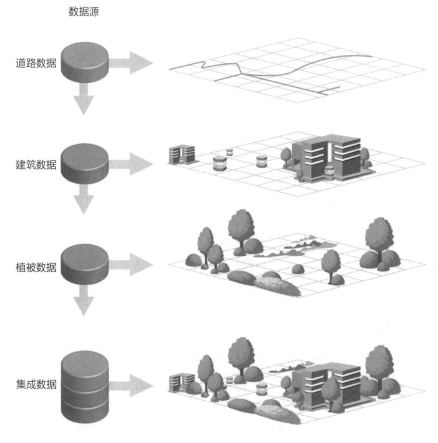

场景分层构建示意图

描述的矢量或栅格数据组织模型，丧失了以分类属性和相互关系为基础的结构化实体所提供的丰富的分析能力；三是分层叠加的方法把现实世界划分为一系列具有严格边界的图层，但这些边界不能充分地反映客观现实，从而造成了许多人为误差。

　　基于特征的大规模场景数据组织的基础是特征分类，它直接影响地理数据的组织、管理、查询以及分析的有效性，影响数据模型语义的完备性以及数据的共享。因此，基于特征的大规模场景数据可以使用面向对象的技术来构造。其数据组织框架需要使用认知分类理论的有关概念和制图学的有关方法。这种数据组织方法要求正确合适的地理分类体系，该体系在遵循一般分类学原则的同时，还必须考虑元宇宙技术特征的需要，将分类体系纳入一种由非空间属性所决定的空间体系中。

　　根据分层理论，将场景数据区划分为不同的层次，越底层的数据静态性越好，其处理、调整的实时性较低，可以占用高效能的计算处理资源；越上层的数据动态性越高，数据处理的实时性要求越高，需要使用"贴近边缘、反应迅速"的计算资源。

3. 多通道自适应视锥体裁剪技术

　　视锥体（frustum）是指场景中摄像机可见的一个锥体范围，它由上、下、左、右、近、远共6个面组成，在视锥体内的景物可见，反之则不可见。视锥体裁剪技术为提高显示性能，只对场景中与用户视锥体有交集的对象进行绘制，计算或预测出用户视锥体范围内需要构建的场景元素，并完成快速视锥体裁剪，以降低场景构建所需数据和算力。

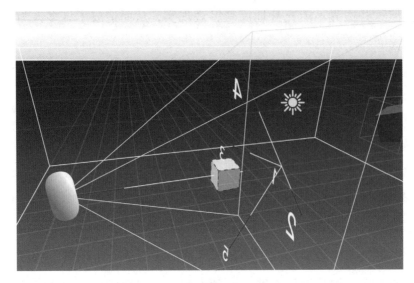

视锥体裁剪

而多通道视锥体裁剪，是根据某一特定环境中元宇宙用户的实时情况，包括"人数、位置、视角"等维度，按需进行用户视锥体实时裁剪的场景裁剪技术。该技术的实现，对于满足用户沉浸式、真实感的现实，以及中心系统侧网络和算力资源的科学利用，具有重要意义。

4. 基于物理的渲染技术

基于物理的渲染（Physically Based Rendering，PBR）技术是一种基于物理规律模拟的渲染技术，最早用于电影的照片级真实的渲染，近几年由于硬件性能的不断提高，已经大量运用于 PC 游戏与主机游戏的实时渲染。物理渲染技术包括漫反射与反射、能量守恒、金属光泽、菲涅耳反射，以及微表面、能量再守恒等。

PBR 实时渲染

在实现过程中，可将整个渲染流程划分为光源表述、光照传输、着色模型和摄像机模型四个独立的部分。

光源表述使用模拟点光源、面积光源，用辐射强度来表述光源发出的光照。

光照传输模拟光在具体场景中是怎么传输的，如离线渲染中的光线追踪算法就能够模拟较为真实的光子传输过程，也就是说能够模拟光子传输的整个路径。而为了降低计算量，在实时渲染时也会采用一些近似的方法，这些方法虽然省略了一些不重要的传输路径，但是仍然可以满足使用的需求。

着色模型模拟光与表面相交时发生的光学交互，如反射和折射等，所有着色相关的数据汇总成一个材质对象，每个物体表面都需要一个材质对象，以便决定光在经过物体表面时应该如何对物体表面进行着色。

摄像机模型是以摄像机的视角来创造渲染效果，如改变投影方式、对景深效果的实现方式、全景绘制方式、时间采样方式等，以实现运动模糊等不同类型的渲染效果。

出于性能考虑，当前传统的 PBR 都采用比较模糊近似模型，这使得介于像素和微观粒子之间的微观结构被忽略。在后续实践上，需要研究表述更精确的模型，但这往往需要较大的数据存储和较长的计算时间，结合适应人眼的差异化分辨能力和场景构建需求，需要进一步发展符合物理特征的实时渲染技术。

5. 基于光子映射的实时真实感显示技术

真实感渲染是计算机图形学一直以来的追求目标，需要从阴影生成、焦散效果渲染和并行化等角度出发进行真实感渲染算法的研究，实现不同方面的优化渲染算法。

将物理世界的光传播效果映射到虚拟世界中，需要解决的问题并实现的效果一般包括集散、间接漫反射、次表面反射等。

焦散是一种很容易识别的间接照明效果。焦散的产生原理其实很简单：间接照明光线从光源发射出来后，先经过一次或多次光学镜头反折射作用，再投射到某个散射表面上创造物品光影效果。

间接漫反射通常指把光从一个漫反射物体反射到另外一个

物体。这是光子映射的强项之一，因为这个算法考虑了光子从一个表面反射到另外一个表面的过程，并且双向反射分布函数（Bidirectional Reflectance Distribution Function，BRDF）也能起作用，其结果自然地显示出间接漫反射的效果。

次表面散射是光射入物体表面后，在被完全吸收 / 反射前朝不同方向散射的效果。该效果也能很精确地被光子映射模拟。

为了实现基于光子映射的实时真实感显示，需要采取以下实现步骤。

（1）构造光子图：在光子映射算法中，光子从光源发射到场景中。一旦光子和一个几何面相交，相交点和入射方向就会存在称为光子图的缓存中。经过相交检测后，根据相交面的材质，该光子可能被反射、吸收或者折射，这一步通常用蒙特卡罗方法来处理。如果该光子被吸收，则不需要下一步处理，这个光子停止辐射。如果光子被反射，则根据 BRDF 计算新反射方向。如果光子被折射，则根据相关自然定理算出新的传输方向。光子图被构建后，可根据光子的时空分步需求，采用 K 最近邻算法（K-nearest neighbor，KNN）才进行组织和优化。

（2）渲染：这一步中，前面创建好的光子图将被用来估算输出图像上每个像素的最终辐射度（亮度）。针对单个像素，需要做一个光线追踪去找到最近的相交面；然后在该点上用渲染方程计算最终辐射。方便起见，渲染方程被分解成直接光照、镜面反射、光线蚀刻和间接光照四部分。为了精确估计直接光照，需要从该点辐射射线到各个光源，如果射线没有和其他物体相交，那么光源就会被用作直接光照。镜面反射一般采用光线追踪的方法（它可以很好地处理反射）。焦散则根据散射光子图来计算。由于该光子图是焦散的唯一来源，所以该光子图中光子数目必须足够多。对于间接光照，辐射计算来自光子图，但其不需要像焦散计算那么精确，使用全局光子图即可。

（3）计算辐射度：为了计算相交点的表面辐射度，一个缓存光子图将被使用，步骤为：①用最近邻算法搜索光子图，收集临近区域的 N 个光子；②构造一个球体 S，把得到的这 N 个光子包围起来；③对每个光子，根据 S 和 BRDF，计算其光通量能量；④所有光子的贡献总和将为相交点的辐射强度。

（4）优化：为了避免辐射不必要的光子，可以对光子的初始发射方向进行一定的限制，比如只发射光子到我们关心的物体方向上。为了柔化间接光效，可以使用辐射缓存技术和前面计算的结果进行差分处理。为了避免不必要的直接照明检测，可以使用阴影光子；为了提高图像质量，特别是焦散质量，可以使用 GPU 光栅化来计算初始和最后的散射，通过图像空间光子映射可以取得实时的执行效率。

6.GPU 并行计算技术

图形处理器（Graphics Processing Unit，GPU），又称显示核心、视觉处理器、显示芯片，是一种专门在个人计算机、工作站、游戏机和一些移动设备（如平板电脑、智能手机等）上做图像和图形相关运算工作的微处理器。GPU 使显卡减少了对 CPU 的依赖，并分担部分 CPU 的工作。在 3D 图形处理时

GPU 所采用的核心技术有硬件几何转换和光照处理、立方环境材质贴图和顶点混合、纹理压缩和凹凸映射贴图、双重纹理四像素 256 位渲染引擎等。

在元宇宙中进行场景构建，实际上是在一张大角度分布的"屏幕"上进行多边形图像渲染。由于每个像素点的色彩可以独立计算，不需要考虑其他像素点，因此这个任务本质上是能并行处理的，而不需要受到 CPU 程序计算先后顺序和计算核心数量的限制。

基于 GPU 进行多边形图像渲染

在计算过程中，当前单颗 GPU 已经具备上千个核心，这意味着复杂计算问题可被分解为多个更简单的问题，并同时进行处理，因此 GPU 能高效地处理不适合 CPU 承担的任务，只要有合适的代码配合，这些核心就能处理超大规模的数学运算，提供逼真的游戏体验。元宇宙中场景构建任务的复杂化和立体化，需要采用GPU并行计算的模式，进一步发挥GPU性能优势。

4.2.2 智能代理技术

代理是元宇宙中的"非人类角色"，智能代理就是具有智能化属性的虚拟空间代理。智能代理技术是构建元宇宙中非人类智能角色和相关虚拟环境，使其分别具有人类智能化问题处理属性，并满足物理约束的技术。

通过群体智能、强化学习、模仿学习、进化计算、知识的约束表征、智能代理自动化训练、基于群体智能的代理演化等技术，实现高度细腻的情感体验和高度丰富的生态多样性，避免了"千人一面"的单一情景和"千物无别"的模式坍缩出现的可能性，满足了元宇宙包罗万象和包容众生的特性。其中，智能代理自动化训练技术主要营造非人类智能角色训练的基础环境，为后续的分布式大规模训练提供算力支撑和基本模型的组合服务；基于群体智能的代理演化技术实现了用户所创建代理的持续演进，保证了代理之间交互的合理性和真实性。

1. 智能代理自动化训练技术

从应用角度看，智能代理是能自动执行用户委托任务的计算实体，或者说智能代理是代替人去完成特定任务的程序，其承担了元宇宙场景构建中社交属性呈现的重要任务。智能代理的真人贴合性直接影响用户的体验效果。智能代理除了需要构建特色化的外观，其运行通常由智能化软件支撑，这种智能化软件与过去的功能化软件不同，需要融合人工智能因素，可以独立判断并决定实施何种行为并自主行动，而非等待人类的命令后再去执行。

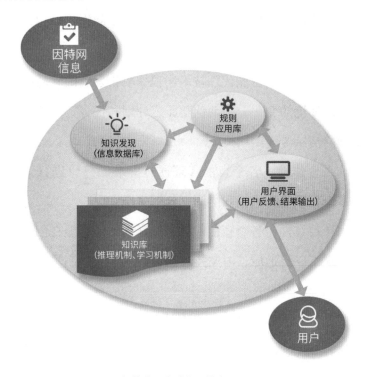

智能代理自动化训练流程图

智能代理技术是人工智能技术与网络信息技术融合的产物，具有以下几个特点。

（1）智慧化。基于人工智能技术的智能代理具有丰富的知识、策略，能够根据收集的有限用户需求推测出用户的意图、兴趣爱好，并能提供最优的解决方案。智能代理可以实现对信息的智能过滤和筛选，对于用户提出的无理要求可以自主分析，并果断拒绝。此外，智能代理还能从周围的环境和事务中不断获取信息，进行自我学习，独立"思考"，提高自身分析问题、解决问题的能力。

（2）代理性。各个智能代理之间、代理和用户之间通过代理通信协议进行信息交换，并把处理结果主动推送给用户和管理系统。

（3）学习性。智能代理技术会根据事物发展的先后顺序及不同时期环境的变化，主动调整原定计划和任务，并将调整后收集到的信息传递给用户。

（4）合作性。各个智能代理通过标准的接口进行信息交互，多个代理系统间相互协调、分工协作。

（5）持续性。各个智能代理虽说任务不同，但在网上执行用户要求可以跨地域、时空持续运行，其运转机制具有连续性特点。

智能代理程序的核心部分是决策生成器或者问题求解器，负责接收全局状态、任务和时序等信息，指挥相应的功能操作程序模块工作，并把内部的工作状态和所执行的重要结果存入数据库，供总体协调使用。

各个智能代理在多个计算机 CPU 上并行运行，其运行环境由体系结构支持。体系结构还提供共享资源、智能代理之间的通信工具和智能代理间的总体协调，以使各智能代理在统一的目标下并行、协调地工作。[5]

智能代理是从感知序列到实体动作的映射。根据人类思维的不同层次，可以把智能代理分为以下几类。

（1）反应式智能代理：只能简单地对外部刺激产生响应，没有内部状态。

（2）认知式智能代理：又称为协商式智能代理，是一个具有现实符号模型的基于知识的系统。

（3）跟踪式智能代理：一种具有内部状态的反应式智能代理，通过找到自身与现有环境有关的触发条件，然后执行与规则相关的操作的智能代理模式。

（4）复合式智能代理：在一个智能代理内组合多种相对独立和并行执行的智能状态，其结构包括感知、动作、反应、建模、规划、通信和决策等模块。

现在，智能代理中的关键技术主要包括遗传算法、演化计算、神经网络、强化学习、人工神经网络。演化计算的分支之一即是遗传算法，它们都是借助生物演化的思想和原理来解决实际问题。由于遗传算法具有自组织性、自适应性、自学习性和本质并行的突出优点，被推广应用到基于智能代理的通用搜索引擎框架中，用以优化通用搜索引擎的调度策略。而强化学习算法和神经网络往往与智能代理的研究结合在一起，以避免智能代理应用的搜索引擎盲目搜索带来的高开销。

2. 群体智能代理演化技术

斯蒂芬·霍金（Stephen Hawking）曾预言"复杂性是21

世纪的科学"。智能系统随着计算机技术、信息技术、集成电路技术的发展变得越来越复杂，智能个体也日趋复杂。由智能个体组成的智能群体能够完成更加复杂的任务，合作是智能群体完成复杂任务的基础。为了使多智能体具有更高的合作能力，基于混沌动力学、复杂网络等的建模与分析方法，被学者广泛应用于多智能体的合作演化研究。

多智能体合作演化的场景往往被安置于复杂网络中。人类社会中，交通网络、社交网络等自然或非自然形成的系统都可看作是复杂网络，具有节点数量大、连接复杂且随时间进行动态演化、不同网络之间也能相互影响等特征。

博弈论广泛应用于多智能体合作演化的研究中，如瑞士苏黎世大学和圣加伦大学的公共物品博弈实验、哈佛大学的重复性囚徒困境实验等，都是重点探究智能群体演化在复杂网络中的变化情况的典型尝试。在智能系统的单次合作演化中，策略选择及结果都相对简单易见，而多次合作演化之后却会产生复杂的演化结果。为了更进一步研究，学者设定了诸多的模型应用于各种多智能体合作演化中，囚徒困境博弈、鹰鸽博弈、少数者博弈等均是目前常用的博弈模型。

多智能体系统是分布式人工智能的一个重要分支，适用于复杂的、开放的分布式系统。该系统具有更强的功能、更好的鲁棒性以及更低的成本，备受国内外研究人员重视。多智能体系统主要具有如下优势。

（1）智能个体间相互自主独立，受环境影响，也可以影响环境。

（2）集成协调，各智能体可以通过合作来解决大规模复杂问题。

（3）异质异步，系统中的智能个体的底层逻辑可能完全不同，各个智能个体都有自己的进程。

智能个体之间是否能够进行广泛合作是判断多智能体系统优劣程度的因素之一，同时也是智能代理技术研究的核心问题之一。良好的群体协作行为不仅提高了智能个体的工作效率，而且加强了整个种群的容错率。目前，国内外对于多智能体间合作的研究大致分为两种：一种是将研究多实体的方法应用于多智能体间，如博弈论、力学理论等；另一种是侧重于问题的规划与求解，如联合模型框架、共享规划等。

通过群体智能代理演化技术，可以建立元宇宙中非人类智慧角色的自动化演进，降低运维压力和风险，助力元宇宙虚实共生。

4.2.3 数字资产管理技术

数字资产管理（Digital Asset Management，DAM）技术对元宇宙中资产的创建、分发、交易、销毁等过程实施全生命周期管理和监督，数字资产管理技术主要包括资产数字化表达、数字资产高效存储、数字资产分发转移、数字资产确权和可控监管等技术。

在元宇宙中，通过资产数字化表达技术，实现物理世界在元宇宙中的数字化映射和各主体、各生态之间的资产整合及流通；通过数字资产高效存储技术，实现数字资产的可信存储，避免集中式管理易受攻击或遭遇单方面篡改等问题；通过数字资产分发转移技术，提升数字资产交易效率、释放交易潜能，以智能化交易形式构建元宇宙的全新经济生态；通过数字资产确权技术，支持数字资产所有者查看资产在任意时刻的状态，全面保护资产所有者的权益，实现数字资产所有权的存证和确权信息的可信存储；通过数字资产可控监管技术，实现数字资产创建过程的全面记录，确保对交易过程的有效监管。

1. 资产数字化表达技术

数字资产的表达，也就是数字资产的创建过程。元宇宙吸引用户的主要原因之一是用户在其中可以拥有与现实世界相映射并独立于现实世界的独立资产，这些资产可以积累、交易或赠与，支撑元宇宙的社交属性。

资产数字化表达技术是在元宇宙中建立一串简单数字和一堆"复杂"数据之间的映射关系，明确海量"实体"间高效操作的唯一性标识的综合技术。只有实现了资产高效安全的数字化表达，才能实现物理世界在元宇宙中的数字化映射和虚拟世界中各主体、生态之间的资产整合、流通。

为了对资产进行唯一性描述，需要为资产建立数字指纹。数字指纹是将不同的标志性识别代码——"指纹"，利用数字水印技术嵌入数字媒体中，然后将嵌入了指纹的数字媒体分发给用户的技术。元宇宙中的内容发行商发现盗版行为后，就能通过提取盗版产品中的指纹，确定非法复制的来源，对盗版者进行起诉，从而起到对元宇宙中数据资产的版权保护作用。

数字指纹

数字指纹是一个独特而稳定的标识符，可以从图像、视频、音频等数字内容中提取出来，并能够唯一标识该作品。正如人的指纹标识人的生物特征一样，数字指纹对同一数字作品的不同变化具有唯一性。以视频为例，数字指纹不会随视频文件格式转换、剪辑拼接或压缩而发生变化。只要视频内容相同，它的指纹就基本保持不变。

数字版权标识符（Digital Copyright Identifier，DCI）用于标识和描述数字网络环境下权利人与作品之间一一对应的版权权属关系。通过对每件数字作品版权赋予唯一的 DCI 码，可使元宇宙中所有经过版权登记的数字作品都具有一个唯一的身份标识，通过该 DCI 码的查询和验证，即可达到确认作品版权的真伪、明确数字作品的版权归属的目的，从而实现数字作品版权的线上监测、取证、维权等工作，达到版权保护的目的。

具体实现过程中，针对不同类型的数字作品将采取不同的数字指纹提取方法。通过将数字版权标识码以不可篡改的方式加载到数字作品中，并运用信息技术手段验明数字作品中的数字版权标识符，即可达到确认作品版权的真伪、明确数字作品的版权归属的目的，从而实现真正意义上的数字作品版权的网上自动巡查、跟踪、取证、证据保全等监管工作，达到数字版权保护的目的。通过数字版权标识符与数字指纹的融合可以很清晰地标识数字内容的版权，并且可利用目标检测识别技术自动提取。

2.数字资产高效存储技术

虽说技术向善是大多数科学家和工程师美好的愿望，但是在实际情况下总会有一定数量的"害群之马"。元宇宙中，究竟用户拥有多少数字资产，这些数字资产对应的数据和标志以何种方式进行存储，才能达到安全、规模和效率的平衡，是发展元宇宙必须解决的问题。

存储系统作为数据资产的保存空间，是数据资产保护的最后一道防线。按照元宇宙图像分析，元宇宙中的数字资产存储一定是网络化和分布式的，且被网络上的众多终端和系统共享。现有的静态存储系统往往更容易受到攻击，数据易被攻击者窃取、篡改或破坏数据。为了确保数字资产安全，需要发展新型的安全存储技术，建立管理标志和资产数据之间的映射关系，并将数据的静态存储向动态存储方式进行转化，实现数字资产的可信存储，避免集中式管理易受攻击或遭遇单方面篡改等问题。

数据资产需要采用专用数据库进行加密存储。数据库加密作为保证数据安全的有效方法之一，能够有效解决管理员访问用户数据、安全防护手段被绕过等问题。传统数据库加密往往针对整个库实现全部加密，加密效率较低，难以适应需要细粒度加密的场景。新型数据库存储安全设备通过对数据库列级数据加密，保护身份证号码、地址等敏感数据的安全，实现安全和性能的最佳平衡。数据库存储安全设备内部由多个模块组成，整体上可以分为三层，如下图所示。

数据库存储安全产品架构

数据获取与存储层：该层完成数据的获取和存储。数据获取功能主要实现访问分析、过滤、密钥的存储、生成等底层功能。

数据处理层：该层实现数据处理逻辑。包括对访问数据库行为的审计、敏感数据的加解密处理、访问权限的授予等功能。

展示与接口层：该层实现用户接口，为用户提供引擎管理、日志查询、访问授权等功能的操作界面。

数据库存储安全设备的部署方式灵活，可根据用户需求将设备串联部署在数据库系统前，或并联部署在接入交换机侧，只需保证数据库存储安全设备与需要加密的数据库之间路由可达即可。

3. 数字资产分发转移技术

数据资源只有具有流动性才能转化为数字资产，数字资产只有具备完善的分发转移能力，才能支撑构建元宇宙经济体系，丰富元宇宙社会属性，进而实现虚实共生。数字资产在分发转移的过程中，需要对整个分发转移的过程，包括对象、内容、时间等要素进行适度的安全防护和隐私保护，并且在过程异常的时候能够自动触发监管机制，监管机构在此种情况下拥有介入分发转移过程的权限，确保数字资产分发转移过程的可控可管。

元宇宙构建和运行过程中，数据量巨大，面临数据管理和协同方面的问题，需要以数据锚定和协同技术支撑数字资产的分发和转移。一是在当前数据管理中，数据缺乏统一存储和版本管理，尤其缺乏总体方案的版本管理。二是由于数据的庞杂，造成数据共享缺乏时效性，各阶段新版本数据产生后没有进行及时同步，造成在系统内共享了错误的数据版本，造成下游作业人员基于错误的数据开展工作，最终造成返工或更为严重的后果。三是缺乏基于单一数据源的数据协同。复杂产品和系统的总体设计是快速迭代的过程，各专业没有围绕单一数据源开展工作，使得数据版本及其对应关系错综复杂，且各专业之间的数据实际上并未有效关联，数据追溯困难，数据共享的标准难以统一。四是工具软件的多样化，使得设计师需要对拿到的输入数据进行一系列处理才能使用，如格式转换、数据提取等，降低了工作效率。

为解决上述问题，需要建立全网"关键数据"地图，对高价值数据进行安全锚定，并实现元宇宙中的高效协同。为达到目标，建立满足复杂产品和系统研制全过程数据协同要求的工程数据中心，使各专业的数据得到统一管理和有效共享。

4. 数字资产确权技术

数字资产只有进行了完善的权限确认，才能够从宏观上维持元宇宙经济体系的稳定，以及每个元宇宙用户的切身权益。在进行数字资产确权操作前，需要对用户身份进行确认。认证技术发展到今天，已经从传统的密钥、介质辅助方式发展到多因子组合应用，例如我们经常使用的手机验证码，就是将手机可信执行环境（Trusted Execution Environment，TEE）、一次性验证码，以及在运营商预留的用户实名身份信息结合在一起的一种组合验证机制，在需要较高操作权限的情况下，还会要求用户通过人脸识别等手段进行相关操作确权。

在确认用户身份后，元宇宙系统会根据系统运行实时情况界定用户对于数字资产的操作权限，如出售、改造、租赁、消除等数字资产处置。严格来讲，元宇宙有能力对用户的数字资产建立一个多版本备份的"数据库"或者能够寻回一些过失性操作的"回收站"，但相应的操作流程都需要数字资产确权技术的支撑。

为了实现数字资产的可靠确权，需要为数字资产建立智能数据标签。数据标签是一种用来描述业务实体特征的数据形式。通过标签对业务实体进行刻画，从多角度反映业务实体的特征。比如对资产进行刻画时，包括特征、属性、产生时间、作者、转移过程等信息。

根据标签的产生方式，通常可以把标签分为两种：一种是从原始数据经过简单的加工而成，这种标签反映的是客观事实，称为客观标签；另一种是通过数据挖掘方法得到，用于预测事情的发生概率，是比较主观的，称为主观标签。

当标签数量达到一定程度后，标签管理就变成一个必不可少的工作。标签管理相关的工作主要包括标签分类、标签更新、标签权限、标签逻辑修改、标签下线等方面。

标签分类的主要目的是方便用户查找标签。如果没有分类，在几百个标签中寻找用户要的标签就是一件很困难的事。对标签分类的方式有很多，大致可以分为按业务特性分类、按技术特性分类、按使用情况分类等。

除了少数专用型标签可能仅使用一次之外，其他绝大部分标签需要反复使用，上线后必须持续进行状态更新和维护，否则便会形成僵尸标签。根据标签的更新时效性，标签分为实时更新标签和非实时更新标签。对于实时更新标签，一旦产生标签的数据发生了变化，就需立即更新该标签。

对标签设置访问权限的目的是防止标签超越其使用范围。一种使用范围是和业务相关的。如果有多个业务，业务之间不希望混用标签，就需要设置每个标签的访问权限，每个业务只能访问到对应范围的标签。此外，对于专用型标签，只有特定场景能用，一般也会限定访问范围。另一种使用范围是为便捷性而设置的。在这种情况下，大部分用户只能掌握和使用其中一小部分标签，通过控制访问范围，也加强了对于数字资产的确权强度。

标签下线之前必须判断该标签当前是否有用户正在使用，如果设定专用系统记录每个标签的使用情况，需要采用可靠有效的方式通知相关方。如果系统得知有用户正在使用某标签，需要和用户协商一个缓冲期，给用户留有足够的时间修改逻辑，改用其他标签。当系统将标签下线时，把标签设置成不可访问，但此时标签还是存在的。设置逻辑下线的好处在于，如果发现问题，系统还可以回退。当执行逻辑下线一段时间后，如果没有用户提出异议，说明该标签符合正式下线的标准，系统随即执行标签的物理下线操作。

5. 数字资产可控监管技术

作为具有技术属性和社会属性的复杂运行环境，隐私保护和可控监管是元宇宙无法回避的话题。在未来元宇宙系统中，可能存在多个分布自治网域下构建的数字资产体系，且数字资产的特质在一定程度上受其"稀缺性"限制，这就在更高的层次上要求系统一定在服务用户的同时，做好数字资产的可控监管工作。在技术上，需要追求一种形式上可证明安全的隐私保护算法，能够在不侵犯用户隐私的前提下，对全域条件下的数字资产进行可控管理，既不触碰用户隐私，又能够"明察秋毫"，对于可能出现的态势进行处置甚至预判，维持元宇宙系统的可管可控。

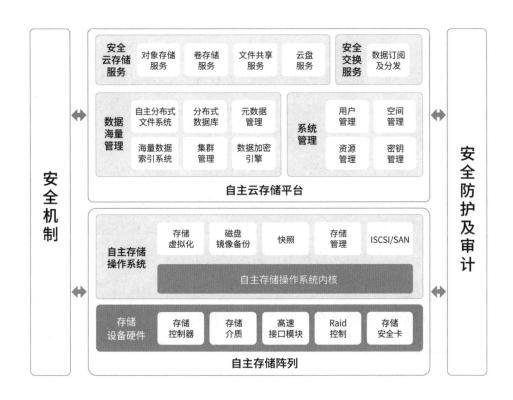

数字资产可控监管

在以数据为中心的时代，数据的重要性无可置否，如何保护数据是一个永恒的话题，即便是现在的云存储发展时代，数据备份技术也非常重要。数据备份技术是将数据本身或部分在某一时间以特定的格式保存，或在原数据因出现错误、误删除、恶意加密等情况而不可用时，快速准确地将数据进行恢复的技术。数据备份是容灾的基础，是为防止突发事故而采取的一种数据保护措施，根本目的是数据资源重新利用和保护，核心工作是数据恢复。

4.3 积基树本——场景运行支撑体系

元宇宙的建立并非空中楼阁，是在现有互联网技术和通信技术基础上演进发展的，如果没有元宇宙场景运行所需支撑体系发展，那么元宇宙也只能是无源之水，无本之木。

在整个技术体系中，场景运行支撑负责维护并确保元宇宙的高可用性，同时不断优化系统架构，提升部署效率，保障元宇宙稳定、安全、高效发展。场景运行支撑体系主要包括：一是通信网络技术，实现现实世界和元宇宙中的数据的按需交互；二是数据存储技术，支撑元宇宙的数据凝聚与积累；三是泛在计算技术，实现元宇宙中计算资源的按需供给；四是区块链技术，支撑构建元宇宙中可信数据环境与价值流转体系；五是大数据技术，为元宇宙提供数据处理、信息挖掘与知识构建；六是人工智能技术，为元宇宙组成元素注入"智能化"灵魂；七是信息安全技术，实现用户安全完整访问，保障业务数据和用户隐私数据的安全，抵御恶意攻击，构建元宇宙安全体系。场景运行支撑体系如下图所示。

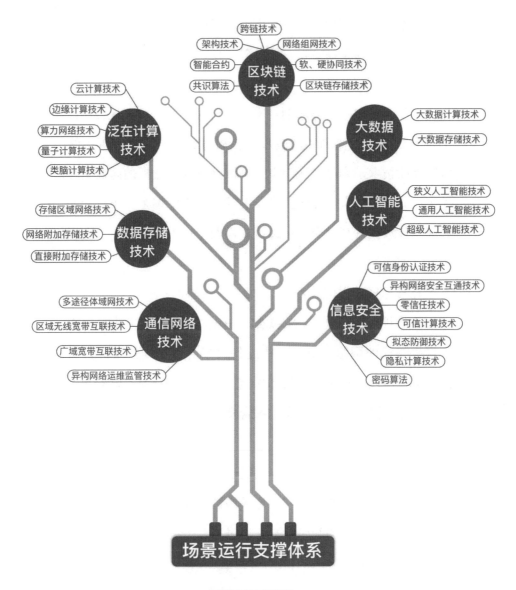

场景运行支撑体系

4.3.1 通信网络技术

通信网络技术是元宇宙中实现人机物交互的网络基础设

施，是连接元宇宙现实世界和虚拟世界的基础。元宇宙所需通信网络技术是具备高宽带、低延时、规模化接入等技术特点的新一代宽带通信技术。

元宇宙通过融入体域网技术，实现对元宇宙用户状态和传感器数据的实时监测和高效收发；通过 5G/6G、WiFi 等无线宽带互联技术，满足"元宇宙"局域网分为内数据的高效交互需求；通过广域宽带传输技术，实现元宇宙中多个分布自治网域间海量数据的高效交互；通过异构网络运维监管技术，实现元宇宙网络的高效管控。

1. 多途径体域网技术

体域网（Body Area Network，BAN）是由可穿戴或可嵌入设备组成的网络。由于这些设备大多通过无线技术进行通信，所以体域网也称为无线体域网（Wireless BAN，WBAN）。多途径体域网技术指元宇宙中融合多种方式实现体域范围内人员、设备有效互联的技术。

体域网是一种可长期监测和记录人体生命信号的短距离网络技术，早期主要用来监测记录慢性病（如糖尿病、哮喘病和心脏病等）患者的健康参数，通过后台分析研究后，为病患提供某种"定制"方式的自动医疗控制方案。比如，一旦一名佩戴体域网监测设备的糖尿病患者的胰岛素水平出现下降，他身上的设备就会按照定制程序激活一个泵，自动为患者注射胰岛素，使患者不需要直接联系医生也能把胰岛素控制在正常水平。体域网未来还可广泛应用于消费者电子、娱乐、运动、环境智能、畜牧、泛在计算或安全等领域。不仅如此，眼前仍停留在科幻小说之中的所谓"智慧尘埃"[①]将来也完全有可能出现在体域网中。

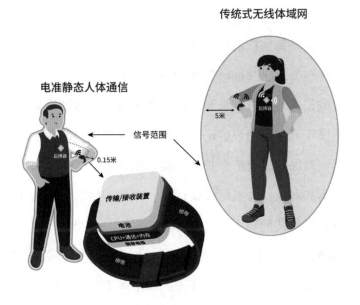

体域网示意图

体域网在国际上已经得到了广泛研究，医疗技术提供商、医院、保险公司以及工业界的各方人士正在开展战略性合作，但目前仍处在早期阶段，在毫瓦级网络能耗、互操作性、系统设备、安全性、传感器验证、数据一致性等方面面临一系列挑战。IEEE 802.15 第 6 任务组于 2012 年完成世界上首个WBAN 标准——IEEE 802.15.6。这种技术一旦被接纳采用，将在医疗保健方面取得重大突破。体域网虽然是覆盖面最小的

① "智慧尘埃"（Smart Dust）又名"智慧微尘"，是一种具有计算机功能的超微型传感器。

网络，却可能是未来惠及面极广的网络。根据第七次全国人口普查结果，中国 60 岁及以上的人口已经超过 18%，这为推广体域网应用提供了庞大的市场。

在体域网技术发展中，尚有几个技术问题需要解决：一是智能穿戴设备连接的可靠性问题，何种频率制式的信号既能够满足传输要求，又能够降低对于人体的影响；二是如何避免智能穿戴设备传递数据被恶意窃取和干扰，体域网采集和传递的数据属于元宇宙用户的个人数据，也属于用户的数字资产范畴，需要确保数据资产保护从采集末梢开始；三是庞大数据的高效收集和解读，体域网设备计算、存储和传输需要消耗一定的能量，因此其低功耗设计尤为重要。

体域网设备目前以人体周围的设备如监测终端、智能手表、智能眼镜等为主，其所使用的频带尚未确定，但 400 兆赫和 600 兆赫频率应用于体域网已被列入议程。

2. 区域无线宽带互联技术

区域无线宽带互联技术以第五代移动通信技术（5th Generation Mobile Communication Technology，5G）[①]为典型代表。5G 国际标准目前正朝着满足垂直行业多样化应用需求方向演进，这对支撑元宇宙应用非常有利。当前，5G 标准中增强移动宽带技术已经成熟，3GPP[②]已发布了 R15、R16 版本标准，

---

① 截至 2021 年末，中国的 5G 基站超过 142 万个（占全球 70% 以上），5G 用户数超过 5.18 亿，预计 2023 年每万人 5G 基站达到 18 个。

② 3GPP：第三代合作伙伴计划（3rd Gereration Partnership Project）。

实现了对家庭和个人用户大带宽应用，以及车联网、工业互联网等低时延高可靠应用的支持，基本满足消费端业务需求和部分企业服务业务需求。5G后续国际标准将进一步成熟。一是加速满足细分物联网的应用需求，针对工业互联网、5G车联网、医疗等特定物联网领域的不同场景及应用提供更精准的技术方案。二是3GPP计划于后续标准版本中，针对物联网环境下的海量终端应用模式进行深入研究。

IMT2030发布的6G白皮书对未来6G网络发展中所需关键技术进行了分析描述，未来区域无线宽带互联网络在现有移动网络基础上发展演进，通过内生智能新型网络（含新型空口和新型网络架构）、增强型无线空口（含无线空口物理层、超大规模MIMO[①]、带内全双工等）、新物理维度无线传输、太赫兹与可见光通信、通信感知一体化、分布式自治网络架构、确定性网络、算力感知网络、星地一体融合网络、支持多模信任的网络内生安全等技术手段，实现元宇宙中超大规模数据按需交互，支撑元宇宙中客观物理世界同人类的多重感官、情感和意识层面的有机联通。

3.广域宽带互联技术

光纤网络具有容量大、成本低、体小量轻、易于施工、抗干扰性能好、传输距离远等优点，是广域数据传输的主要手段。根据市场研究公司Omdia的一份最新报告，预计到2022

---

① MIMO：多输入多输出（Multiple Input Multiple Output）。

年全球千兆宽带用户签约数量将跃升至 5000 万，比 2020 年底的 2400 万增加一倍多[①]。光纤是未来网络重要的组成部分。从体系架构的层面来讲，未来网络要有效且现实地解决传统互联网在可扩展性、安全性、移动性、可管理性等方面的问题，从"尽力而为""被动补丁"的现状，转变为实现"服务按需定制""质量确定可控""泛在安全可信"的愿景。[6]

伴随着未来网络概念所演进的，是云计算、软件定义网络（Software Defined Network，SDN）/ 网络功能虚拟化（Network Functions Virtualization，NFV）、大数据、人工智能等技术的兴起。基于这些新兴的技术，未来网络在技术路线上将参照以下思路：网元层面实现"硬件白盒化，软件虚拟化"；控制层面遵循"基线分布式，优化集中式"；管理层面做到"状态可视化，运营智能化"。由此导致的未来网络生态变化，可能会呈现出"开放开源""按需随选""共享平等"等特征，进而重构整个元宇宙网络基础设施。

4. 异构网络运维监管技术

网络运维监管是指为保障元宇宙网络与业务正常、安全、有效运行而采取的网络环境管理活动，负责维护并确保整个网络服务的高可用性，同时不断优化系统架构提升部署效率。在元宇宙中，高速通信网络组成复杂、协议多样、用户种类繁多，需要面向元宇宙业务环境和应用需求，对其中的用户、资

---

① 截至 2021 年 6 月底，我国光纤总里程数达到 5352 万千米。网络基础设施全面支持 IPv6，我国已建成全球规模最大的 IPv6 网络基础设施，申请 IPv6 地址资源总量位居全球第一。

源、安全、应用等进行规范管理和服务保障。

元宇宙异构信息网络面临多尺度、多资源、异构性的复杂服务需求，需要解决网络管理体系架构设计、网络资源优化利用和服务资源协调管理等问题，实现网络效能最大化和应用满意度最大化。针对网络管理体系架构和服务资源优化问题，可基于面向服务的框架（Service-Oriented Architecture，SOA）体系，采用基于企业服务总线（Enterprise Service Bus，ESB）的服务资源发现、挖掘、注册和管理方法，通过信息传输、格式转换、服务资源接口标准化、资源协同调度等技术方法，实现异构服务的重复高效运用，并采用模式匹配、事件序列分解、复杂语义检测、关键序列标定等方法，实现实时事件流分析和服务资源匹配优化。针对网络多维资源优化问题，可面向分布式资源管理，采用凸优化、稳健性优化和多目标优化理论，在多尺度下优化带宽、功率、路由和转发器等网络资源，有效提高网络资源使用效率，提高网络服务效能。

4.3.2 数据存储技术

数据存储是现代信息产业架构中不可或缺的底层基座。经过百余年的发展，存储技术已经呈现出非常多的形态，且仍在不断完善和创新，以适应日益增长和不断变化的数据存储需求。21世纪以来，计算机存储技术飞速发展，如何快速高效地为计算机提供数据以辅助其完成运算，成为存储技术新的突破口。在独立见余磁盘阵列（Redundant Arrays of Independent

Disks，RAID）技术实现高速大容量存储的基础上，网络存储技术的出现弱化了空间限制，使得数据的使用更加自由。网络存储将存储系统扩展到网络上，存储设备作为整个网络的一个节点存在，为其他节点提供数据访问服务。即使计算主机本身没有硬盘，仍可通过网络来存取其他存储设备上的数据。基于网络存储技术，分布式云存储、容灾备份、虚拟化和云计算等技术得以广泛应用。现代存储系统从底层到上层由存储介质、组网方式、存储类型和协议、存储架构、连接方式五个部分组成。

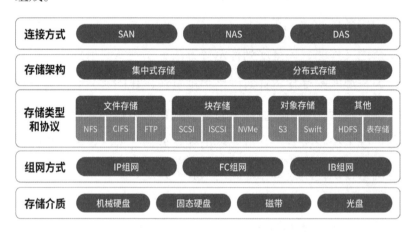

数据存储技术架构[7]

进入移动互联网时代，存储应用场景急剧变化，下一代数据存储技术应运而生。下一代数据存储技术主要指在存储介质、存储架构、存储协议、应用模式及运维模式等方面迭代创新的一系列技术的集合，总体呈现出高性能、易扩展、服务化和智能化等特点。

按连接方式，存储系统可分为存储区域网络（Storage

Area Network，SAN）技术、网络附加存储（Network Attached Storage，NAS）技术、直接附加存储（Direct Attached Storage，DAS）技术。SAN 通过光纤通道交换机、以太网交换机等连接设备，将磁盘阵列与相关服务器连接起来，构成高速专用存储网络。NAS 基于标准网络协议实现数据传输，为网络中的各种不同操作系统的计算机提供文件共享和数据备份。DAS 是将存储设备通过小型计算机系统接口（Small Computer System Interface，SCSI）或光纤通道直接连接到一台主机上，主机管理它本身的文件系统，不能实现与其他主机的资源共享。

4.3.3 泛在计算技术

泛在计算是一种嵌入了多种感知和计算设备，能根据情景来识别人的身体姿态、生理状态、手势、话音等，判断人的意图，并能够快速作出相应反应的适应性数字环境。泛在计算技术通过智能的、用户定制的内部互联系统和服务制造出理想的氛围，完成元宇宙用户需要的功能，提高用户的工作和生活质量。

人类社会发展经历了马力时代、电力时代，现在已经正式步入算力时代。[8] 今天的互联网、数据、计算正在快速重塑人类生存的世界。算力，字面意思就是计算能力。从狭义上看，算力是设备通过处理数据，实现特定结果输出的计算能力。2018 年，诺贝尔经济学奖获得者威廉·诺德豪斯（William D. Nordhaus）认为"算力是设备根据内部状态的改变，每秒可以处理的信息数据量"。算力实现的核心是 CPU、GPU、FPGA、

ASIC等各类计算芯片，并由计算机、服务器、高性能计算集群和各类智能终端承载，海量数据处理和各种数字化应用都离不开算力的加工和计算。从广义上看，算力是数字经济时代新质生产力，是支撑数字经济发展的坚实基础。数字经济时代的关键资源是数据、算力和算法，其中数据是新式生产资料，算力是新质生产力，算法是新型生产关系，构成数字经济时代最基本的生产基石。

泛在计算技术通过异构计算设备间的高效协作，将统一性数据处理任务从云端扩散至边侧、端侧，充分利用网络中不同规模、不同级别、不同节点的计算资源，共同完成计算任务。

泛在计算针对用户对高性能、低延迟和安全合规的算力需求，实现贯穿"云－边－端"的计算与通信环境。通过云计算技术，为元宇宙的用户和设备提供强大的算力和资源支撑，减少本地资源消耗和信息的重复存储；通过边缘计算技术，可充分利用就近或本地的算力，执行本地数据预处理、敏感数据处理和低时延要求的计算任务，减少带宽消耗，达成高效协同；通过算力网络技术，可将"云－边－端"的计算资源以合理的分配与调度机制进行统一管控和协同，使元宇宙的用户和设备置身透明的计算与通信环境，随时随地获取算力资源；而随着量子计算和类脑计算等新型计算模式的出现，元宇宙中的算力资源和能力很有可能会发生新型调整，引发计算范式的新变革。

1. 云计算技术

1）云计算概念

我们对于云计算技术并不陌生，Gartner 公司给出的云计算的定义：一种计算方式，能通过互联网技术将可扩展和弹性的信息处理能力作为服务交付给用户。美国国家标准与技术研究院（National Institute of Standards and Technology，NIST）给出的云计算定义：是一种模型，能够支持用户便捷地按需通过网络访问可配置的共享计算资源池（包括网络、服务器、存储、应用程序、服务），共享池中的资源能够以最少的用户管理投入或最少的服务提供商介入实现快速供给和回收。云计算的基本特征包括按需自助服务、宽带网络连接、位置无关的资源池、快速伸缩能力、可被测量的服务。

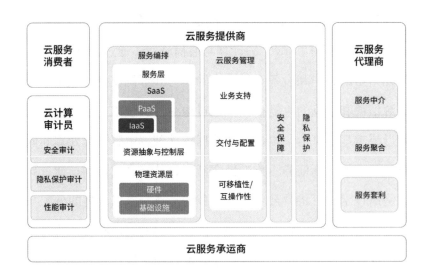

NIST 云计算参考模型

2）本质及模式

从广义上说，云计算是与信息技术、软件、互联网相关的一种服务，这种计算资源共享池称为"云"，云计算把许多计算资源集合起来，通过软件实现自动化管理，只需要很少的人为参与，就能实现资源的快速提供。也就是说，计算能力作为一种商品，可以在互联网上流通，就像水、电、煤气一样，可以方便地取用，且价格较为低廉。总之，云计算不是一种全新的网络技术，而是一种全新的网络应用概念，云计算的核心概念就是以互联网为中心，在网站上提供快速且安全的计算服务与数据存储，让每一个使用互联网的人都可以使用网络上的庞大计算资源与数据中心。

云计算本质上是一种从计算机算力角度提出的服务提供模式，即云计算是一种面向不同服务的计算力提供模式。云计算是并行计算、分布式计算和网格计算的发展，或者说是这些计算机科学概念的商业实现，是虚拟化、效用计算、基础设施即服务（Infrastructure as a Service，IaaS）、平台即服务（Platform as a Service，PaaS）、软件即服务（Software as a Service，SaaS）等概念混合演进并跃升的结果。

云计算的发展经历了能效计算、网格计算、成熟演化等发展阶段，目前正在朝着原生化、融合更多先进技术的方向继续演进。

3）云网一体

云网一体作为云计算的发展方向之一，是一种适合于元宇宙的应用模式。云网一体是指将云计算架构与网络能力充分融合，利用 SDN/NFV 技术将应用、云计算、网络及用户联通起来，提供"云、网、边、端"的完整、灵活、可扩展的云网一体化服务，网络将按照云计算的要求提供网络资源，而云则根据应用的需要调动网络资源。

云网一体主要覆盖三方面内容：一是一体化布局，即实现数据中心与网络节点在物理位置布局上的协同，形成以数据中心为核心的云网基础设施；二是管控协同，即实现网络资源与计算 / 存储资源的协同控制；三是业务协同，即实现业务应用与网络服务的融合。现有的云计算系统并未将广域网纳入整体管控中，而各方所提的云网融合处在初级阶段，还需要建设一个横跨云网和网管的超级协同编排系统，运营难度相当复杂。

云计算是元宇宙发展和应用构建的基础技术，是其他计算技术引入和发挥效能的前提，其丰富的服务模式可以为元宇宙用户提供特色化的服务需求，而随着元宇宙的体系化进步，也必然促进云计算技术演进发展。

2. 边缘计算技术

1）概念特征

云计算尽管具有强大的算力和数据处理能力，但受限于其网络传输时延，难以满足元宇宙中用户对于高时延敏感信息的处理要求；用户终端受限于体积和功耗，又难以满足数据处理所需的算力需求。为了让元宇宙提供更好的应用体验，需要引入边缘计算技术在端–云间建立算力中继，以平衡时延和算力间的矛盾。

边缘计算产业联盟对边缘计算的定义是：在靠近物或者数据源头的网络边缘，融合网络、计算、存储、应用核心能力的分布式开放平台（架构），就近提供边缘智能服务，满足行业数字化在敏捷连接、实时业务、数据优化、应用智能、安全与隐私保护等方面的关键需求。

欧洲电信标准化协会（European Telecommunications Standards Institute，ETSI）认为，边缘计算是在网络边缘（运营商网络边缘）为应用开发者和内容服务商提供所需的云端计算功能、互联网技术服务等。

边缘计算是在高带宽、时间敏感型、物联网集成的背景下发展起来的技术，"边缘"这个概念较早被自动化/机器人厂商提及，其本意是涵盖那些"贴近用户与数据源的IT[①]资源"，

---

① IT：Information Technology，指信息技术。

是属于从传统自动化厂商向 IT 厂商延伸的一种设计。

2）应用途径

边缘计算要落地，尤其是在元宇宙中，"应用"才是最为核心的问题，所谓的 IT 与 OT[①] 的融合，更强调在 OT 侧的应用，即运营的系统所要实现的目标。边缘计算单元处于元宇宙用户实体和元宇宙中心系统之间，而随着计算范式的发展，未来或处于元宇宙用户实体的顶端。而中心侧计算单元，在可控权限范围内，仍然可以访问边缘计算的数据。

3）边缘计算与云计算的区别和联系

边缘计算和云计算是属于两个层面的概念，实际上应用领域并不相同。

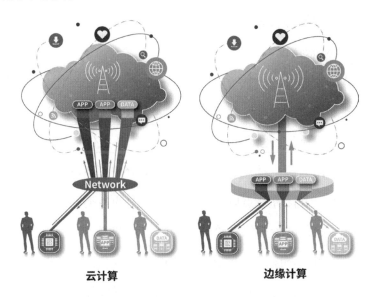

云计算和边缘计算关系

---

① OT: Operational Technology，指运营技术。

从原理上来看，边缘计算是指在数据源头的附近，采用开放平台，就近直接提供最近端的服务。而云计算则是指通过网络，把大量的数据计算处理请求汇集到中心，通过服务器组成的算力集群计算处理，高效得到处理结果。

从特点上来看，边缘计算的应用程序是在数据源头边缘侧发起的，减少了数据在网络上转移的过程，那么所产生的网络服务也会更快，在一些行业中的实时业务、应用智能、安全与隐私保护等方面得到广泛应用。云计算则融入了分布式计算、效用计算、负载均衡、并行计算、网络存储、热备份冗杂和虚拟化等计算机技术，具有虚拟化、动态可扩展、按需部署、灵活性高、可靠性高、性价比高、可扩展性的优点。

3. 算力网络技术

1）概念特征

算力网络[9]是"一种根据业务需求，在云、网、边之间按需分配和灵活调度计算资源、存储资源以及网络资源的新型信息基础设施"，是泛在计算技术的一种具象化呈现形式。其原理是利用云网一体融合技术以及 SDN/NFV 等技术，将边缘计算节点、云计算节点以及含广域网在内的各类网络资源深度融合在一起，减少边缘计算节点的管控复杂度，并通过集中控制或者分布式调度方法与云计算节点的计算和存储资源、广域网的网络资源进行协同，组成新一代信息基础设施，为客户提供包含计算、存储和连接的整体算力服务，并根据业务特性提供灵活、可调度的按需服务。可以说，算力网络是一种通过网络分发服务节点的算力信息、存储信息、算法信息等，结合网络信息，针对用户需求，提供最佳的资源分配和网络连接方案，并实现整网资源最优化使用的解决方案。算力网络需要满足以下四个特征。

（1）资源抽象。算力网络将计算资源、存储资源、网络资源（尤其是广域范围内的连接资源）以及算法资源等都抽象出来，作为产品的组成部分提供给客户。

（2）业务保证。以业务需求划分服务等级，而不是简单地以地域划分，向客户承诺网络性能、算力大小等业务服务等级协议（Service-level Agreement，SLA），屏蔽底层的差异性（如异构计算、不同类型的网络连接等）。

（3）统一管控。统一管控云计算节点、边缘计算节点、网络资源（含计算节点内部网络和广域网络）等，根据业务需求对算力资源以及相应的网络资源、存储资源等进行统一调度。

（4）弹性调度。实时监测业务流量，动态调整算力资源，完成各类任务高效处理和整合输出，并在满足业务需求的前提下实现资源的弹性伸缩，优化算力分配。

算力网络是从网络的视角出发，将网络的状态与算力信息相结合，对云计算节点、边缘计算节点进行统一管控，实现灵活的算力调度，以满足业务差异化需求。

2）阶段发展

算力是对数据处理能力及服务的统称，由多种芯片、部件和封装形成的上层服务组成。算力呈现多样性，是云计算、边缘计算、大数据和人工智能等技术的发展基石，是构成信息社会的"心脏"。云计算、边缘计算以及终端芯片工艺制程的发展必然驱动整个社会的算力分配更加分散和泛在化，即用户周围不同距离会散布不同规模的算力。如何高效利用这些问题，保证"云边端"算力的无缝协同，同时借助网络使数据与算力得到快速连接和调配，使得用户不必关心算力所在的位置与模式，而可以像电力、热力等基础资源一样随取随用，是算力网络的核心问题。为了让用户享受随时随地的算力服务，需要重构网络，形成继水网、电网之后国家新型基础设施，真正把"算力"变为可流动的生产力资源，为千行百业提供像"自来水"一样的计算服务。

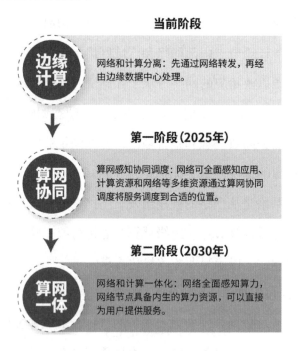

算力网络演进过程

算力网络需要网络域、计算域协同创新，是一系列网络新技术的集成融合和创新应用，是下一代互联网关键技术之一，是网络与计算融合发展的终极目标，是实现网络智能内生的必由之路。需要各界联合打造算力网络技术体系，实现网络无所不达，算力无处不在，智能无所不及。

3）技术体系

算力网络需要从架构、协议、度量等方面协同演进，构建面向算网一体化的新型基础网络。在架构层面上看，面对边缘计算、异构计算、人工智能等新业务，未来算网融合架构需要在基础设施即服务资源层编排的基础上，研究向平台即服

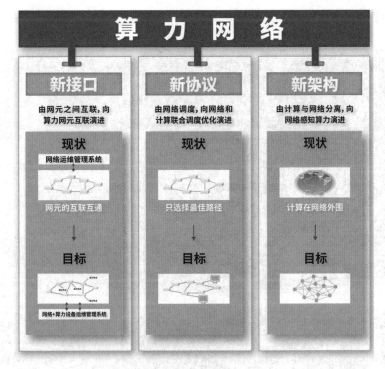

算力网络技术体系架构

务、软件即服务、网络即服务等一系列上层算法、函数、能力的编排演进，并协同管理、控制和数据平面，进一步探索实现编排系统与网络调度系统的协作，实现一切即服务（X as a service，XaaS）能力按需灵活部署。在协议层面上看，传统网络优化路径仅实现信息在节点之间传输的服务等级协议，并未考虑节点内部算力的负载。未来算网融合的网络需要感知内生算力的资源负载和 XaaS 性能，并综合考虑网络和算力两个维度的性能指标，从而进行路径和目标服务阶段的联合优化。另外，还需要考虑和数据面可编程技术的结合，以实现控制面和数据面的多维度创新。从度量方面看，网络体系的建模已经很成熟，但算力体系还需要综合考虑异构硬件、多样化算法以及业务算力需求，进一步深入

研究形成算力的度量衡和建模体系。算力网络需要依托统一的算力度量平衡体系以及能力模板，为算力感知和通告、算力开放应用模型（Open Application Mode，OAM）和算力运维管理等功能提供标准度量准则。[9]

为了实现泛在计算和服务的感知、互联和协同调度，算力感知架构体系从逻辑功能上可分为算力服务层、算力资源层、算力路由层和网络资源层以及算网管理编排层，如下图所示。

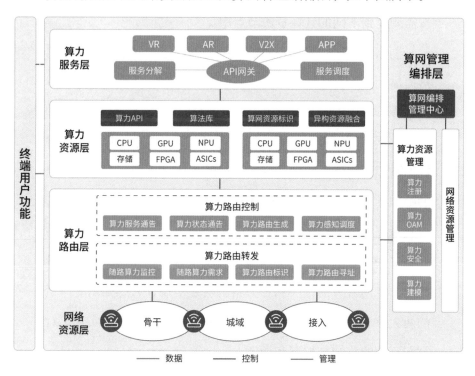

算力感知网络层次划分

算力服务层：承载计算的各类服务及应用，并可以将用户对业务 SLA 的请求（包括算力请求等）参数传递给算力路由层。

算力资源层：利用现有的计算基础设施提供算力

资源。计算基础设施包括单核 CPU、多核 CPU，以及 CPU+GPU+FPGA 等多种计算能力的组合。为满足边缘计算领域多样性计算需求，该层能够提供算力模型、算力应用程序编程接口（Apphcation Programming Interfare，API）、算网资源标识等功能。

算力路由层：是算力感知网络的核心。基于抽象后的算网资源，并综合考虑网络状况和计算资源状况，该层将业务灵活按需调度到不同的计算资源节点中。

网络资源层：利用现有的网络基础设施为网络中的各个角落提供无处不在的网络连接，网络基础设施包括接入网、城域网和骨干网。

算网管理编排层：完成算力运营、算力服务编排，以及对算力资源和网络资源的管理。该层的具体工作包括对算力资源的感知、度量以及 OAM 管理等，实现对终端用户的算网运营以及对算力路由层和网络资源层的管理。

其中，算力资源层和网络资源层是算力感知网络的基础设施层，算网管理编排层和算力路由层是实现算力感知功能体系的两大核心功能模块。基于所定义的五大功能模块，实现了对算网资源的感知、控制和调度。

总之，算力网络作为计算网络深度融合的新型网络，以无所不在的网络连接为基础，基于高度分布式的计算节点，通过服务的自动化部署、最优路由和负载均衡，构建算力感知的全新网络基础设施，真正实现网络无所不达、算力无处不在、智能无所不及。

4. 量子计算技术

1）概念

量子计算是量子力学与计算机科学相结合的一种通过遵循量子力学规律、调控量子信息单元来进行计算的新型计算方式。最初，量子计算的概念由诺贝尔物理学奖获得者理查德·费曼（Richard Feynman）提出，1985 年英国物理学家大卫·多伊奇（David Deutsch）通过将经典计算机中负责运算处理的逻辑门扩展到量子力学领域，进一步发展了费曼构想。与传统的基于 0 和 1 的二维计算不同，量子计算基于其量子态的叠加特性和纠缠特性，使得量子计算可随比特数增加而呈指数增长，可实现 N 维并行运算，在运算效率方面的潜力大大超过传统计算方式，如下图所示。

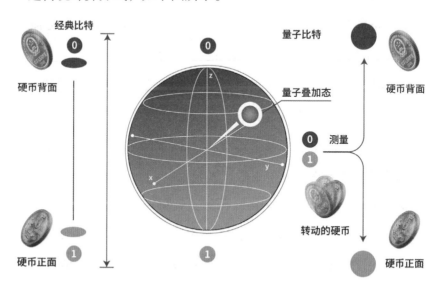

量子计算与传统计算区别

1994 年，贝尔实验室的彼得·秀尔（Peter Shor）提出了著名的 Shor 算法，从理论上证明了通过量子计算机可以在多项式时间内求解大数分解问题和离散对数问题，这对我们目前广泛使用的公钥加密算法、椭圆曲线加密（Elliptic Curve Cryptography，ECC）算法等基于此类问题的公钥密码体制构成了致命威胁。1996 年，格罗夫尔（Grover）提出量子搜索算法可加速密钥的穷举搜索效率，在量子攻击下的对称密码的安全强度将减半。面向量子计算带来的国家安全问题，为争夺网络空间安全战略制高点，各国纷纷开始布局量子计算研究工作。

2）国外相关政策

美国从 20 世纪 90 年代开始将量子信息技术作为国家发展重点，在学科建设、人才培养、产业研发等方面进行了大量布局。2002 年，美国国防高级研究计划局（Defense Advanced Research Projects Agency，DARPA）制定了《量子信息科学与技术规划》，给出了量子计算发展的主要步骤和时间表。2016 年，美国海陆空三军联合开展"量子科学与工程制造项目"研究。2018 年，美国公布的政策备忘录，将量子计算列为"保持美国在战略计算领域的领导地位"的关键领域。同年，特朗普总统签署了《国家量子倡议法案》，并发布了《量子信息科学国家战略综述》，加速美国量子计算科学研究。2020 年 8 月，美国白宫科技政策办公室（Office of Science and Technology Policy，OSTP）、美国国家科学基金会

（National Science Foundation，NSF）和美国能源部（United States Department of Energy，DOE）共同宣布将在未来 5 年内建立 12 个多学科、多部门的国家中心，其中包含 5 个量子信息科学中心。

欧盟 2016 年发布"量子宣言（草案）"，将在未来 10 年投资 10 亿欧元，支持量子计算等领域的研究和推广。2019 年 7 月，欧盟十国签署量子通信基础设施声明，探讨未来 10 年在欧洲范围内将量子技术和系统整合到传统通信基础设施中。英国在 2015 年启动"国家量子计划"，每年投资 2.7 亿英镑支持量子技术产学研发展；德国在 2018 年 9 月提出"量子技术——从基础到市场"框架计划，拟于 2022 年前投资 6.5 亿欧元促进量子技术发展和应用；法国在 2021 年宣布启动法国量子技术国家战略，计划投资 3.5 亿欧元投资量子仿真系统开发，4.3 亿欧元投资量子计算机研究。

日本在 2013 年成立量子信息和通信研究促进会以及量子科学技术研究开发机构，计划未来投资 400 亿日元，支持量子信息领域研发；韩国在 2019 年计划投入 445 亿韩元，推出"量子计算技术五年发展计划"，用于开发量子计算机硬件等核心技术以及量子计算新架构、量子算法和基础软件等领域。

3）原型机国内外现状

随着人力、物力、财力等投入的不断增加，量子计算机的发展明显提速。量子计算物理原型机主流的技术路线有超导、半导体、离子阱以及光学等方向。

量子计算主要技术路线对比表

技术路径 品质因数	超导	半导体 量子点	离子阱	光学	量子拓扑
比特操作方式	全电	全电	全光	全光	NA
量子比特数	>50	4	>70	48	从0~1的过程
相干时间	约50微秒	约100微秒	>1000秒	长	理论无限长
两比特门保真度	94%	92%	99.9%	97%	理论:100%
两比特门操作时间	约50纳秒	约100纳秒	约10微秒	NA	NA
可实现门数	约10^3	约10^3	约10^8	NA	NA
主频	约20兆赫	约10兆赫	约100兆赫	NA	NA
国外业界力量	谷歌、IBM、英特尔	普林斯顿、代尔夫特、英特尔	IonQ、NIST	Xanadu、MIT	代尔夫特、微软
国内业界力量	浙江大学、南京大学、本源量子、北京量子研究院	本源量子、中国科学技术大学	清华大学、中国科学技术大学	中国科学技术大学	清华大学、北京大学、中科院物理所
优势	可控性强、可扩展性优良、可依托成熟的现有集成或电路工艺	可扩展性好、易集成,与现有半导体芯片工艺完全兼容	量子比特品质高,相干时间长,量子比特制备和读出效率高	相干时间长,操控简单,与光纤和集成光学技术相容,扩展性好	对环境干扰、噪声、杂质有很强的抵抗能力
需要突破点	极为苛刻的物理环境(超低温)	相干时间短,纠缠数量少,低温环境	可扩展性差,小型化难	两量子比特之间的逻辑门操作难	无器件化实现

由于超导量子是固态器件中的宏观量子态,易于操控和独处,超导量子计算被普遍认为是最有可能率先实现实用化量子计算的方案之一,深受谷歌、IBM、英特尔等科技巨头青睐。2017年11月,IBM公司首次构建了50量子比特的处理器。2020年IBM公司在内部向IBM Q Network成员发布了65量子比特的Hummingbird处理器,同年发布了量子计算技术路线图,计划在2023年突破1000个量子比特。2018年3月谷

歌公司发布了 Bristlecone 量子芯片，可实现 72 个量子比特长度上的单比特门操纵，单量子比特门最佳保真度可达 99.9%。2019 年谷歌公司宣布研制出 53 个量子比特的计算机"悬铃木"（Sycamore）。2020 年霍尼韦尔量子团队宣布他们实现了 128 量子体积，在完全连接量子比特的情况下，平均单量子比特保真度为 99.97%，双量子比特门保真度为 99.54%。我国于 2020 年 12 月成功构建的 76 个光子的量子计算原型机"九章"，等效地比谷歌的"悬铃木"快 100 亿倍。2021 年 5 月，我国研制出 62 比特可编程超导量子计算机原型机。2021 年 10 月，

"九章二号" 144 模式干涉仪（部分）实验照片（图片来源：光明日报）

我国成功构建 113 个光子 144 模式的量子计算原型机"九章二号"，求解高斯玻色取样数学问题比目前全球最快的超级计算机快 10^{24} 倍，比"九章"快 100 亿倍，在研制量子计算机之路上迈出重要一步。

综合各国的量子发展规划和多方观点，量子计算整体仍处于基础理论研究和原型产品研发验证阶段，要达到完全容错且规模符合密码破译需求的通用量子计算机，实现物理量子比特位数要超过 100 万量级尚需一定时间。

5. 类脑计算技术

1）概念介绍

类脑计算又称为神经形态计算（Neuromorphic Computing）。是借鉴生物神经系统信息处理模式和结构的计算理论、体系结构、芯片设计以及应用模型与算法的总称。一直以来，通过模拟人脑信息处理方式，仿制像人脑一样具有"思维"、在工作性能上超越人脑的"类脑系统"，实现通用人工智能，是众多科学家毕生追求的梦想。

在元宇宙中，为了营造一种高沉浸式的用户体验，最佳途径就是让交互侧像人类一样思考，让系统建立起类人思维模式。人脑每秒处理的信息量不过 100 比特，而人通过潜意识处理的信息量则是无限的，发展类脑计算技术，针对人机混合智能模式进行探索，可以为元宇宙中算力模型的进一步演进奠定基础。

2）类脑计算发展

尽管类脑计算系统已在尝试与人工智能技术结合，并被业内专家认为可能提供一条通向通用人工智能的途径，在更通用算法的应用层面也有着一定的突破和发展，但要保证类脑计算系统的性能、可编程性和生产效率，仍然面临着不小的挑战和极高的要求。尤其是，当前类脑计算的系统和芯片，虽然具体类型有所不同，但都比较侧重于端到端的软/硬件协同设计方法，缺乏一种可以将算法、芯片和器件等不同领域技术和需求有机结合起来的软/硬件系统层次结构设计。

当前，几乎所有的编程语言都是图灵完备的，冯·诺依曼（Von Neumann）结构通过图灵完备的接口支持图灵机，通

过引入图灵完备性以及基于图灵完备性的层次结构，避免了当前计算系统中软件和硬件之间的紧密耦合，实现了高效、兼容和独立的进程，通过设置硬件的最低要求，在任何冯·诺依曼处理器上将任何高级语言的程序转换成等效的指令序列变得可行。

相比之下，类脑计算目前缺乏一个简洁但健全的系统层次结构来支持整体开发，神经形态软件和硬件之间没有清晰完备的接口，不同研究方面之间的交互也比较复杂。尽管各种基于类脑计算的算法、计算模型和软件设计不断出现，科研人员也研发出了各类神经形态芯片，但它们通常需要特定的软件工具链才能正常运行。其结果是，类脑计算系统（包括应用程序模型、系统软件和神经形态设备）的各层被紧密绑定在一起，影响了软件和硬件之间的兼容性，损害了类脑计算系统的编程灵活性和开发效率。

2020年8月，施路平、张悠慧等提出了"神经形态完备性"的概念，这是一种更具适应性、更广泛的类脑计算完备性的定义，它降低了系统对神经形态硬件的完备性要求，提高了不同硬件和软件设计之间的兼容性，并通过引入一个新的维度——近似粒度来扩大设计空间。同时，他们也提出了一种全新的系统层次结构，这一结构包括软件、硬件和编译三个层次，具有图灵完备的软件抽象模型和通用的抽象神经形态结构。在该系统层次结构下，各种程序可以用统一的表示来描述，在任何神经形态完备的硬件上都能转换为等效的可执行程序，从而确保编程语言的可移植性、硬件的完备性和编译的可行性。[10]

这种新型层次结构的构建促进了软/硬件的协同设计，可以避免硬件和软件之间的紧密耦合，确保任何类脑程序都可以由图灵完备的编程运算符图（Programming Operator Graph，POG）在任何神经形态完备硬件上编译成一个等效和可执行原始图（Execution Primitire Graph，EPG），也确保了类脑计算系统的编程可移植性、硬件完备性和编译可行性，促进了类脑计算模式和理念的巨大进步。

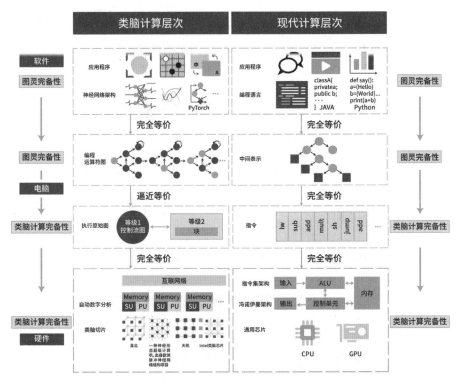

神经形态完备性架构

SU—分段部件；PU—分页部件。

4.3.4 区块链技术

1. 概念内涵

区块链是一种全新的计算范式，是共识机制、分布式账本、对等网络和密码技术等多项关键技术的创造性集成，是分布式技术的深化发展，具有弱中心化、难篡改、可追溯的特点，是元宇宙去中心化机制、身份认证机制、数据可信流转机制和价值激励机制的底层技术基础，是元宇宙"永续"特征的重要支撑。

2016 年，袁勇和王飞跃提出了区块链的"六层架构模型"[11]，认为区块链技术由自下而上的数据层、网络层、共识层、激励层、合约层和应用层组成，如下图所示。

区块链六层架构模型

其中，数据层封装了底层数据区块以及相关的数据加密和时间戳等；网络层封装了区块链系统的组网方式、消息传播协议和数据验证机制等要素，其传播协议和数据验证机制是区块链网络层的基石，需要针对不同的实际应用场景进行特定的设计；共识层主要封装分布式网络节点的各类共识算法，如工作量证明、权益证明、实用拜占庭容错等，共识算法可以保证P2P网络上互不信任的节点共同维护一份交易内容和交易顺序均相同的账本，是区块链最重要的技术组件之一；激励层将经济因素集成到区块链技术体系中，主要包括经济激励的发行机制和分配机制等；合约层主要封装各类脚本、算法和智能合约，是区块链可编程特性的基础；应用层封装了区块链的各种应用场景和案例，按照区块链逻辑演进顺序，分别对应可编程货币、可编程金融和可编程社会。[12]

王飞跃认为，区块链能够将诺贝尔经济学奖获得者司马贺认为不能转移的"信任"和"注意力"进行批量生产，革命性地扩展了经济活动的范围与效率提高的途径，这也是区块链被人们称为"信任机器"（Trust Machines）和"真相机器"（Truth Machines）的根本原因，更是区块链智能的本质意义和"真（TRUE）道（DAO）"：

真（TRUE）= 可信（Trustable）+ 可靠（Reliable）+ 可用（Usable）+ 效益（Effective，Efficient）

道（DAO）= 分布式去中心化（Distributed，Decentralized）+ 自主式的自动化（Autonomous，Automated）+ 组织式的有序化（Organized，Ordered）

单从技术层面，区块链智能可以使智能技术牢固地架构在区块链内外。链内，人工智能可帮助当前"既不智能也不合约的智能合约"以真正智慧的方式呈现，保证通证运营的可信与可靠；链外，智能科技能使分布式应用普及深入产业和社会的每个角落，产生可用且高效的社区经济，形成智能产业和智慧社会。相当程度上，区块链智能为构造元宇宙提供了"水泥钢筋"的基础，我们可以放心高效地在此"地基"上盖几十甚至几百层的"智能大厦"。否则，直接利用非结构碎片化的"大数据"，就会像在土基或沙基上盖房，只能盖一两层，低效而且不安全。

需要说明的是，随着区块链技术的发展和演变，区块链系统的应用场景和去中心化程度也各不相同，因而并非所有的区块链系统都遵从上述基础架构模型。例如，中心化程度较高的联盟链和完全中心化的私有链一般不需要设计激励层中的经济激励，一些区块链应用可能并不需要完全包含激励层、合约层和应用层要素。

2017 年 4 月，国际标准化组织（International Organization for Standardization，ISO）下设的区块链与分布式账本技术委员会在第一次工作会议上提出了区块链参考架构，同样包含基础设施层、安全层、数据层、账本交易层、开发层和分布式应用层六个层次。

近年来，区块链技术发展迅猛且实用化效果显著，可以为元宇宙构建提供底层支撑。区块链通过密码服务技术，保障元宇宙的安全性、高效性、可用性和可扩展性；通过共识算法，支撑元宇宙去中心化机制构建，实现数据安全可信高效共享，打破数据孤岛，发挥数据潜在价值；通过可信身份认证技术，实现网络节点和终端用户的实体身份认证，支撑元宇宙实体准入机制和身份认证机制；通过网络组网和跨链组网，保障元宇宙体系中大规模终端接入和不同的区块链系统之间互联互通，支撑元宇宙混合式分层级的新型组网模型和多链并存，为元宇宙提供实时计算与验证服务功能，实现数据可信流转；通过智能合约，保障元宇宙中协定履约程序化、合约执行自动化、安

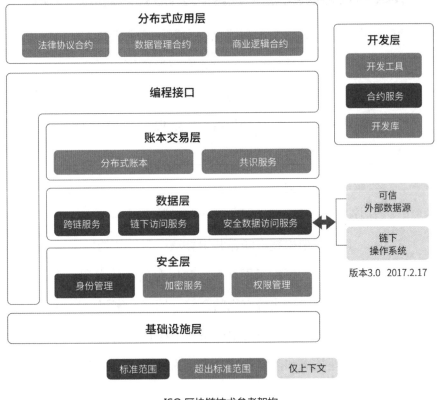

ISO 区块链技术参考架构

全管控严格化、评价激励智能化，支撑元宇宙满足大规模应用场景对高效协同环境要求，支撑元宇宙形成信用评估和激励闭环，实现其价值激励机制；通过隐私计算技术，支撑信息使用过程中的数据安全与法律合规需求，实现元宇宙中的数据和代码授权访问和防篡改。

2. 技术体系划分

本书将区块链未来发展所需的关键技术分为架构技术和支撑技术。其中，架构技术涵盖共识算法、智能合约、密码应用技术、跨链技术、网络组网技术、数据存储区技术和软/硬协同技术，建立覆盖区块链应用的存储、网络、密码、合约、共识等基础架构的底层完整技术体系。支撑技术包括安全保密技术、运维管理技术和监测评估技术，为区块链基础服务提供全网安全和监管服务。

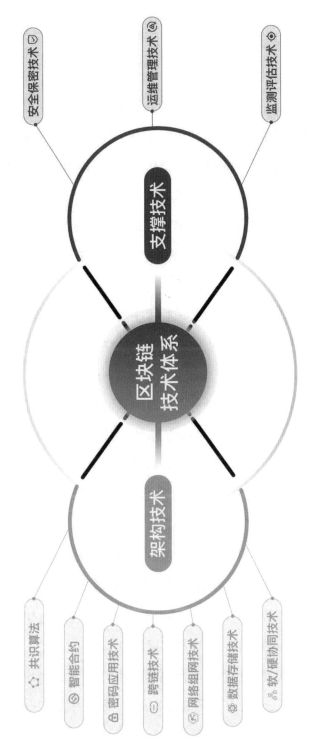

安全保密技术 ▱

运维管理技术 ⓐ

监测评估技术 ◉

支撑技术

区块链技术体系

架构技术

⌂ 共识算法

ⓢ 智能合约

🔒 密码应用技术

⊟ 跨链技术

⑤ 网络组网技术

⊗ 数据存储技术

品 软/硬协同技术

区块链技术体系

3. 区块链架构技术

1）共识算法

共识算法是通过网络交互达成信任共识的技术。共识算法充分反映应用中主体生态和权限生态，从全网节点中选出共识节点，由共识节点决定交易的记录、维护和验证，从而构筑区块链信任网络。为了提升共识算法效率和可用性，需要开展自主可控的区块链安全高效共识算法研究，围绕大规模多层级共识技术、高可靠灵活高效共识机制、可监管安全共识技术开展技术攻关。

其中，大规模多层级共识技术主要突破跨域大规模节点共识、多级跨域可配置节点权限控制等关键技术，固牢基于节点角色的共识权重灵活配置能力和多链架构下的分层共识机制，建设高扩展性、高灵活性的多层级大规模共识算法组件。高可靠灵活高效共识机制主要突破流水线式共识并行执行、轻量低延时弱共识协议、不可靠对等通信网络共识协议、共识参数动态配置、可插拔共识算法组件等关键技术，固牢区块链系统的快速响应能力，建立高可靠、高灵活的共识机制，从而能够快速根据战场环境需求实现共识参数的调整和配置。可监管安全共识技术主要突破高容错共识机制、穿透式共识监管、共识节点安全管控等技术，形成高容错、可监管、强管控的共识机制，确保共识结果的可信性和准确性。

推进共识算法技术体制全面革新升级，实现其全面自主可控，需持续更迭演进共识算法技术理论研究，发展区块链共识算法的实际应用性，驱动区块链应用于元宇宙这样的体系化应用。

2）智能合约

智能合约是一套数字化形式定义的协议，控制着数字资产，并包含合约参与者约定的权利和义务。当条件满足时，智能合约即被自动执行，提升应用推进的流程效率。区块链借助智能合约的可编程性，封装分布式节点的复杂行为。智能合约借助区块链的弱中心化特性，在不可信环境中保障整个执行过程的不可篡改和透明可追踪。

为了实现合约智能化，需要开展自主可控的区块链智能合约安全快速开发与高效运行服务研究，围绕智能合约可监管快速开发技术、智能合约安全运行管理技术、智能合约形式化安全检测分析技术、预言机技术开展技术攻关。智能合约可监管快速开发技术主要旨在固牢区块链智能合约的模板化快速开发技术基础，实现智能合约执行规则、权限等穿透式监管等核心能力，建设面向区块链智能合约的集成式安全开发平台。智能合约安全运行管理技术旨在固牢智能合约运行维护全面安全保障能力，建立安全高效的智能合约执行机制。智能合约形式化安全检测分析技术旨在固牢智能合约的安全性快速检测和修复能力，建设智能合约形式化验证工具。预言机技术旨在固牢为智能合约提供可信标准化数据的能力，建设面向智能合约的可信预言机工具。

突破区块链应用场景的智能合约技术，建立面向元宇宙中社交、游戏、娱乐等场景的智能合约标准化模型库，在智能合约高效执行、快速开发及形式化分析等技术上持续更迭演进，并结合人工智能、物联网等技术，建设完成具备特色的区块链智能合约服务平台。

3）密码应用技术

密码应用技术是支撑区块链各项基本功能所需的加密、验证、标识等算法方案的理论和设计技术。为了维持区块链系统的运行和发展，需要有针对性地开展适用于区块链体系的轻量化哈希算法、轻量级分组密码算法、轻量级序列密码算法以及轻量级公钥密码算法，满足区块链轻量化计算需求，并将抗量子密码算法应用于区块链系统纳入考虑范围，关于密码技术的详细阐述详见 4.3.7 节"信息安全技术"。

4）跨链技术

跨链技术是依托信息系统及网络促进同构／异构区块链之间互联互通，保障链间消息可靠传输、事务高效验证，支撑区块链之间可信指令交换、数据交换、操作互通的技术，是解决区块链信息孤岛问题，构建统一的区块链上层逻辑平台的重要手段。

为了实现元宇宙环境下的跨域可信互通，需要开展兼容同构和异构区块链的高安全高可靠跨链传输控制难题，提出区块链链间通用传输控制协议，设计并实现不同区块链之间跨链安全链路建立机制、消息高可靠保密通信机制以及跨链事务一致性保障算法，开展多层次跨密级区块链间数据、信息和业务可信接入与交互系统建设。突破异构跨链事务验证及数字身份互通互认难题，提出可快速部署、灵活升级验证规则的新一代高性能跨链验证引擎，适用于多场景、性能优越的零隐私泄露的身份及数据验证方案，设计并实现零性能损耗的、开发友好的规则编程语言，超大规模数字身份数据存储系统。研究区块链底层存储、共识、密码等共性技术，在跨链事务存在性验证和有效性验证技术上取得引领性进展。

为了实现跨链技术的发展，突破跨链网络扩展化难题，需要提出跨链数据内网穿透和转发机制，设计高通量、并行化的跨链交易传输和零隐私泄露的跨链交易验证机制，实现高安全、分布式的大规模跨链消息路由功能。需要突破跨密级多链网络安全可信服务访问难题，提出基于分布式数字身份与零信任网络安全架构相结合的跨密网络服务访问协议，实现跨密级网络的区块链服务可控调用，形成精确安全可控、可管的跨密级服务访问能力，开展不同需求中跨密级可信区块链服务之间的安全协作系统建设。需要突破多层级多部门跨链联合治理难题，研究可灵活定制的可信治理指令库和基于边缘计算技术的治理沙盒执行引擎，设计跨合约跨机构跨层级的治理协作机制，实现高效率，全自动、透明化、层级化跨链协同治理。

5）网络组网技术

网络组网通过屏蔽层级网络、分域网络、隔离网络、移动网络、天基网络等复杂结构特征，构建对控制和操作能力等效的节点的计算机网络。

为了将接入、承载、传输类网络功能整合成区块链使用

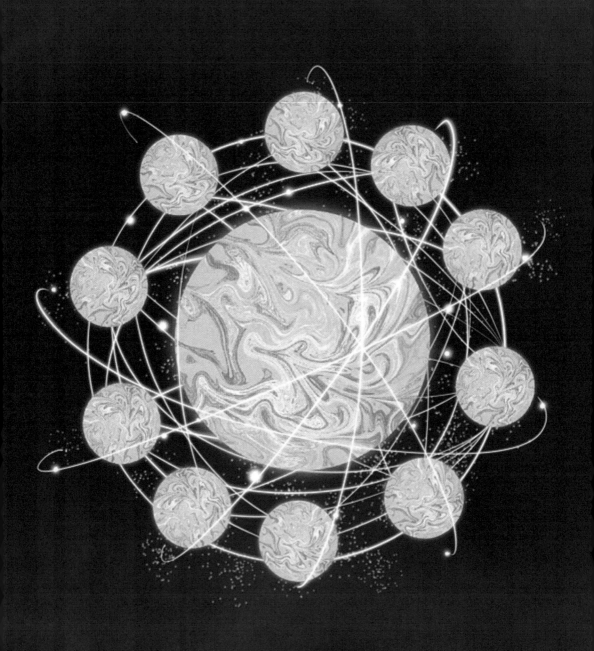

的功能性 P2P 网络，需要开展区块链逻辑对等网络、层级网络、跨域网络的构建技术和高速可靠传输技术，动态网络管理技术、节点动态接入和失效恢复技术，为实现典型规模的新型混合式分层网络架构，固牢区块链网络基础设施，奠定技术基础。突破基于新一代高速网络架构、传输协议、新一代移动通信技术等，面向信息网络，研究高安全、高可靠的区块链专用网络构建技术。

通过网络组网技术研究，将接入、承载、传输网络整合为功能化点播、组播、广播网络，为用户提供更加稳定、可靠、多样、安全的延伸网络服务。网络组网安全保密的相关技术详见 4.3.7 节"信息安全技术"。

6）区块链存储技术

区块链存储是为满足数据安全、高效存储访问需求，通过链上分布式账本与链下数据存储实现协同的存储技术。链上分布式账本记录是在多个节点组成的区块链网络中实现共同治理及分享的资产数据库；链下数据存储是通过将链上区块体中数据转移到链下存储系统以解决区块链存储可扩展性及数据安全性问题的存储技术，涵盖集中或分布式数据库存储及文件系统。

在当前存储技术发展基础上，开展新型区块链高效存储模型研究，构建区块链存储标准框架，突破多源异构数据汇聚、区块数据高速检索、区块链数据高速检索、数据指纹提取、可编辑账本、多通道账本隔离、可靠链下存储、链上链下数据隔离交换、链上链下数据锚定、链上链下数据协同、区块链专用数据库等技术瓶颈，实现区块链数据存储可扩展、数据结构自适应、数据访问高效能、数据协同智能化、数据安全高可信等功能。

突破数据存储与人工智能、大数据、新一代移动通信等前沿技术融合研究，具备人工智能支撑数据协同、大数据支撑数据汇聚，攻关区块链专用数据库，创新区块链数据存储服务及智能计算基础设施，开展区块链数据存储与智能计算融合平台建设。

7）软/硬协同技术

软/硬协同是通过协同优化机制，将软件灵活性与硬件极速计算、高安全特性充分融合的一体化增效技术。基于软件组件化和移植性好的优势，提升服务的适应性和灵活性；基于专用硬件密闭性强和特定计算速度快的优势，提高核心算法的计算性能和执行安全性。

为了提升区块链运行效率，降低运行成本，需要开展安全组件及装备的型谱体系研究，围绕区块链芯片体系架构设计技术、区块链专用加速指令集设计技术、区块链专用微型计算架构设计技术进行技术攻关，实现符合密码安全标准的国产化、标准化区块链专用数字芯片，形成分布式存储与计算的区块链基础设施，完成数据采集、分发、计算、存储的安全可信的链路闭环。开展安全可信区块链部件研究，围绕区块链部件级软/硬协同设计技术、区块链密码硬件设计技术、安全认证硬件设计技术开展技术攻关，研发具备安全认证的密码硬件产品，完善密码应用生态体系，实现区块链数据安全认证与身份安全保护，具备保障区块链安全稳定运行和多场景应用的能力。

4. 区块链支撑技术

1）安全保密技术

安全保密是针对区块链安全保密目标，基于区块链密码技术，构建区块链整体防护体系，实现区块链安全保密具体机制手段的技术。

为了实现体系化安全保密防护，需要开展区块链敏感信息保护和监管、安全标识、身份认证与访问控制、限制信息客体聚合推导、集约高效密码服务技术研究，实现区块链敏感信息保护下的共享利用和有效管控，用户、数据、设备的跨域安全标识自动识别，统一、安全、高效的身份与权限管理，关联客体挖掘和聚类分析，多主体共谋攻击限制，以及异构密码硬件、多链多平台密码适配与优化，构建密码资源池。需要突破区块链与零知识证明等技术高效、安全结合等技术，从而能够适应更广泛的隐私计算等实战场景，提出技术标准和应用规范，推动隐私保护在关键领域的应用。为满足多个信息域之间的异构网络安全互连的需求，研究基于混合密码体系的跨域访问控制技术，在为采用不同密码体系的安全域的用户提供身份认证的基础上，实现跨域跨密级的安全标识自动识别，信息可无缝高效地共享。

2）运维管理技术

运维管理是对区块链应用中的用户、资源、安全、密码、业务等进行规范管理和服务保障，并建立快速响应、适应业务环境及业务发展的技术。

为了实现体统长久稳定可靠运行，需要开展符合区块链基础设施特点的高效运维与合规监测技术研究，围绕多组织快速接入管理技术、区块链权限管理与可信控制技术、可视化平台动态监控技术等开展技术攻关。多组织快速接入管理技术主要突破异构网络智能接入机制、高效组织配置策略管理技术、分布式多点接入管理技术等关键技术，固牢跨域大规模异构网络下的区块链节点多节点快速接入能力，建设分布式、模块化的组织节点跨域接入管理组件。区块链权限管理与可信控制技术主要突破链上权限事务管理与保护、基于智能合约的权限控制协议等关键技术，固牢区块链数据高效检索与权限智能管控技术，建立面向各场景的智能权限管控模型。可视化平台动态监控技术主要突破可视化链上数据抽取、区块链节点状态监测、区块链用户行为监测等关键技术，形成安全高效的智能化运维保障机制，建立完善的保障体系。需要建立各场景的智能权限模型，建设完成具备特色的区块链运维管理分系统，形成成熟的区块链运维管理实施标准，健全更成熟的应用场景。

3）检测评估技术

检测评估是在区块链技术、平台、应用实际部署之前，基于黑盒测试和白盒测试等手段，通过代码审查和合理性分析等小规模的预先试验，对功能、性能、安全性、可靠性等指标进行定性定量测试评价的过程。

为了对系统能力和标准规范复合型进行可靠度量，需要开展区块链多维度安全检测评估标准和工具研究，围绕安全性评价准则与评估模型、安全性多维检测技术及工具等开展技术攻关。安全性评价准则与评估模型研究重点突破安全区块链应用建设准则、区块链安全性检测评估指标体系、区块链安全性智能评估模型等关键技术，使区块链应用及共性平台服务具备全面的安全性实施与评估标准，建立相应标准和法规体系，从而指导科研单位开展区块链应用系统的研发和测试，保证区块链系统安全。安全性多维检测技术及工具研究重点突破密码算法安全检测评估、信源安全检测评估、信道安全检测评估、数据安全检测评估、共识安全检测评估、节点安全检测评估、身份安全检测评估、智能合约安全检测评估等关键技术，形成成熟的区块链系统安全性检测评估工具体系。需要强化区块链安全加固及检测评估技术的理论研究，持续更迭演进区块链标准完善安全性检测评估体系，进一步补充区块链标准体系。

4.3.5 大数据技术

大数据这一概念最早在 20 世纪 80 年代被提出。美国硅图公司（Silicon Graphics，SGI）的首席科学家约翰·马西（John R.Mashey）在"1999 高等计算机系统协会年度技术大会"上指出：未来，随着数据量的快速增长，必将出现数据"难理解、难获取、难处理、难组织"等问题，并用"大数据"来描述这一挑战。2007年，数据库领域的先驱人物吉姆·格雷（Jim Gray）指出大数据将成为人类触摸、理解和逼近现实复杂系统的有效途径，并认为在实验观测、理论推导和计算仿真三种科学研究范式后，将迎来第四范式——"数据探索"，后来同行学者将其总结为"数据密集型科学发现"，开启了从科研视角审视大数据的热潮。

对于大数据，研究机构高德纳（Gartner）给出了定义：需要新处理模式才能具有更强的决策力、洞察发现力和流程优化能力来适应海量、高增长率和多样化的信息资产。麦肯锡全球研究所给出的定义是：一种规模大到在获取、存储、管理、分析方面大大超出了传统数据库软件工具能力范围的数据集合，具有海量的数据规模、快速的数据流转、多样的数据类型和价值密度低四大特征。

梅宏院士提出："大数据泛指无法在可容忍的时间内用传统信息技术和软硬件工具对其进行获取、管理和处理的巨量数据集合，具有海量性、多样性、时效性及可变性等特征，需要可伸缩的计算体系结构以支持其存储、处理和分析……大数据的价值本质上提供了一种人类认识复杂系统的新思维和新手段。就理论上而言，在足够小的时间和空间尺度上，对现实世界数字化，可以构造一个现实世界的数字虚拟映像，这个映像承载了现实世界的运行规律。在拥有充足的计算能力和高效的数据分析方法的前提下，对这个数字虚拟映像的深度分析，将有可能理解和发现现实复杂系统的运行行为、状态和规律。应该说大数据为人类提供了全新的思维方式和探知客观规律、改造自然和社会的新手段，这也是大数据引发经济社会变革最根本性的原因。"[13] 中国科学院自动化研究所王飞跃认为："数据是生成智能的主要原料，由小数据生产出大数据，再从大数据中提炼出针对具体场景、具体问题的精准知识或深度智能，即'小数据—大数据—深智能'的过程将成为智能产业的标准流程。"

自谷歌（Google）的 3 篇经典论文（Google File System[14]，BigTable[15]，MapReduce[16]）奠基，大数据技术已经发展了约20 年。这期间，诞生了包括 Google 大数据体系、微软 Cosmos体系、开源 Hadoop 体系等优秀的大数据生态体系，国内也形成了以阿里云的飞天系统为代表的大数据环境。这些系统一步一步推动业界进入"数字化"和之后的"AI 化"时代。

目前，业界通常用 5 个"V"来描述大数据的特点。

Volume（数据量）：数据量非线性增长，包括采集、存储和计算的量都非常大，且增速很快。

Variety（数据类型）：包括结构化和非结构化的数据，特别是最近随音视图兴起，非结构化数据增速更快。

Velocity（数据存储和计算的增长速度）：数据增长速度快，处理速度快，时效性要求高。

Veracity（信噪比）：数据量越大，噪声越多，需要深入挖掘数据来得到结果。

Value（低价值密度）：数据作为一种资产，有 1+1>2 的特点。

大数据五"V"特点

总而言之，大数据为人类认识和理解元宇宙这类复杂系统提供了一种新思维和新手段。经济学家朱嘉明曾提出："'元宇宙'是具象的，也是抽象的。"在研究现实世界与虚拟世界的对称和映射关系时，大数据能够帮助人们在足够小的时间和空间尺度上，通过对多种数据源的采集与映射，实现对现实世界的数字化。这也为后续建立虚拟世界与现实世界间的同态映射与同构模型、构造现实世界的数字虚拟映像提供了数据基础，有助于人们更清晰地理解元宇宙。当人们拥有充足的算力和高效的数据分析方法后，通过大数据技术对数字虚拟世界及其活动进行深入分析，促进更好地理解和发现现实复杂系统的运行行为、状态和规律，获取更加精确的趋势变化与决策支撑。总之，大数据所提供的计算存储等综合方法为人类探索现实世界的客观规律提供了一种新的途径，这也是大数据在元宇宙中最重要的用途。

作为以数据为本质的新一代革命性的信息技术，大数据是一种共性技术，它在元宇宙里有着广泛的应用场景。本书针对元宇宙应用场景特点，将大数据技术划分为大数据存储技术和大数据计算技术两大类。这样分类可以避免两种情况：一是元宇宙涉及的场景复杂繁多，避免只针对特定场景设计的技术体系无法推广到其他领域；二是避免设计的体系太过复杂，不便于推广应用。

1. 大数据存储技术

可以说，元宇宙空间中的一草一木、一举一动都是由"数字"这一元素构成的，数据来源广泛、种类繁多，且数据会随着元宇宙的运行而不断增加。大数据存储技术是为解决元宇宙中数据保管问题而发展的综合存储技术，可提供高性能、多样化的大数据存储能力，是元宇宙中数据存储和价值凝聚的必备支撑，其发展与探索倡导从不同的角度设计存储机制。这些可靠和高可用性的机制有助于提高数据访问性能，从而促进数据分析质量的提升。

在元宇宙中，除了常见的结构化数据，以及文本、图片、图像和音频/视频信息等非结构化数据，还包括如心跳、手势、眼动、触控等特殊的非结构化数据。大数据存储技术提供分布式文件存储、图数据存储、关系型数据存储、列数据存储等能力，满足元宇宙不同类型数据存储需要。

（1）分布式文件存储技术为不同的领域提供应用级的分布式文件存储服务，适用于海量数据的批量存储和读取。其管理的物理存储资源不直接连接在本地节点，而是通过计算机网络与节点相连，以多副本的形式存储于不同的节点，数据具备冗余性。

（2）图数据存储技术优先考虑数据之间的关系，用图状结构来表现和存储具有图语义的数据，维持和直观展现元宇宙数据之间的关系，并支持关系数据的快速查询，可实现要素之间的多重关系的分析挖掘、展示处理。

（3）关系型数据存储技术支持强事务处理能力，可支撑实现低时延、高可用和高可靠性的结构化数据存取服务，用于存储规范的、结构化的元宇宙数据。

（4）列式数据存储技术主要用于支撑半结构化、非结构化数据存储，具有高性能、高扩展、高可用等特点，主要适合于元宇宙数据的批量数据处理和即时查询。

2. 大数据计算技术

在元宇宙中，大数据计算技术可充分发挥在实时性与低延迟响应方面的优势，通过对元宇宙中数据资产价值最大化利用，并提供高质量的自动化数据分析服务，支撑各类应用和用户的实时决策，增强用户的沉浸感与交互实时性，支撑了从客观世界数据产生到收集，以及在元宇宙中对数据理解并进行自动数据分析、应用的全过程。

为了实现用户沉浸式体验并提供及时的决策支撑，大数据计算技术提供离线计算、实时计算、流式计算、内存计算等能力，快速有效地完成大规模数据的计算，提升复杂问题求解能力和数据处理性能，满足元宇宙应用对查询分析实时性和延时的不同需求。

（1）离线计算技术主要用于大规模数据集的分析处理，并在计算过程完成后返回结果，主要为元宇宙的批量计算、指标汇总计算、数据挖掘等场景提供计算支撑，保障海量数据处理能够稳定、高可靠地运行。

（2）实时计算技术主要用于数据实时读写和数据实时分析两个场景，数据实时读写满足元宇宙对海量数据写入及查询的要求，数据实时分析主要满足元宇宙对于交互式场景的数据处理需求。

（3）流式计算技术采用有向无环图（Directed Acyclic Graph，DAG）模型，在短时间内处理持续不断动态产生的数据，具有容错性以及拥塞控制功能，避免数据遗漏或重复计算。流式计算技术主要用于元宇宙的实时监控、实时统计等实时性要求较高的场景。

（4）内存计算技术主要用于批处理、结构化查询语言（Structured Query Language，SQL）、流式处理以及机器学习等任务中，提升各类数据处理的整体效率，缩短数据处理时间窗口，尤其适用于实时预警、分析和调度等场景。

4.3.6 人工智能技术

人工智能作为元宇宙中必不可少的支撑技术，为元宇宙的稳定发展、拟人化体验以及内容创作奠定智能化技术基础，进而为用户带来更为引人入胜、真实且可扩展的元宇宙体验。在元宇宙中，人工智能技术能够为空间计算提供动力，为创作者提供新思路，并为场景的构建提供新奇的复杂的解决方案。人工智能技术可以分为狭义人工智能（Artificial Narrow Intelligence，ANI）、通用人工智能（Artificial General Intelligence，AGI）、超级人工智能（Artificial Super Intelligence，ASI）三部分。

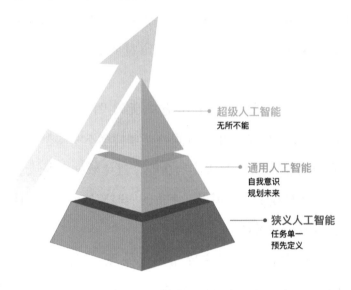

人工智能进步阶梯

1. 狭义人工智能

狭义人工智能也称为"弱"人工智能，是当今世界中存在的人工智能。狭义人工智能是被编程为执行单一任务的人工智能——无论是检查天气、下棋，还是分析原始数据以撰写新闻报道。狭义人工智能可以实时处理任务，但它们会从特定数据集中提取信息。因此，这些系统不会在它们设计执行的单个任务之外执行其他操作。狭义人工智能不像人类那样有意识、有知觉或受情感驱动。狭义人工智能在预先确定、预先定义的范围内运行，即使它看起来比这复杂得多。

今天每一种机器智能都是狭义人工智能。谷歌助手、谷歌翻译、Siri 和其他自然语言处理工具都是很好的例子。有些人可能认为这些工具并不"弱"，因为它们能够与我们互动和处理人类语言，但我们称其为"弱"人工智能的原因是这些机器远不及人类智能。它们缺乏与人类智慧相匹配的自我意识和真正的智慧，换句话说，它们无法独立思考。例如，当我们与Siri 交谈时，Siri 并不是一个有意识的机器来回应我们的询问。相反，Siri 能够做的是处理人类语言，将其输入搜索引擎，然后将结果返回给我们。这就解释了为什么当我们向 Siri 或谷歌助手提出诸如生命意义或如何解决个人问题之类的抽象问题时，通常会得到没有意义的含糊回答，或者我们会从互联网上获得指向现有文章的链接解决这些问题。另外，当我们问 Siri外面的天气如何时，会得到准确的回答，因为那是要回答有关外界是否在 Siri 旨在操作的智能范围内的基本问题。

作为人类，我们有能力评估我们周围的环境，成为有知觉的生物，并对情况做出情绪驱动的反应。存在于我们周围的AI 没有像我们那样思考的流动性或灵活性。甚至像自动驾驶汽车这样复杂的东西也被认为是狭义人工智能，只不过自动驾驶汽车是由多个狭义人工智能组成的。

尽管我们将现有的人工智能和智能机器称为"弱"人工智能，但我们不应该认为这是理所当然的。狭义人工智能本身就是人类创新和智慧的伟大壮举。狭义人工智能能够以比人类快得多的速度处理数据和完成任务，这使我们能够提高整体生产力、效率和生活质量。例如，IBM 公司能够利用人工智能的力量帮助医生做出数据驱动的决策，从而使医疗保健变得更好、更快、更安全。此外，狭义人工智能让我们从很多我们不想做的无聊、例行、平凡的任务中解脱出来。从提高我们个人生活的效率（如 Siri 为我们在线订购比萨饼），到翻阅大量数据并对其进行分析以产生结果，狭义人工智能使我们的生活显著改善，这就是我们不应低估它的原因。随着自动驾驶汽车等先进技术的出现，狭义人工智能还将让我们摆脱堵车等困扰，并为我们提供更多的休闲时间。

2. 通用人工智能

通用人工智能也称为"强"人工智能，是指展示人类智能的机器，是人工智能的一种理论形式，用于描述人工智能发展的某种思维方式。如果研究人员能够开发出强人工智能，那么机器将需要与人类同等的智能；它将具有自我意识，具有解决问题、学习和规划未来的能力。换句话说，通用人工智能可以成功地执行人类可以完成的任何智力任务。这就是我们在科幻电影中看到的那种人工智能，在这些电影中人类与机器和操作系统进行交互，这些机器和操作系统是有意识的、有感知的，并由情感和自我意识驱动。

通用人工智能能够不依赖人类编程来思考或完成任务，可以应对不同的环境和情况，并相应地调整其流程。狭义人工智能对数据进行分类和标记，而通用人工智能则使用聚类和关联等技术。这两种方法相似，但分类使用预定义的规则，而聚类识别对象之间的相似性并相应地对它们进行分组。

目前，机器处理数据的速度比我们快。但作为人类，我们有能力抽象地思考、制定战略，并利用我们的想法和记忆做出明智的决定或提出创造性的想法。这种类型的智能使我们优于机器，因为它是由生物的知觉能力驱动的，这是机器难以复制的。

3. 超级人工智能

牛津哲学家尼克·博斯特罗姆（Nick Bostrom）将超级人工智能定义为"任何在几乎所有感兴趣的领域都大大超过人类认知能力的智力"。超级人工智能将在各个方面超越人类智能——从创造力到一般智慧，再到解决问题的能力。机器将能够展现出我们中间最聪明的人没有看到的智慧。这是很多人担心的人工智能类型，也是埃隆·马斯克等认为会导致人类灭绝的人工智能类型。

4.3.7 信息安全技术

信息安全技术为元宇宙虚实共生世界保驾护航，是元宇宙稳固发展的基石。信息安全技术涉及元宇宙中计算、存储、通信、管理各个方面，这里主要针对未来可能影响元宇宙发展的密码算法、可信身份认证、异构网络安全互通、零信任、可信计算、拟态防御、隐私计算等技术进行简要介绍。

1. 密码算法

密码技术是对信息进行加密、分析、识别和确认以及对密钥进行管理的技术，密码算法研究和应用领域是不断发展的。密码最初只用来保护信息，或者通过破译密码获取情报。20世纪60年代，计算机通信网的发展使人类逐渐步入信息社会，信息的安全与保护为密码技术的应用提供了十分广阔的空间，为防止对手对系统进行主动攻击，需要对消息源、消息内容等进行识别和确认，认证技术得以迅速发展。

1）密码学工具箱

在总结多年来密码算法和技术的演进后，可以将密码算法能够提供的工具箱进行分类整理。

（1）对称密码：一种用相同的密钥进行加密和解密的技术，用于确保消息的机密性，对称密码运算效率较高，但需要解决将密钥配送给接收者的密钥配送问题。

（2）公钥密码：一种使用不同的密钥进行加密和解密的技术，和对称密码一样用于确保消息的机密性。和对称密码相比，公钥密码的速度非常慢，因此一般需要和对称密码一起组成混合密码系统来使用。公钥密码能够解决对称密码中的密钥交换问题，但存在通过中间人攻击被伪装的风险，因此需要对带有数字签名的公钥进行认证。

（3）单项散列函数：一种将长消息转换为短散列值的技术，用于确保消息的完整性。单项散列函数可以单独使用，也可以作为消息认证码，数字签名以及伪随机数生成器技术的组成元素来使用。

（4）消息认证码：一种能够识别通信对象发送的消息是否被篡改的认证技术，用于验证消息的完整性，以及对消息进行认证。消息认证码无法对第三方进行认证；另外，它也无法阻止否认。

（5）数字签名：一种能够对第三方进行消息认证，并能够防止通信对象作出否认的认证技术。公钥基础设施中使用的证书就是对公钥加上认证机构的数字签名所构成的。要验证公钥的数字签名，需要通过某种途径获取认证机构自身的合法公钥。

（6）伪随机数生成器：一种能够生成具备不可预测性的比特序列的技术，由密码和单项散列函数等技术构成。伪随机数生成器用于生成密钥、初始化向量等。

密码学工具箱[17]

2）抗量子密码算法

随着量子计算技术的快速发展，对传统密码算法，特别是公钥密码形成了巨大威胁，在这里就抗量子密码算法的研究情况进行简单介绍。

抗量子计算攻击的密码，简称抗量子密码，是指目前仍未发现理论上能够被量子计算机攻破的密码体制，又称为"后量子密码"，主要分为抗量子公钥密码与抗量子对称密码。因量子计算对公钥密码的威胁更为致命，抗量子公钥密码的研究尤其迫切。目前，国际上认可的主流抗量子密码算法有基于格的密码、基于编码的密码、基于多变量的密码、基于 Hash 的签名、基于同源密码等，如下图所示。

抗量子密码算法实现途径

其中，基于格的密码算法由于运算简单密钥量适中，且可构造加密、签名、密钥协商协议，研究最为广泛，是目前最有前景的抗量子密码研究方向。基于编码的密码算法目前加密算法较多，尚无安全的签名算法。基于多变量的密码可构造安全的签名算法，尚无安全的加密算法。基于 Hash 的签名算法只能构造签名方案，基于同源的密码发展较晚，研究较少。同源密码也可构造信息加密、数字签名、密钥协商算法，密钥量有优势，但发展较晚，研究较少。性能方面，与 RSA、ECC 相比，基于格的密码算法公钥尺寸略长，但加解密速度、签名 / 验签速度有优势。

（1）抗量子密码国内外政策情况。

当前，许多发达国家纷纷开展抗量子密码研究，并设立了各类重大研究支持计划。其中美国准备最充分，开始最早，2015 年 8 月，美国国家安全局（National Security Agency，NSA）宣布将当前使用的"密码算法 B 套件"进行安全性升级，以满足抗量子密码算法正式标准确立之前的密码防护需求，并最终过渡到抗量子密码算法。2016 年 2 月，美国国家标准与技术研究院（NTST）正式面向全球公开了抗量子密码标准化的路线图，并在同年正式公布征集抗量子计算机攻击的加密算法、密钥交换算法和数字签名算法。2017 年 11 月，NIST 共征集到 82 个候选算法，经过筛选共 69 个进入第一轮评估，其中基于格的方案有 29 个，基于编码的方案有 20 个，基于多变量的方案有 10 个，基于 Hash 的方案有 2 个，基于其他困难问题的方案有 8 个。NIST 通过评估抗量子算法的安全性给出了五种安全级别，分别以 AES-128、SHA256、AES-192、

SHA384、AES-256 为基准，目前，抗量子密码算法已进入终轮评估阶段，有 7 个算法进入了终轮，8 个算法成为候补算法，预计 2024 年之前完成抗量子密码算法标准草案。在提交抗量子密码算法的研究团队主要集中在美欧及以色列等国家，我国在格密码领域研究具有一定的国际竞争力，NIST 国际征集活动中首轮有三个算法为中国设计者提交。

欧洲方面，欧洲电信标准化协会（ETSI）于 2013 年设立量子安全密码论坛，专门推动抗量子密码算法的研制和应用推广工作。2015 年 3 月，ETSI 成立"量子安全密码工业标准工作组"，主要负责抗量子密码算法征集和评估，以及抗量子密码、量子密码的工业标准制定。截至 2020 年，通信标准组织 ETSI 以量子安全为专题连续召开了 8 次学术会议，研究量子密钥分发和抗量子密码的相关工作。

在 2015 年 1 月，欧盟启动抗量子密码算法 safecrypto 应用项目，在对称加密、对称授权、公钥加密以及公钥签名系统领域都提出了相关标准化建议，致力于提供新一代实用的、稳健的、物理安全的抗量子密码方案。同年 3 月，由学术界和工业界 11 家单位共同推动，开展了全球抗量子密码算法旗舰项目 pqcrypto，并将其纳入欧盟地平线 2020 计划，该项目明确提出了面向小型设备、互联网、云计算的抗量子密码应用以及标准化。2018 年又开展了后续的 prometheus 项目，致力于打造新一代安全使用的抗量子密码方案。

亚洲方面，日本、韩国等国家都已经部署了下一代抗量子密码的研究工作，并且已经举办了多次亚洲抗量子密码论坛。我国也在"十二五""十三五"期间重点部署抗量子密码研究工作。2018—2019 年中国密码学会举办了公钥密码算法竞赛，共征集了 35 个公钥密码算法，多数为抗量子公钥密码算法。

（2）抗量子密码算法安全性和实用性现状。

经过多年的研究和发展，当前抗量子密码体制研究成果已初步具备了标准化的基础条件，但不同的抗量子密码算法在安全性和实用化发展程度不同。基于 Hash 的密码体制目前只能作为签名，不适用于设计其他类的密码方案，扩展性较差。基于 Hash 的签名算法主要以 Hash 算法的安全性为基础，目前较为成熟的算法有 XMSS 和 XMSS-T，其方案对比如下表所列。

XMSS 方案和 XMSS–T 方案

方案名称	签名时间	签名尺寸	公钥尺寸	私钥尺寸	比特安全经典/量子
XMSS	3.24毫秒	2.8千比特	1.3千比特	2.2千比特	236/118
XMSS-T	9.48毫秒	2.8千比特	0.064千比特	2.2千比特	256/128

目前，基于编码的密码体制和基于多变量的密码体制主要以加密和签名为主。其中，基于编码的密码算法主要是利用编码学中的数学困难问题设计密码方案，具有一定的可证明安全。但由于其以编码为基础，使得这类密码体制的速度较快，但公钥尺寸较大，达到 131 比特量子安全，公钥尺寸约 1024 千比特。基于多变量的密码体制虽有众多的构造和分析方法，但是当前的方案都不具有可证明安全性，其安全性依赖于能够抵抗所有的已知攻击。多变量的密码体制运行速度较快，但公钥、私钥

尺寸稍大，如下表所列。

基于多变量的签名方案

方案	安全级别	签名尺寸	私钥尺寸	公钥尺寸	签名速度	验签速度
TTS	128	50比特	13千比特	107.9千比特	12555次/秒	6126次/秒
Rainbow	128	50比特	112千比特	107.9千比特	1743次/秒	6126次/秒

　　由于格密码在参数规模、计算效率、理论安全性证明等方面表现出色，是最有可能成为工业标准的算法类型之一。目前，国外研究出了一些基于格的密码函数，并已基于 FPGA 进行实现验证，具备一定的实用化条件。在签名方案方面，基于格理论的签名方案在 128 比特安全强度下，Dilithium 算法公钥尺寸 1.3 千比特，签名尺寸 2.4 千比特，签名速度 2500 次 / 秒，验签速度 10000 次 / 秒；在 192 比特安全强度下，公钥尺寸 1.9 千比特，签名尺寸 3.3 千比特，签名速度 1400 次 / 秒，验签速度 6700 次 / 秒。在基于格的加密方案方面，也已经出现了多个综合性能优异的算法。在性能方面，128 比特安全强度下，NTRU 加密算法公钥长度 0.6 千比特，加密速度 12195 次 / 秒，解密速度 9174 次 / 秒，Falcon 签名算法公钥长度 0.8 千比特，签名速度 6081.9 次 / 秒，验签速度 37175.3 次 / 秒。与传统公钥密码 RSA、ECC 相比，抗量子公钥密码算法公钥尺寸略长，但在加解密速度、签名 / 验签速度上有很大优势，基本能够满足实用化需求。

　　（3）基于格密码算法现状。

　　目前，基于格的加密算法主要分为两大类型：一类是有困

难问题归约证明的加密方案，以 2005 年 Regev 基于容错学习
（Learn with Errors，LWE）问题的加密方案为代表，随后有基
于环上容错学习（Ring Learning with Errors，RLWR）、模容
错学习（Module Learning with Errors，MLWE）、带舍入学习
（Learning with Rounding，LWR）等问题的方案，在效率上有
了较大提升；另一类是无困难问题归约证明的加密方案，但在
现有攻击下是安全的，以 NTRU 方案为代表。NIST 全球抗量
子密码算法征集活动集成了近些年来该方向的优秀学术成果，
在进入 NIST 二轮的密码算法中，方案类型、基于困难问题及
相应算法名称总结如下表所列。

NIST 抗量子密码算法总结

方案类型	基于的困难问题	方案名称
有困难问题归约证明	LWE	Frodo
	RLWE	NewHope、LAC
	MLWE	Kyber、ThreeBears
	LWR	SABER、Round5
无困难问题归约证明	NTRU	NTRU、NTRUPrime

其中，基于 MLWE 问题的 Kyber、基于 MLWR 问题的
SABER 及 NTRU 方案进入了终轮评估。基于格的加密方案在
运行效率上具备很大优势，公钥规模和密文规模略大，如何设
计高效简洁的格加密方案以及更完备的量子模型下安全性证明
为下一步的主要研究趋势。

与格加密算法发展相比，签名发展相对缓慢，但近十年来格的签名方案设计与分析也取得了较大进展，在标准模型下可证明安全的方案效率较低无法实用化，随机预言机模型下可证明安全的方案初步达到实用化程度。目前，构造方法主要有两类：一种是 Hash-and-Sign 架构，以 GPV08 为主要框架，目前基于 NTRU 的 Falcon 方案在效率上具有较大优势，已进入 NIST 三轮评估；另一种是 Fiat-Shamir 架构，以 2012 年 Lyubashevsky 方案为主要框架，随后有一系列改进如 BLISS、q-Tesla、Dilithium 等，目前 Dilithium 进入了 NIST 三轮评估。基于格的签名方案在实现效率上优于传统 RSA、ECC 方案，但其公钥量和签名长度略大。如何设计签名算法使其具备更小的公钥规模和签名规模是目前的研究热点和趋势所在。

目前，基于格的密钥协商协议主要有两种形式。一种是基于可交换的单向函数构造的类 Diffie-Hellman 式协议，基于困难问题非精确可交换的单向函数，通常使用错误协调机制来保证最终协商密钥的一致性。另一种是基于公钥加密方案或密钥封装方案构造密钥协商协议。近些年研究热点集中在如何设计高效的认证密钥协商协议，并在量子随机预言机模型下证明其安全性。

格密码方案的实际安全性方面主要是将对方案的实际攻击，如恢复密钥攻击、恢复明文攻击、伪造签名攻击等归约至其基于的困难问题，如 LWE 问题、LWR 问题、NTRU 问题、SIS 问题等，将相应的困难问题归约至最短向量问题的求解实例，然后评估最短向量问题的求解复杂度作为方案的实际安全性。对 LWE 问题、LWR 问题及其环模变种问题，目前有效的攻击方法为 Primal 攻击、Dual 攻击，SIS 问题及其变种问题有效的攻击方法为无穷范数下的攻击、L2 范数下的攻击等，均为将困难问题转换为 SVP 实例，用 BKZ 代价模型评估其复杂度。常用的评估模型为 core-SVP 模型，即仅考虑单次调用 BKZ 分块大小 b 的 SVP 的求解复杂度，其中经典复杂度为 $2^{0.292b}$，量子复杂度为 $2^{0.265b}$。其他代价模型还有 Practical 模型和 Frodo 模型等。

在格密码的工程实现方面，主要瓶颈是误差采样的效率及关键模运算模块的效率，如离散高斯采样、多项式乘法效率等。在 NIST 的算法提案中，每个算法都给出了算法的软件实现。相对于软件实现优化发展，硬件实现略显滞后，效率更优的抗量子密码算法软 / 硬件工程实现依然是下一步的研究趋势。

抗量子对称密码刚刚起步，主要是以设计良好的底层密码组件（S 盒等）为基础，采用量子可证明安全的密码结构和工作模式来实现对称密码算法设计，并在具体量子攻击技术下评估整体算法的量子安全强度。近十年来，国际上在这方面的研究工作主要集中在量子安全性分析方面，包括量子安全模型、对密码结构和工作模式的量子攻击技术、量子可证明安全、量子安全强度的评估等方向。在设计方面，国际上已经开始探索将不安全的设计进行安全改造的技术。

2. 可信身份认证技术

可信身份认证是实现元宇宙空间主体与客体身份协同互信的基本条件，需要支持异构网络身份联合管理，能够通过用户的生物特征、具体任务、地理位置、接入方式、时间等属性描述用户、资源和环境，对不同的实体实现多维度的群体划分，支持信息系统用户网络身份的信任分级。

为元宇宙用户提供的统一认证服务，需要在传统数字证书认证的基础上，支持多源融合，形成统一的身份认证，提升用户多种环境中的多因子认证方式支撑能力增加身份证、生物认证、动态口令等多种认证体制，并增强大数据行为特征挖掘能力，实现基于行为模式、行为场景的用户身份认证支撑。同时，为了支持元宇宙的跨域对接，还应考虑提供多样化的认证协议接口，兼容主流身份联合协议。

可信身份认证技术支持元宇宙中的网络身份追踪，支持基于各种路径的用户身份和行为的关联分析，包括基于网络位置的身份关联、基于时序逻辑的身份关联和基于知识图谱的身份关联，支持对元宇宙用户身份数据关联分析可视化分析展示，实现即时查询。

3. 异构网络安全互通技术

异构网络是网络通信技术迅速发展的佳绩，它可以将各类网络进行融合，如 5G 网络就是无线异构网络融合技术的重要成果。异构网络融合技术可以提升蜂窝网络的功能，为元宇宙用户提供适度、弹性、安全的信息交互手段。

异构网络中的元宇宙用户节点暴露在复杂网络空间中，更容易受到恶意干扰、窃听、网络入侵、病毒植入和拒绝服务等网络攻击。此外，异构网络还面临多用户类别、资源异构、复杂服务和多级安全等应用需求，需要解决元宇宙信息网络安全防护架构设计、网络安全功能内嵌、密码按需服务和分级安全防护等问题，确保元宇宙信息网络安全可靠运行。针对网络安全防护架构设计和网络安全功能内嵌问题，基于"拟态防御"的思想，可采用"动态异构冗余－多模裁决－异常清洗"的网络防御模式，实现安全功能内嵌，能够对"已知的未知"风险或"未知的未知"威胁实施可度量的安全防护。针对密码按需服务和分级安全防护等问题，开展跨用户域、网络域、应用服务域的敏感资源统一管理与调度、适用于终端资源受限设备的轻量级可重构密码算法、多级安全加密和密码业务处理等关键技术研究，为元宇宙信息网络实体安全认证、信息保密传输和应用服务系统安全防护提供密码技术支撑。

4. 信息安全新理念

1）零信任技术

零信任代表了新一代的网络安全防护理念，它的关键在于打破默认的"信任"，用一句通俗的话来概括，就是"持续验证，永不信任"。默认不信任企业网络内外的任何人、设备和系统，基于身份认证和授权重新构建访问控制的信任基础，从而确保身份可信、设备可信、应用可信和链路可信。基于零信任原则，可以保障办公系统的三个"安全"，即终端安全、链路安全和访问控制安全。

传统模型假设组织网络内的所有事物都应被信任。事实上，一旦进入网络，用户（包括威胁行为者和恶意内部人员）可以"自由移动"、访问甚至泄露他们权限之外的任何数据，这显然是一个很大的漏洞。

零信任网络访问（Zero-Trust Network Access，ZTNA）则认为不能信任出入网络的任何内容。应创建一种以数据为中心的全新边界，通过强身份验证技术保护数据。零信任应用的思路在宽带移动通信的信任体系演进中可以得到一些体现，下图是地面移动通信网信任机制演进的分析，可以在其中发现零信任的应用特征。

	实体可信				链路安全		
	终端对网络	网络对终端	运营商与业务服务商之间	运营商之间	空口数据传输	运营商内部数据传输	运营商之间数据传输
1G	信任	信任	—	—	—	—	—
2G	信任	非信任	信任	信任	非信任	信任	信任
3G	非信任	非信任	部分信任	信任	非信任	部分信任	非信任
4G	非信任	非信任	非信任	部分信任	非信任	部分信任	非信任
5G	非信任	非信任	非信任	部分信任	非信任	信任	非信任

移动通信网络信任机制演进

2）可信计算技术

可信计算是保障信息系统可预期性的技术，是指在计算的同时进行安全防护，使计算结果总是与期望值一致，使元宇宙中的计算过程可测可控，不受干扰。可信计算主要借鉴了人体免疫系统的工作原理，把系统中按照要求主动部署和运行的功能定义为"自己"，可能的干扰属功能正常定义为"非己"，在密码机制的支持下实施身份识别、状态度量、保密存储，保存自己，通过破坏和排斥"非己"部分确保信息系统可信。

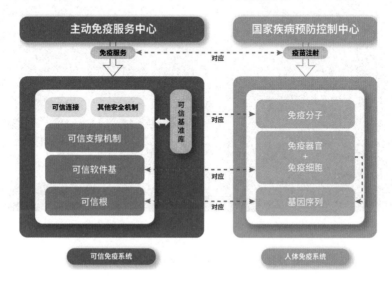

主动免疫系统和人体免疫系统机制的对应图 [18]

与防火墙、入侵检测、防病毒软件传统"老三样"不同，基于可信计算的主动免疫方式是搜集系统和应用的信息，根据用户的信任需求，确定系统的可信特征并建立可信策略库，形成完备的可信度量机制，以确保信息系统的行为符合预期，实现逻辑正确验证、计算体系结构、逻辑识别等科学技术在安全方面的创新应用。可信计算的信任度量模式，可以应用于元宇宙用户使用的终端系统，逐层构建信任机制。

3）拟态防御技术

拟态现象（Mimic Phenomenon，MP）是指一种生物在色

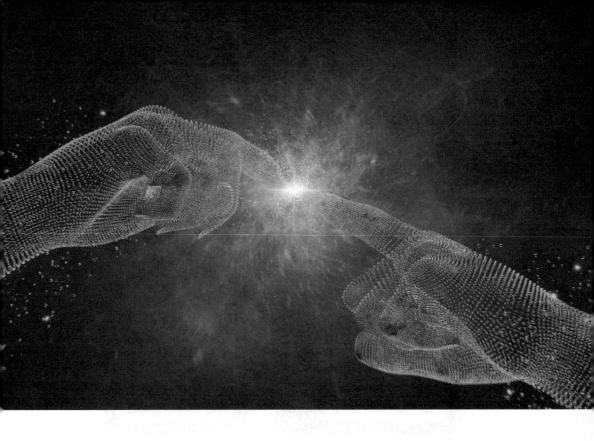

彩、纹理和形状等特征上模拟另一种生物或环境，从而使一方或双方受益的生态适应现象。按防御行为分类可将其列入基于内生机理的主动防御范畴，又称为拟态伪装（Mimic Guise，MG）。如果这种伪装不仅限于色彩、纹理和形状，而且在行为和形态上能模拟另一种生物或环境，这种拟态伪装称为"拟态防御"（Mimic Defense，MD）。

类似于生物界的拟态防御，在网络空间防御领域，在目标对象给定服务功能和性能不变的前提下，其内部架构、冗余资源、运行机制、核心算法、异常表现等环境因素，以及可能附着其上的未知漏洞后门或木马病毒等都可以做策略性的时空变化，从而对攻击者呈现出"似是而非"的场景，以此扰乱攻击链的构造和生效过程，使攻击成功的代价倍增。

网络空间拟态防御在技术上以融合多种主动防御要素为宗旨：以异构性、多样性或多元性改变目标系统的相似性、单一性；以动态性、随机性改变目标系统的静态性、确定性；以异构冗余多模裁决机制识别和屏蔽未知缺陷与未明威胁；以高可靠性架构增强目标系统服务功能的柔韧性或弹性；以系统的视在不确定属性防御或拒止针对目标系统的不确定性威胁。

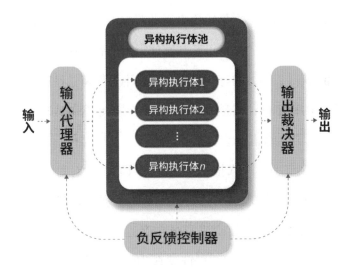

拟态防御通用架构

从技术细节上讲，拟态界内部包含若干组定义规范、协议严谨的服务功能。通过这些标准化协议或规范的一致性或符合性测试，可判定多个异构执行体在给定服务功能上甚至性能上的等价性。即通过拟态界面的输入与输出关系的一致性测试可以研判功能执行体间的等价性，包括给定的异常处理功能或性能的一致性。拟态界面所定义功能的完整性、有效性和安全性是拟态防御有效性的前提条件，界面未明确定义的功能不属于拟态防御的范围。换句话说，如果攻击行动未能使拟态界上的输出矢量表现不一致，拟态防御机制不会做出任何反应。因此，合理设置、划分或选择拟态防御界在工程实现上是非常关键的步骤。

拟态防御的等级可以根据用户需求定义为完全屏蔽级、不可维持级、难以重现级，并可以根据不同应用场景对安全性与实现代价的综合需求定义更多的防御等级。在安全性上需要重点考虑四方面因素：一是给攻击行动造成不同程度的不确定性是拟态防御的核心；二是不可感知性使得攻击者在攻击链的各个阶段都无法获得防御方的有效信息；三是不可保持性使得攻击链失去可利用的稳定性；四是不可再现性使得基于探测或攻击积淀的经验，难以作为先验知识在后续攻击任务中加以利用等。

在元宇宙中，引入拟态防御架构可以将针对目标对象个体的确定性未知漏洞攻击转化为系统层面上攻击效果不确定的事件，使得确定性攻击转变成概率性攻击。同时，能够将元宇宙中系统效果不确定的攻击事件变换为概率可控的可靠性问题，实现了安全防御能力可量化设计、安全态势可量化感知和安全威胁可量化控制的突破。进一步来说，基于裁决的策略调度和多维动态重构负反馈机制能够使攻击者无法把握攻击效果和结果，使得攻击手法和经验难以复现或继承，无法产生可规划、可预期的攻击效果，确保元宇宙的体系安全。

4）隐私计算技术

隐私计算（Privacy Computing）是指在保护数据本身不对

外泄露的前提下实现数据分析计算的技术集合，具体是指在处理视频、音频、图像、图形、文字、数值、泛在网络行为性信息流等信息时，对所涉及的隐私信息进行描述、度量、评价和融合等操作，形成一套符号化、公式化且具有量化评价标准的隐私计算理论、算法及应用技术，支持多系统融合的隐私信息保护。隐私计算涵盖了信息搜集者、发布者和使用者在信息产生、感知、发布、传播、存储、处理、使用、销毁等全生命周期过程的所有计算操作，并包含支持海量用户、高并发、高效能隐私保护的系统设计理论与架构。隐私计算是泛在网络空间隐私信息保护的重要理论基础。

从技术角度出发，隐私计算是涵盖众多学科的交叉融合技术，目前主流的隐私计算技术主要分为三大方向：一是以多方安全计算为代表的基于密码学的隐私计算技术；二是以联邦学习（Federated Learning，FL）为代表的人工智能与隐私保护技术融合衍生的技术；三是以可信执行环境为代表的基于可信硬件的隐私计算技术。不同技术往往组合使用，在保证原始数据安全和隐私性的同时，完成对数据的计算和分析任务。

多方安全计算（Secure Multi-party Computation，SMC）源于图灵奖获得者姚期智院士在其发表的文章《安全计算协议》（*Protocols for Secure Computation*）里提出的姚氏百万富翁问题。该问题也首次引入了双方安全计算的概念来解决问题，并对其可行性进行验证，提供了一种在无可信第三方的情况下，通过数学理论保证参与计算的各方成员输入信息不暴露，且能够同时获得准确运算结果的解决方法。

联邦学习，又称为联邦机器学习、联合学习、联盟学习等，是实现在本地原始数据不出库的情况下，通过对中间加密数据的流通与处理来完成多方联合的机器学习训练。联邦学习参与方一般包括数据方、算法方、协调方、计算方、结果方、任务发起方等角色，根据参与计算的数据在数据方之间分布的情况不同，可以分为横向联邦学习、纵向联邦学习和联邦迁移学习。

可信执行环境（TEE）通过软/硬件方法在中央处理器中构建一个安全的区域，保证其内部加载的程序和数据在机密性和完整性上得到保护。TEE 是一个隔离的执行环境，为在设备上运行的受信任应用程序提供了比普通操作系统（Rich Operating System，RichOS）更高级别的安全性，以及比安全元件（Secure Element，SE）更多的功能。

多方中介计算（Multi-party Intermediary Computation，MPIC）是一种新的隐私计算方法，是指多方数据在独立于数据方和用户的受监管中介计算环境内，通过安全可信的机制实现分析计算和匿名化结果输出的数据处理方式，是一个计算管理系统。在 MPIC 中，数据方的原始数据由其去标识化后输入中介计算环境或平台参与计算，完成计算后立即被删除，匿名化结果数据经审核后按指定路径输出。在 MPIC 的特定环境和规则下，信息数据的身份标识经过加密和标识化处理，因其算法具有不可逆性，故无法恢复为原始数据，满足了匿名化的一个要求，即不能原复；同时，由于这些去标识化的信息数据被封闭在特定受监管环境或平台中，客观上达到了匿名化的另一个要求，即无法识别特定自然人。故被处理的数据实质可视同匿名化信息，不再属于个人信息，无须征得个人同意就可进入中介计算环境或平台参与计算。

隐私计算技术可为区块链承担元宇宙类复杂应用提供更多的隐私保护模式选择，从而带来安全性的本质提升。

第五章

不拔之柱

元宇宙平台

PLATFORM

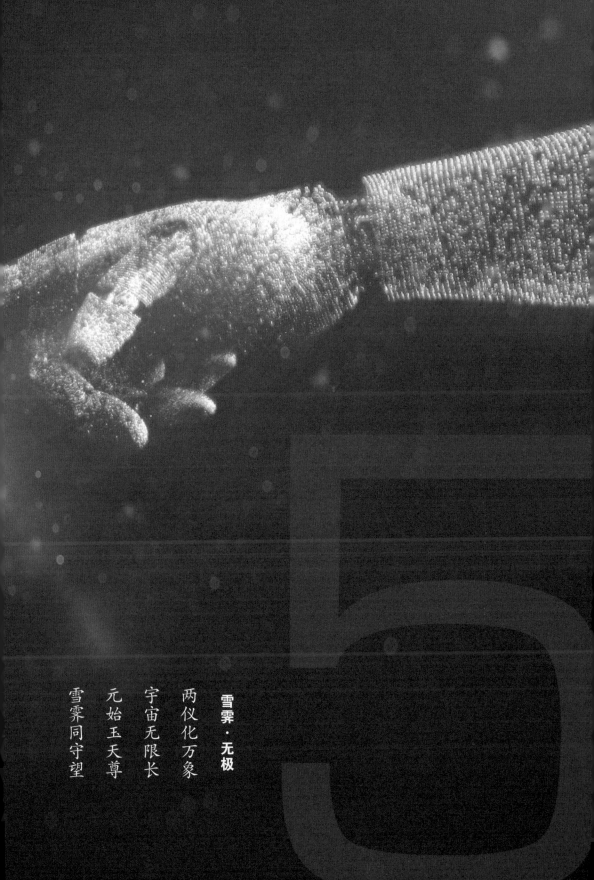

雪霁·无极

两仪化万象
宇宙无限长
元始玉天尊
雪霁同守望

元宇宙是多项技术融合运用构建的开放式复杂系统，是超大型数字应用生态体系。为了集成关键技术，支撑应用场景构建，需要有功能综合化平台作为基础。目前，支撑元宇宙的平台主要由交互感知、环境构建和基础资源三大部分组成。其中，交互感知作为通往元宇宙的接口，提供进入元宇宙的智能化通道和可持续的沉浸式体验；环境构建为元宇宙打造集用户创造内容、经济系统以及智能应用于一体的完整数字生态环境；基础资源为元宇宙运行所需的算力、通信、存储提供软/硬件物理环境、可信数据环境、资产价值体系和运行规则支撑。

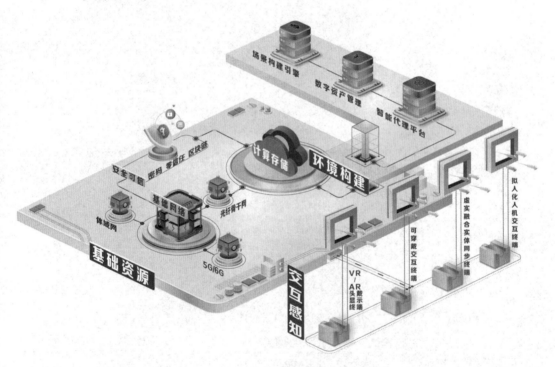

元宇宙平台体系

5.1 目交心通——交互感知

在元宇宙中，通过采用各类感知交互设备和智能角色，将基于感官的输入输出信号和基于智能角色的行为交互反馈集成融合，为接入元宇宙的用户提供与现实世界一致的感知模式和交互方式，使用户能够身临其境地与元宇宙中的应用实现完整的交互反馈，从而能够如在现实世界一样看到、听到、摸到、闻到和体验到元宇宙中的高逼真虚拟场景。

交互感知设备种类繁多，主要包括：VR/AR 头戴式显示终端，为用户呈现沉浸式高逼真虚拟场景；可穿戴交互终端，实现用户的手势、语音、眼动、姿态交互及三维空间定位；虚实融合实体同步终端，实现真实环境与虚拟场景的有机融合与同步；拟人化人机交互终端，实现智能代理与用户间拟人化交流。

5.1.1 VR/AR 头戴显示终端

VR/AR 头戴显示终端也称为近眼显示器，为用户提供接入元宇宙的核心显示功能，是一种佩戴在用户头部并提供给用户即时视觉信息的显示设备，当前的 VR/AR 头戴显示终端正在朝着更轻薄、更舒适、更高分辨率、更大视场角的方向发展。同时，为了提供符合人眼观看习惯的连续视角和空间深度感，能够呈现全息场景的光场近眼显示设备成为未来的重要发展目标。根据互联网数据中心（IDC）预计，VR 头戴设备

HTC 公司 VIVE FLOW

的出货量将从 2020 年的约 500 万台增加到 2025 年的 2800 万台以上，AR 头戴设备的出货量将从 2020 年约 30 万台增加到 2025 年的 2100 万台。

根据头戴式显示与运算单元的关系，可以将头戴式显示器分为以下三种类型。

（1）外接式虚拟现实头戴式显示器：需要与外部主机相连接，本身不包含主要计算能力，仅包含显示系统与传感系统的头戴式显示设备。

（2）一体式虚拟现实头戴式显示器：将显示、传感、计算等系统集成在一体的头戴式显示设备。其中，计算单元和传感单元不安装在头部，而是通过有线或无线与安装在头部的显示设备连接。

华为 VR Glass

微软 Hololens

（3）外壳式虚拟现实头戴式显示器：本身不具有显示和计算系统，仅具有光学系统及可选传感系统的头戴式装置，该装置通过与智能手机等智能终端结合实现完整的头戴式显示能力。

外壳式头戴式显示器

5.1.2 可穿戴交互终端

可穿戴交互终端是智能交互时代的一个重要趋势，可实现手势、语音、眼动、姿态交互及三维空间定位功能。当前，柔性电子技术的进步触发了新形态电子设备的产生，促进了可穿戴交互终端的发展。从手表、腕带到智能服装，再到电子皮肤，可穿戴交互终端不仅改变着形态和功能，也改变了人们对信息的获取以及对自身、周围环境的感知方式。从个人智能到环境智能的改变带来了交互上的挑战，如交互效率低和交互不自然等问题。当前，有效提升用户与元宇宙之间交互的自然程度是该领域的重要发展方向。

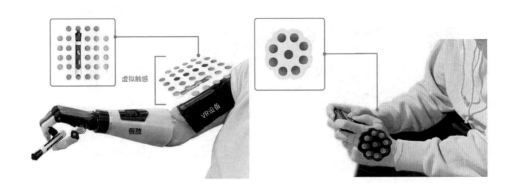

可穿戴交互终端

人类感觉器种类繁多，形态功能各异。有接触外界环境的皮肤内的触觉、痛觉、温度觉和压觉等感受器，也有位于身体内部的内脏和血管壁内的感受器。有接受物理刺激，如光波、声波等的视觉、听觉感受器，也有接受化学刺激的嗅觉、味觉等感受器。感受器的分类方法很多，在人体解剖学上，一般根据感受器所在部位和所接受刺激的来源把感受器分为以下三类。

（1）外感受器：分布在皮肤、黏膜、视器及听器等处，接受来自外界环境的刺激，如触、压、切割、温度、光、声等物理刺激和化学刺激。

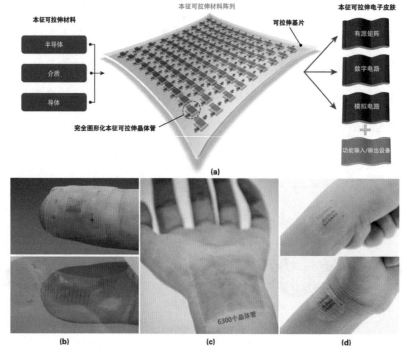

本征可拉伸材料
- 半导体
- 介质
- 导体

本征可拉伸材料阵列

可拉伸基片

完全图形化本征可拉伸晶体管

本征可拉伸电子皮肤
- 有源矩阵
- 数字电路
- 模拟电路
  +
- 功能输入/输出设备

(a)

(b)　　(c) 6300个晶体管　　(d)

可穿戴外感受器

（2）内感受器：分布在内脏和血管等处，接受加于这些器官的物理或化学刺激，如压力、渗透压、温度、离子和化合物浓度等刺激。

（3）本体感受器：分布在肌腱、关节和内耳位感觉器等处，接受机体运动和平衡时产生的刺激等。

为了给用户提供更加真实的模拟体验，科学家和工程师在触力觉、温度觉、速度觉等多感官信息模拟上也在持续不断地努力。2021年11月，Meta公司公开了一项研发了7年的项目——气动触觉手套，颇具科幻魅力。这种触觉手套可以通过气囊让用户体验到抓取虚拟物体时的真实触感。对于Meta公司来说，这款手套将和其他可穿戴技术一起，引领我们通往元宇宙中的互动未来。

该款手套不仅可以准确地将佩戴者的手部动作反馈给计算机，而且能重现一系列复杂、细微的感觉，如压力、纹理和振动，创造出用手感受虚拟物体的效果。通过该款手套，当你从桌子上拿起一块虚拟拼图时，能够真切地感受到拼图就在手中，甚至能够感受到拼图光滑的表面和锋利的边缘。当把拼图移动到正确位置时，甚至能获得"咔哒"一下的感觉。

为了还原真实的触感，Meta 公司现实实验室团队在软体机器人和微流体的新兴领域开展了深入研究，并在使用气压来

Meta 气动触觉手套

产生力的气动执行器和使用电场产生力的电动执行器等方面都取得了重大突破。

为了控制这些新型执行器，Meta公司现实实验室制造了世界上第一个高速微流体执行器。通过手套上的一个微流体芯片，控制阀门的打开和闭合程度，从而控制输入执行器的气流。有了流体逻辑电路，就能够减少控制大量执行器所需的机电阀门的数量，从而缩减系统中沉重的组件。为了控制手套为用户提供正确的感觉，Meta公司现实实验室推出了一种新的渲染软件，其中的物理引擎决定了用户的手在与虚拟物体互动时应该接受的力的方向、大小和位置，触觉渲染算法将这些信息与触觉手套的特性相结合，从而能向手套发送正确的指令。

(a) 玩家1　　　　　　(b) 玩家1头戴设备视角　　　　　　(c) 玩家2

Meta 气动触觉手套使用场景

目前，多模态呈现技术尚有很多问题需要解决，但我们有理由相信，通过不断提高技术水平，创造新的突破，多模态呈现技术的可用性也会越来越高。

5.1.3 虚实融合实体同步终端

虚实融合实体同步终端通过多模态通道增强用户的交互体验。一方面通过特定的实体代理来实现用户触觉、温度觉等感官通道的交互；另一方面通过可编程环境动态改变用户的交互场景，实现用户所在物理空间与虚拟空间的双向同步。其当前发展趋势为：实体交互的对象从单一的静态物体，朝多个、多样、可移动、可变形、可提供动态反馈的动态物体方向发展。

在触觉和温度模拟方面，可以在设备上集成微小的致动器，对皮肤施加压力或改变温度，从而模拟出不同的触觉效果，再通过与 VR/AR 头戴设备的搭配，实现高精度的模拟仿真。

AxonVR 公司开发出一款安装了阵列致动器的触觉设备原

AxonVR 公司触觉原型设备

型，整个设备的外观就像一个盒子。在使用这款设备时，必须要将手心向上伸到设备底部的绑带中，然后佩戴好 VR 眼镜，用户就可以体验到触摸苹果、蜘蛛或小鹿的不同感受。不过，由于这只手被固定用来体验触感，因此无法进行交互，用户需要用另一只手通过手柄来控制目标，因此距离实际应用尚有很多改进之处。

　　未来，随着传感器技术的升级演化，笨拙的触觉手套会被更加准确灵活的终端替代，却能让用户获得更加真实的交互感受。

　　在交互场景构建上，最让人感受直接的就是近期火爆的各种数字主播。通过融合真实环境中主播的真实动作和表情、现

虚拟数字人

实世界中真实存在的各种物体和景色，叠加三维渲染技术营造的各种特殊效果，为用户打造了来源于生活并高于生活的体验。

而虚实融合实体终端，可以将虚拟数字人同物理终端进行融合性设计，这样可以融合物理实体实现和虚拟展示交互的优势，降低终端实现创建难度，丰富终端应用模式和场景，为用户提供动态、多样性的选择。拟人化虚实融合实体终端如下图所示。

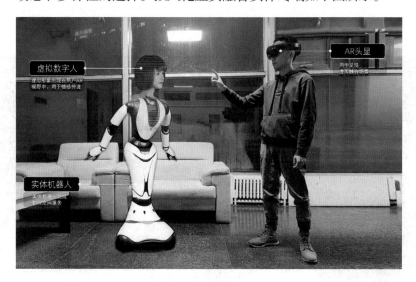

虚实融合实体同步终端

虚实融合实体同步终端由虚拟数字人和实体机器人组成。虚拟数字人可以出现在用户的 AR 视野中，也可以通过裸眼三维显示技术构建，用于与用户间的情感交流；实体机器人具备完成物理空间任务或为用户提供定制化服务的能力。

5.1.4 拟人化人机交互终端

拟人化人机交互终端实现人与智能代理之间的自然沟通，

涉及语音识别、对话系统、语音合成等方面。近些年，得益于深度学习的发展与海量数据的积累，语音识别技术逐渐由隐马尔可夫－深度神经网络混合式模型转变为端到端模型。对话系统中的对话管理技术经历了由规则到有指导学习再到强化学习的发展过程，自然语言生成技术则从模型生成发展到端到端的深度学习模型。目前，国际主流研究聚焦于端到端语音合

拟人化交互终端

成研究。拟人化人机交互技术的发展方向是使智能代理能够更加逼真地模仿人类情感，并拓展其在未知场景下的自学习能力。

5.2 戞戞独造——环境构建

环境构建是元宇宙各类应用的创建和运行所需的环境支撑，就好像游泳需要游泳馆、打球需要球馆、开会需要会议室一样，环境构建为元宇宙创造"新空间"，为元宇宙中活动开展创建具体场所。

环境构建包含对环境、资产、实体等元素进行数字化建模所需的各种工具。环境构建平台要素主要包括：一是场景构建引擎，支撑打造元宇宙高沉浸感智能交互场景；二是数字资产管理，支撑元宇宙构建虚实互通的双循环经济体系；三是智能代理平台，为元宇宙中非人类智能角色提供基本的场景理解、逻辑推理、交互反馈等智能服务。

5.2.1 场景构建引擎

场景构建引擎对现实世界的状态和行为进行数字化建模，其核心由场景构建系统、物理仿真系统、三维渲染系统等组成，可根据现实世界构建虚拟世界，也可以根据现实世界中实体对象构建虚拟对象，为元宇宙中用户的各种交互行为提供场景和场景对象的支持。

1. 场景构建系统

场景构建系统依据现实世界真实存在于虚拟空间中创造出一个高精度的逼真模型或场景，可以细分为大规模城市场景构建、三维场景重建、场景交互编辑等不同需求下的构建系统，为元宇宙的细腻真实环境构建以及元宇宙中各种行为方式提供基础场景。

2. 物理仿真系统

物理仿真系统对场景、对象的状态和行为进行数学物理建模，以获得与现实世界一致的状态和行为数字化表达。系统的构建效果直接影响元宇宙数字化世界的逼真程度。物理仿真系统的发展方向：一方面通过更高效、可解释的物理仿真算法，提高物理仿真系统的计算精度；另一方面通过面向实时仿真解算的并行算法，提升物理仿真系统的计算效率。

3. 三维渲染系统

三维渲染系统采用计算机图形学技术，对三维场景进行高真实感绘制，以获得与现实世界视觉效果一致的环境。三维渲染系统是当前与场景视觉体验相关技术的基础，具有广泛的应用场景，在各个行业领域都有重要和广泛的应用，也是元宇宙虚拟真实感环境的重要支撑技术。超大规模场景渲染和实时绘制是其重要发展方向。

5.2.2 数字资产管理

数字资产管理主要包括数字资产创建、存储、分发、交易、销毁等关键环节，是数字资产应用于元宇宙的必备动作，贯穿数字资产在元宇宙中的全生命周期。通过对元宇宙中数字资产的关键节点管理，可确保数字资产的可管、可控，形成数字资产全生命周期管理的能力。数字资产管理平台主要分为数字资产创建系统、数字资产存储系统、数字资产分发系统、数字资产交易系统、数字资产销毁系统和数字资产监管系统。

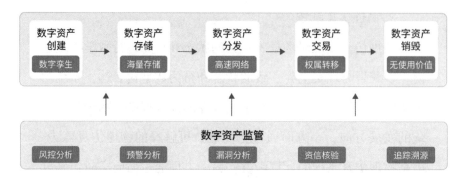

数字资产管理平台

数字资产创建系统是人、机、物转化为数字内容的映射系统，实现数字资产从物理真实世界到数字虚拟世界的价值和内容的生成与映射。

数字资产存储系统是对创建生成的数字资产进行存储的系统，实现分布式海量数字资产的智能存储等功能。

数字资产分发系统是数字资产使用时通过高速通信网络将数字资产分发到元宇宙使用对象的系统，实现数字资产从存储中心到使用个体的转移。

数字资产交易系统是元宇宙对象间的数字资产交换系统，实现数字资产转移、权属确认等功能。

数字资产销毁系统能够在数字资产价值丧失后，将其进行安全销毁，确保过程可管可控。

数字资产监管系统对数字资产创建、存储、分发、交易、销毁等过程进行监管，实现数字资产全生命周期管理的风控分析、预警分析、漏洞分析、资信核验、追踪溯源等功能。

5.2.3 智能代理平台

智能代理平台基于人工智能技术打造活灵活现的智能角色，是完善元宇宙体验真实性和丰富性的重要一环。智能代理平台主要产生具有人类智能的虚拟世界智能体，能够根据用户个性特征进行智能化推荐，分为类人策略学习器和知识数据库。

1. 类人策略学习器

类人策略学习器利用人类知识数据库与现实世界交互，构建元宇宙中所有的规则约束和策略学习器的边界特征。学习器通过对仿真虚拟环境开展多分支的推演，找到最符合人类特性的行为策略，最终得到智能博弈策略生成引擎。

在策略学习算法设计方面，以博弈论和马尔可夫决策等理论为指导进行建模，依据知识和数据，利用博弈论、强化学习、模仿学习、进化计算来建立泛化能力强、鲁棒性强的高效策略生成算法；在策略可解释性方面，主要发展和突破可解释人工智能，实现策略的"白盒化"，便于工程应用。

2. 知识数据库

知识数据库主要用于存储元宇宙中的各类知识，并能够进行各类知识的提炼、分析、挖掘与演化，具备知识表示和知识因果发现等能力。

在知识表示层面，将专家知识、经典文献、历史事例等采用规则、知识图谱进行合理表示，并通过约束的形式施加给类人策略学习器的学习训练过程，保证学习演化道路的合理性，同时保证产生的非人类智能角色具备一定程度上的智能和拟人性；在知识因果发现层面，发现数据库中知识之间的关联关系，通过已知事实判断未见之事的合理性和真实性。

5.3 盘石桑苞——基础资源

基础资源为元宇宙构建与运行提供计算、存储、网络、安全等基础资源保障，是元宇宙平台和应用发展的基础。根据资源类别，元宇宙基础资源主要包括：一是计算存储资源，表现为新型计算存储架构类载体，为元宇宙提供计算与存储所需的硬件基础设施；二是网络通信资源，为元宇宙提供高带宽、低时延、规模化接入的网络支撑，为信息和数据流通构建通路；三是安全可信服务，为元宇宙提供涵盖物理设备、网络设施、计算资源、数据资源和数字身份等方面的安全可信应用运行支撑。

5.3.1 计算存储资源

计算存储资源依托先进架构芯片、服务器、超级计算机等基础硬件，为元宇宙的运行提供即时、灵活、可扩展、云边端一体化协同的算力和存储支撑，是实现元宇宙认知交互的统一信息流转的基础设施。计算存储资源可分为基础硬件环境、云边端计算环境和大数据支撑环境三部分。

1. 基础硬件环境

基础硬件环境由服务器、超级计算机等组成，为元宇宙提供统一的高速并发计算环境，具备可配置、可扩展、高性能、高可靠等特点。其中，服务器按需提供动态、可扩展的计算服务，为元宇宙的构建、交互等过程提供高速图像处理、复杂图计算和大规模神经网络模型快速运算能力，支撑元宇宙场景创建、交互、渲染；超级计算机可提供极大的数据存储容量和极快速的数据处理速度，面向元宇宙中的气象计算、动力学仿真、实时辅助决策等场景应用需求提供高精度计算能力。

基础硬件环境能力的提升需要从基础元器件层面开展工作，发展并有效利用 GPU、TPU[①] 等先进架构芯片，打造高性能 GPU、TPU 服务器，支撑元宇宙精细化、沉浸式大规模虚拟环境构建、智能代理模拟等功能实现，并建立适应元宇宙生态环境需求的多中心式处理节点。

1）GPU 芯片

GPU 和 CPU 之所以大不相同，是由于其设计目标的不同，它们分别针对两种不同的应用场景。GPU 面对的是类型高度

---

① TPU: Tensor Processing Unit，指张量处理器。

统一的、相互无依赖的大规模数据和不需要被打断的纯净的计算环境。为了适应图像处理要求，GPU 采用了数量众多的计算单元和超长的流水线，设置了强大的算术运算单元和一定量的缓存，其理念就是用很多简单的计算单元去完成大量的计算任务。英伟达公司的典型 GPU 架构如下图所示。

英伟达公司的 GPU 架构

可以看出，英伟达公司的 GPU 架构采用 PCI-Express Gen4 作为高速接口，设置大量的、重复的计算单元进行图形化处理工作，这些计算单元平均分布在芯片的内部空间，可以支撑大量计算并行开展。

2）TPU 芯片

TPU 是一种定制化的 ASIC 芯片，由谷歌公司设计，专门用于承担机器学习工作负载。TPU 为谷歌的主要产品提供了计算支持，包括翻译、照片、搜索助理和 Gmail 等。与 GPU 相比，TPU 采用低精度（8 位精度、数量达到 65536 以上的加法和乘法器）计算，以降低每步操作使用的晶体管数量。降低精度对于深度学习的准确度影响很小，却可以大幅降低功耗，加快运算速度。同时，TPU 使用了脉动阵列的设计，用来优化矩阵乘法与卷积运算，减少 I/O 操作。此外，TPU 还采用了更大的片上内存，以此减少对内存的访问，从而更大程度地提升性能。

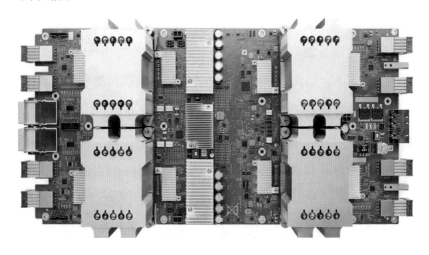

谷歌云 TPU 计算卡

大多数当代 CPU 采用了精简指令集（Reduced Instruction Set Computing，RISC），谷歌选择复杂指令集（Complex Instruction Set Computer，CISC）作为 TPU 指令集的基础，这一指令集侧重于运行更复杂的任务。与传统处理器相比，TPU 处理更加注重张量运算、数学推理、并行处理和收缩阵列效能的发挥，并支持云化的处理方式。谷歌公司的云 TPU 处理卡将 TPU 作为可扩展的云计算资源，并为所有在谷歌云上运行尖端机器学习模型的开发者与数据科学家提供计算资源。

TPU 专注于神经网络推断，这使得量化选择、CISC、矩阵处理器和最小设计都成为可能。TPU 处理优势主要表现在：
①线性代数计算的加速性能，在机器学习应用中被大量使用；
②在训练大型、复杂的神经网络模型时，最大限度地缩短了训
练的时间，以前训练几周的模型在 TPU 上可以在数小时收敛；
③通过其 TPU 服务器跨不同机器的可扩展操作。

2. 云边端计算环境

云边端计算环境通过云计算、边缘计算、端计算三体联
动，在元宇宙中构建一个泛在计算环境，提供按需服务、高效
快捷的计算能力。其中，"云"是传统云计算节点，主要面向
大规模数据处理任务，支撑态势研判、辅助决策、预测预警等
非实时数据处理场景；"边"是云计算的边缘侧，提供就近的
数据存储与分析能力，可支撑小规模的智能分析和本地服务，
满足实时业务、应用智能、安全隐私保护等方面的服务需求，
据 IDC 相关数据显示，未来超过 50% 的数据需要在网络边缘
侧分析、处理和存储；"端"是智能穿戴设备、智能手机、传
感器、摄像头等多样化智能设备，处理轻量化分析处理任务和
应急服务；"云边端一体化融合协同"提供云边协同、边边协
同和边端协同能力，为云端之间高效互联、协同工作提供算力
支撑。

世界领先的情报和战略研究机构 Machina Research 报告显
示：2025 年，全球网联设备总数将超过 270 亿台，联网设备
呈指数级增长，设备呈现多样性趋势，物联网传感器、摄像机
等设备的应用会带来多样化的数据。海量数据的传输、异构数

据的分析和存储对传统网络和云计算提出了巨大挑战，使云计算和网络面临"传不畅、算不动、存不下"的局面，驱动计算从云端下移到接近数据源的边缘侧，形成网络中分散的算力资源。高德纳咨询公司预测：2025 年，超过 75% 的数据需要分流到网络边缘侧，这对网络灵活调度、服务质量等提出了更高的要求。因此，网络在实现分散节点互联的同时，还需要具备网络和算力协同调度的能力，通过最优路径将业务动态地调度到最优的算力节点进行处理。

云边端计算环境需要重点开展边缘计算、端计算和云边端协同框架建设研究，发挥云环境作为中心大脑的作用，配合边缘节点和智能终端即插即用、动态灵活的优势，建立云边端一体化融合协同框架，形成一站式的智能计算环境。

1）云计算中心和超算中心的区别

传统意义上，云计算中心具有弹性特色，超算中心具有高效特色。二者在通用与专用、分布与并行、成本与性能上存在一定的差异，这是由二者设计目标所决定的。

（1）通用与专用：云计算的发展就是共享经济在计算领域的演进，面向所有需要信息技术的场景，应用领域和应用层次不断扩张，要支撑构造千变万化的应用；超算则主要提供国家高科技领域和尖端技术研究所需的运算速度与存储容量，包括航天、国防、石油勘探、气候建模和基因组测序等。例如，美国的红杉（Sequoia）超级计算机的设计初衷主要是应用于核试验模拟，米拉（Mira）超级计算机主要用于研究星体爆炸、核反应、气候变化、喷气发动机等。

（2）分布与并行：云计算以分布式为特色，统筹分散的硬件、软件和数据资源，通过软件实现资源共享和业务协同，运行的任务也是分布式的，现在甚至引申出了边缘计算；超算集群逻辑上是集中式的，针对计算密集型任务更强调并行计算（以获得高性能），各节点任务存在前后的依赖，节点之间数据交换的延迟要求非常高。

（3）成本与性能：云计算是规模经济，讲究成本效益，采用廉价的 x86 硬件搭建，可用性、可靠性、扩展性主要通过软件实现；超算需要建立计算和存储能力、加速芯片、网络通信、高级文件系统等，能源消耗也很高。

云计算的能力已经覆盖了部分超算中心的需求，支持异构计算，各大云服务商都推出高性能计算产品，可面向深度学习应用，也可支持科学计算的探索。如 AlphaGo 所需要的计算能力，就是由谷歌云提供的。

超算中心也已经通过云化的形式共享其计算能力。例如，部署在国家超算广州中心的天河二号，研究人员根据应用的需求以及实际的硬件环境，对云计算管理平台进行大量的定制和优化，并结合容器技术，打造企业级解决方案云平台。

此外，从部署规模的维度来看，云计算的底层也是一种超级计算机。通过数据中心级操作系统，把不同地域的超大规模的物理服务器，聚合成一台超级计算机，统一调度和使用。

现在云计算和超算更像是不同维度的概念，前者侧重信息

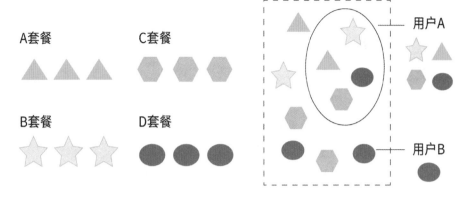

（a）超算中心（套餐模式）　　　（b）云计算中心（自助餐模式）

超算中心与云计算中心对比

技术的交付模式，后者侧重体现系统的构建。也有观点表述，超算中心是套餐，云计算提供自助餐。超算中心面向的是典型传统大规模并行计算场景，提供的是一整套垂直方案，这使得超算的专用性极强，而通用性则较弱，因此提供的产品与服务较为固定化。而云计算则是基于IaaS层服务，更底层和模块化，提供层级丰富、类型多样的产品和服务，可以根据任务自由分配资源，在面对不同的用户时通用性更强。

2）边缘计算

边缘计算成为新兴万物互联应用的支撑平台已是大势所趋，未来网络部署模式向边缘计算模型演进。如下图所示，边缘计算将原有云计算中心的部分或全部计算任务迁移到数据源附近，相比于传统的云计算模型，边缘计算模型具有实时数据处理和分析、安全性高、隐私保护、可扩展性强、位置感知以及低流量的优势。[19]

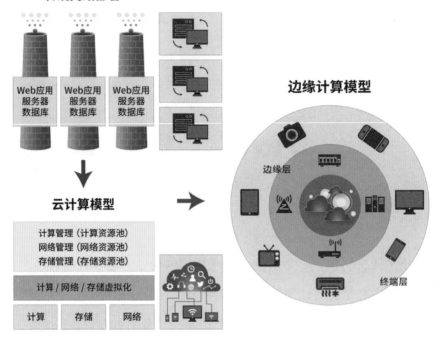

边缘计算环境

3）端计算

随着半导体技术、移动通信技术，手机、笔记本、可穿戴智能设备等终端设备的计算能力获得飞跃式提升，个人消费品升级换代越发频繁。当前，智能手机的处理能力突破了摩尔定律的发展限制，不仅远远高于十年前的同类产品，甚至已经能够完成一些早期必须在大型机或者服务器上才能完成的操作。终端计算的发展离不开新型处理芯片的支持。

综上所述，算力随着用户的需求而不断迁徙。云计算、边缘计算和端计算三者并不是此消彼长的关系，多种计算模式的融合正在拓展计算的边界。为了支持元宇宙的演进发展，一场算力革命也许将在不久之后到来。

3. 大数据支撑环境

大数据支撑环境提供覆盖计算、存储等功能的大数据引擎服务，为元宇宙显示、分析、控制和仿真等各类任务提供通用的数据计算存储环境。其中：大数据计算支撑环境提供离线计算、实时计算、智能计算等计算能力，离线计算提供延迟容忍条件下的批量数据计算功能，准确分析元宇宙中的各种状态和指标数据，以及图像、语音、视频等多模态数据；实时计算平台提供元宇宙数据实时分析、预测和监测功能。大数据存储支撑环境提供关系型数据和非关系型数据存储能力，面向元宇宙中来源广泛、种类繁多的大数据资源，提供多样化、高可靠、高性能的数据存储功能，支撑对元宇宙大数据资源的统一访问、关联融合、质量校验和分析处理。

大数据支撑环境重点开展实时计算平台、多模态数据融合分析平台、图分析平台等方面研究，满足元宇宙中海量实体和终端设备的数据分析处理、关联融合与协同交互需要。

1）实时计算平台

在大数据兴起之初，面向对时效性数据进行实时计算反馈的需求，并没有合适的解决方案，随后出现的多种分布式流处理计算框架弥补了这一空缺，驱动实时计算领域技术逐步发展完善。

在元宇宙中，交互终端的管理，听觉、视觉、触觉数据的分析处理，以及虚拟图像生成与渲染等工作，将产生大量的实时计算任务，需要基于强大算力，提供一个面向大规模实时计算任务、及时响应的实时计算平台。

2）多模态数据融合分析平台

在元宇宙中，用户通过交互开展元宇宙生活，会产生大量图像、语音和视频数据，可以将每一种数据来源或形式看成一种模态，对这些多模态数据的深入剖析可有效提升元宇宙空间体验。

多模态数据融合分析平台构建多模态情感分析数据集、多模态问答数据集、多模态检索数据集等数据集资源，提供多模态数据的关联融合与分析处理能力，推动元宇宙空间及其场景行为的全面感知与深入理解，实现图像识别、人机交互、智能问答等服务功能，支撑打造场景更丰富、交互更智能、体验更多样的元宇宙。

3）图分析平台

图分析是专门针对图结构数据进行关联关系挖掘分析的一类分析技术，在分析技术应用中占据的比例不断上升。与图分析相关的多项技术均成为热点的产品化方向，其中以对图模型数据进行存储和查询的图数据库、对图模型数据应用图分析算法的图计算引擎、对图模型数据进行抽象以研究展示实体间关系的知识图谱三类系统为主。

通过组合使用图数据库、图计算引擎和知识图谱，打造图分析平台，可以对图结构中实体点间存在的关系进行探索和发掘，充分获取其中蕴含的关联关系，从而支撑元宇宙空间中实体关系、活动关系等各类关联关系的发现和利用。

5.3.2 网络通信资源

网络通信资源是元宇宙中"人机物"之间连接交互的桥梁，为满足应用需求，需要综合利用各种有线、无线现代通信网络互联技术手段，覆盖元宇宙中全部网元时空范围，为元宇宙中网络节点管理、"人机物"互联、数据流转交互等提供支撑。网络通信资源需要满足客观物理世界同人类在元宇宙中多重感官、情感和意识层面的联通交互需求，为元宇宙提供高带宽、低时延、规模化接入传输通道，形成无缝覆盖、按需互通、万物智联、虚实共生的网络服务能力。元宇宙网络通信资源主要由基础传输网络、网络运维支撑系统组成。

1. 基础传输网络

在应用方面，未来网络资源占用呈现"二八律"分布，即用于人与人之间的通信只占应用总量的 20%，80% 的应用是物与物之间的通信。基础传输网络为元宇宙网络构建传输通路，可分为三层：①基础传输层由体域网、局域网、广域网组成。体域网支撑用户体域内各网元、传感器的信息交互；局域网分为用户侧局域网和中心侧局域网，其中，用户侧局域网支撑边缘网元网络互联环境，主要应用 IoT、WiFi、5G/6G、光纤等网络模式，中心侧局域网主要采用有线宽带网络模式；广域网采用光纤、5G/6G 等手段实现元宇宙中节点的高速互联。②网络承载层主要承载元宇宙中社交、娱乐等网络互通需求。③信息服务层由信息服务保障系统、容灾备份系统以及具体通信业务系统组成。

从应用需求的角度来讲，未来网络要能够支撑元宇宙应用，需要满足业务海量连接、超低时延、巨型带宽的需求。从业务场景看，未来网络既要匹配新型的计算／存储架构，又要覆盖传统各类场景。在此基础上，形成网络管道端到端编排、云边端资源一体化调度等能力，更好地支撑元宇宙算力、数据、内容的一体化融合。

2. 网络运维支撑系统

网络运维支撑系统实现对元宇宙网络体系资源的综合调度与管理，对节点运行网络资源占用情况进行管理，对网络态势进行可视化呈现、策略配置和动态赋能。

近年来，不断披露的网络空间安全事件以及由此带来的严重后果导致网络空间对抗日益常态化。在元宇宙中，需要功能强大的运维支撑系统维持整个网络信息环境的稳定运行。根据元宇宙特点，可以进行扁平化的系统设计，纵向形成层级化接替关系，横向间建立协同运维能力。当运维节点损毁或故障时，可以根据管理策略，将所辖服务节点转移到其他管理节点进行管理，通过数据同步、多级备份等机制，形成网状结构的统一运维能力，增强系统的抗毁性能。

5.3.3 安全可信服务

安全可信支撑为元宇宙提供体系性的安全保护，主要包括物理安全、网络安全、计算安全、数据安全和数字身份安全等，实现元宇宙实体在登录、创建、存储、传输、行为交互等过程的源认证、机密性、完整性、不可否认性、不可篡改等安全属性，最终形成元宇宙安全可信服务保障能力。安全可信服务由物理安全服务、网络安全服务、计算安全服务、数据安全服务和数字身份安全服务组成。

1. 物理安全服务

物理安全服务是整个元宇宙系统安全的前提，是保护元宇宙网络设备、设施，保护其载体免遭地震、水灾、火灾等环境事故、人为操作失误或各种计算机犯罪行为导致的破坏的过程。

物理安全服务主要包括三个方面内容：环境安全服务，主要指场地与机房；设备安全服务，主要指设备的防盗、防毁、防电磁信息辐射与泄露、防止线路截获、抗电磁干扰及电源保护等；介质安全服务，包括媒体的数据安全及媒体本身的安全。

2. 网络安全服务

网络安全服务实现网络通信过程的访问控制、设备认证及网络用户认证、入侵检测和安全审计，保证网络传输的机密性、完整性、真实性、不可否认性。具体而言，常用的网络安全服务包括漏洞扫描服务、渗透测试服务、代码审计服务、上线风险安全评估、安全加固服务、应急响应服务等。

在元宇宙复杂的网络环境中，传统的态势感知、访问控制、网络数据加密、网络隔离、防火墙、入侵检测、信息过滤、安全策略检测等手段载体仍需保留和应用，重要的是通过各种工具的有机组合，实现元宇宙中网络安全总体目标。

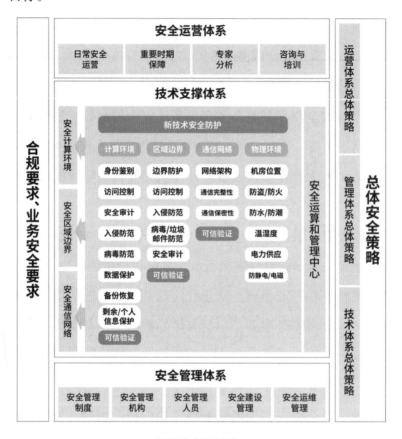

网络安全组成框架

3. 计算安全服务

计算安全服务实现设备安全、用户安全、固件安全、代码安全、运行安全、密码计算安全等，为系统计算提供安全执行环境。一般来说，实现计算安全的方法可归为两种。不同的计算安全的方法在效率、安全性和可扩展性上各有取舍，需根据元宇宙中具体应用场景选择相应的方法。

一种是基于噪声的计算安全方法，最主要的代表是差分隐私（Differential Privacy）计算。通过对计算过程用噪声进行干扰，让原始数据淹没在人工噪声中，既可以对自己的原始数据加噪声使得原始数据不在计算过程中出现，也可以在模型训练过程中通过改变模型参数影响输出结果，还可以直接在结果上加噪声，从而无法从计算结果反推输入。

另一种是非噪声方法，一般是通过密码学方法将数据进行编码或加密，从而得到一些看似随机但保留了原始线性关系的数据，或者顺序明明被打乱，人们却能很容易地从中找到与原始数据的映射关系。非噪声方法主要包括混淆电路（Garbled Circuit）、同态加密（Homomorphic Encryption）和密钥分享（Secret Sharing）。

4. 数据安全服务

数据安全服务提供对数据进行安全访问控制和存储过程的隐私保护能力，防止数据泄露，提升数据的抗攻击能力，实现虚拟世界中数据全生命周期的安全防护，确保数据的真实性、完整性和机密性。

数据加密存储是保证数据机密性的主流方式。目前，常用的存储加密方式包括：一是存储加密，将全部存储数据都以密文形式书写；二是虚拟磁盘加密，在存放数据之前建立加密的磁盘空间，并通过加密磁盘空间对数据进行加密；三是卷加密，对所有用户和系统文件都加密；四是文件/目录加密，对单个的文件或者目录进行加密。

5. 数字身份安全服务

数字身份安全服务包括身份标识管理、身份认证、权限管理、行为审计等服务，实现对元宇宙中"人机物"身份信息、权限信息和行为记录的统一管理和映射，支撑元宇宙中各种节点的合法接入、授权管理和用户画像构建。

元宇宙中的个人用户需要在真正意义上拥有自己的数字身份。从技术和法律角度出发，以互联网传统账号模式和一键授权登录模式为基础的数字身份，均不属于用户自己，身份无法由用户自身掌控。如用户注册微博，名义上账号是属于该用户，但控制权还是在运营者手里。另外，账号上的隐私数据也无法被用户自己掌控，很多时候用户个人隐私数据可能已经被掌控者泄露。因此，元宇宙中的数字身份安全问题需要用一种全新的思路解决。

区别于以往的中心化身份、联盟身份、以用户为中心的身份，元宇宙中的数字身份是一种去中心化的身份，让用户在网络空间中完全掌控自己的身份数据，向他人提供数字身份可信证明。但对于元宇宙来说，身份是完全虚拟的，这个虚拟的数字身份不是把现实世界的用户包装成另一个人，不是说现实世界有某种需求，如购物、社交等，才需要专门为这个目的去建立身份，而是完全出于元宇宙这个系统而做出的自由选择。元宇宙数字身份融合虚拟世界和现实世界，在一定程度上扩展了人类的生存维度，同时它让人类具备了虚拟视觉、听觉和触觉，即拓展了人类的感官维度。

因此，数字身份安全服务需要以用户为核心，通过安全管理、隐私保护、开放融合等机制不断完善元宇宙数字身份系统建设，并以用户的数字身份作为元宇宙场景的入场凭证，进而建立元宇宙数字价值系统，为用户提供安全的高价值服务。

第六章

灵境之象

元宇宙应用
APPLICATIONS

如梦令·雪夜

最忆当日秋暮

寒风白塔万福

踏雪寻铁骑

月落满地凝仁

如故

如故

日日相逢相述

5G/6G、物联网、云计算、区块链、大数据、人工智能、数字孪生、VR/AR 等在人机交互、内容创造、资产交易等方面为元宇宙提供了技术基础和平台支撑，正推动娱乐、社交、制造、金融、教育、医疗等领域应用呈现元宇宙特征。其中，VR/AR 特效等新技术提供实体和虚拟的混合增强体验；万物互联将物理空间触发的内容和对应的数据接入元宇宙体系。在此基础上，用户可以构建一个虚拟世界，并通过一种崭新的视角去观察、触摸和认知这个世界，为生活和业务开启新的可能性。

虽然当前所构建的虚拟社交、游戏、学习和医疗等场景下的体验与元宇宙设想尚有很大差距，但以此为基础，真正的元宇宙社会生活已不再遥远。

6.1 娱心悦目——娱乐应用

元宇宙的娱乐应用可为玩家提供在虚拟世界之间交互式地参与游戏、体验现场音乐、享受沉浸式剧场的环境。游戏作为元宇宙娱乐应用的"开路先锋"正在快速发展，虽然受限于技术支撑能力，其发展水平与元宇宙目标形态仍存在一定差距，但在沉浸式体验、开源和创造、经济系统等方面已经呈现出元宇宙特征，可以从中看到元宇宙娱乐的初始形态和应用模式。

元宇宙娱乐应用以构建开放、包容、创新的娱乐环境为目标，基于自然交互技术构建更具空间感、互动性、沉浸感的娱乐空间，基于高速网络和泛在计算支撑海量用户在线服务，基于高性能算力算法提升娱乐场景渲染能力，基于人工智能技术提升娱乐应用的易用性，基于区块链技术构建场景要素交易渠道，最终为用户提供高真实感、高临场感和高沉浸感的娱乐体验。

6.1.1 当前"内容创造"

1.Roblox 游戏

随着元宇宙逐渐走入大众视野，Roblox 受到了前所未有的关注，成为最火热的能够体现元宇宙概念的游戏平台。Roblox 成立于 2004 年，最初是物理老师用来模拟物理实验的设计工具，用于物理教学。目前，Roblox 已经从一款简单的沙盒游戏工具，发展成为一个大型的覆盖虚拟空间、休闲游戏并支持玩家创建内容的游戏平台。

Roblox 游戏截图

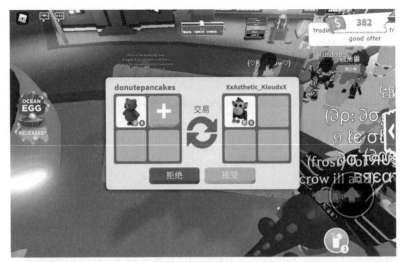

Roblox 游戏截图

　　用户可以通过终端随意进入 Roblox，在这里用户既是玩家又是开发者，可以发挥想象力，创造并操控世界中的元素，开发各类新型游戏。目前 Roblox 中的大多数游戏都是用户开发的，覆盖竞速、解谜和角色扮演等不同类型，同时 Roblox 中的游戏还兼具购物、社交等功能。

Roblox 已经迅速发展为全球最大的在线创作游戏引擎，在各大知名游戏平台上持续占领手机游戏排行榜前十的位置。截至 2020 年，Roblox 拥有超过 180 多个国家的用户，日活跃用户约为 3100 万人，月活跃用户约为 1.5 亿人。Roblox 的中国产品发行方是腾讯，2021 年 6 月，Roblox 中文版"罗布乐思"在 App Store 上线首日就荣登免费游戏排行榜首。

在盈利模式上，Roblox 采用 UGC 的方式产生收益。开发者用户可以在 Roblox 平台上发布自己创建的小游戏，玩家用户可以充值 Roblox 中的虚拟货币"Robux"（R 币）参与游戏，还可购买游戏道具、角色和服装等。Roblox 从交易金额中抽取一定比例作为平台的收入，其余部分则以虚拟收入的形式发放给开发者用户，激励开发者持续创作更丰富的游戏和内容。

在 Roblox 中购买 R 币

Roblox 被称为元宇宙概念游戏还有一个重要原因，其游戏货币 R 币可以直接兑换成现实世界中的货币，100 个 R 币可以兑换 35 美分。2020 年，Roblox 200 多万的游戏开发用户中有 34.5 万人盈利，其中几十名顶级开发者的收入达到了数百万美元。

2. 基于 Epic 和 Roblox 的虚拟演出

"音乐无国界"，在元宇宙现实与虚拟的融合空间中，音乐也跨越了两者的边界，呈现出更丰富的形式和更多的可能。虚拟世界中的演出可以追溯到 20 世纪初期，当时，依托 "Second Life" 游戏平台，环球音乐、索尼音乐和华纳音乐等知名唱片公司为公司歌手举办了多场虚拟演出。2020 年初，疫情席卷全球，众多线下演出无法正常举办，摆脱空间限制的线上演出形式受到欢迎。根据英国音乐网站 Bandsintown 统计数据，线上演出逐步扩张，到 2020 年底，其市场份额已增长了 40.7%。同时，随着元宇宙的兴起，虚拟演出迎来了新的高潮，成为了音乐巨头新的投资方向和增长点。

其中，游戏公司 Epic 的 "堡垒之夜"，以及 Roblox 的虚拟演出平台是当前使用最广泛的虚拟演出平台。各大厂商也都积极投资布局，2012 年 7 月，腾讯投资 3.3 亿美元，收购了 48.4% 的 Epic 股份；2020 年 7 月和 2021 年 4 月，索尼对 Epic 进行了两次投资，投资总额达到 4.5 亿美元。2021 年初，Roblox 完成了包括华纳音乐在内的 5.2 亿美元融资，2021 年年中，完成与贝图斯曼（Bertelsman Music Group，BMG）和索尼音乐的交易。

Epic 平台曾举办过棉花糖 "堡垒之夜" 虚拟演出、特拉维

爱莉安娜 · 格兰德虚拟音乐会 Rift Tour（演唱会宣传片截图）①

斯·斯科特"堡垒之夜"演唱会、爱莉安娜·格兰德（Ariana Grande）虚拟巡演等虚拟演出活动。2021 年 8 月，美国知名女歌手爱莉安娜·格兰德在"堡垒之夜"举办了 Rift Tour 虚拟音乐会，音乐会持续了几天时间，累计观众超过 7800 万。

Roblox 平台的用户群体呈现年轻化的特点，唱片公司充分利用了这一优势，在 Roblox 平台中开展了专辑发布和歌曲推广等活动，取得了很好的效果。例如，著名歌手艾娃·麦丝（Ava Max）在 Roblox 平台中发布了新专辑 Heaven & Hell，发布会观看量超过 120 万人次。同时，在 Roblox 平台中还成

---

① "堡垒之夜"演唱会官方宣传片。

歌手利尔·纳斯·X 的虚拟音乐会，吸引了超 3000 万游客

功举办了说唱歌手利尔·纳斯·X（Lil Nas X）虚拟音乐会、摇滚乐队 21 名飞行员（Twenty One Pilots）演唱会、"QQ 音乐星光小镇"音乐节等虚拟演出。

3. 虚拟偶像

随着用户的逐步增多，在元宇宙中，涌现出越来越多的虚拟偶像。2020 年 11 月，SM 娱乐公司推出了 aespa 组合，该组合以新一代元宇宙女团形式出道，其第一支单曲 *Black Mamba* 便打破了 K-pop 出道歌曲排名纪录。在中国，2021 年

10 月 31 日，虚拟美妆博主柳夜熙发布了第一条视频，并凭借该视频登上热搜榜单，获得超过 300 万点赞量，收获百万粉丝。

为了吸引更多用户，也为了获取更多收益，音乐巨头也纷纷开展新的尝试探索，将虚拟演出、虚拟偶像、非同质化代币（NFT）等概念相结合，开发出更新颖的元宇宙概念。

2021 年 11 月 11 日，环球音乐旗下的次世代厂牌 10:22PM 推出虚拟组合 KINGSHIP，组合包括 4 个成员，均来自名为 Bored Ape Yacht Club 的 NFT 产品，这是一次虚拟偶像与 NFT 结合的新尝试。未来，KINGSHIP 将发布新音乐，推出相关 NFT 产品，并与粉丝开展互动，丰富元宇宙体验。这次结合不仅提升了 NFT 的收藏热情，也为元宇宙中其他虚拟偶像的发展提供了参考和借鉴。

虚拟组合 KINGSHIP

4. 国内元宇宙游戏爆发

在中国，《迷你世界》《我的世界》《原神》《明日之后》

等沙盒游戏陆续推出。其中，腾讯作为其中的热点企业，以沙盒游戏为重点，进行了广泛的元宇宙游戏布局。2018 年至 2020 年，腾讯在投资 Roblox 之外，推出了 10 款沙盒游戏，网易公司则以 8 款沙盒游戏紧随其后。

2021 年 4 月，字节跳动公司对游戏厂商"代码乾坤"投资 1 亿元。代码乾坤成立于 2018 年，是一个游戏 UGC 平台，被称为"中国版 Roblox"，其代表作品是元宇宙游戏《重启世界》。《重启世界》也称为中国首个全物理引擎开发的创造平台，目前，相关物理引擎技术已申请多项专利，可以模拟现实世界中的高空加速下落、车辆碰撞等场景。

《重启世界》游戏由三维物理引擎编辑器和移动终端应用（APP）两个主要部分组成。三维物理引擎编辑器可提供游戏世界的编辑设计功能，玩家可以使用球体、圆柱、方块等基础元素搭建不同的环境，生成不同的角色，创造不同的物品，从

《重启世界》游戏宣传图

而形成符合现实世界物理规律的游戏世界，如在游戏中两个物体相互碰撞会摊开、高空坠物会加速下落等。利用三维物理引擎编辑器设计的应用、创建的环境角色素材都可以通过 APP 发布到公共平台上，供所有玩家使用和体验。

6.1.2 未来"开放沉浸"

元宇宙娱乐以虚拟身份和实时交互为基础，让用户拥有足够真实的感官体验；以不断发展和丰富的生态系统持续提供的服务和内容为推力，让用户拥有沉浸式满足，进而养成用户在虚拟世界的使用习惯。

在游戏方面，未来将有越来越多的游戏参与到元宇宙中，成为元宇宙的一部分，将更适应空间位置感，更具社交性、互动性、沉浸感；将由呈指数级增长的创作者共同精心打造。

在虚拟演出方面，元宇宙因其足够丰富的内容资源、全新的交互体验，给用户带来前所未有的视听感受。未来传统现场音乐的前排座位将从一种稀有商品变成任何人都可以体验的东西。此外，还可拓展到实体密室游戏、剧院、旅游等沉浸式环境中，与真实世界产生交互。

6.2 天涯比邻——社交应用

元宇宙的社交应用为用户提供在虚拟世界中进行交流、联系及合作的环境。社交需求是现代网民的"刚需"，传统互联网社交以聊天软件、短视频为主，互动维度低，真实性不强。在元宇宙中，用户将拥有完整一致、代入感较强的虚拟身份，可以进行丰富的在线社交、生活与工作活动。

元宇宙社交应用以提供跨场景、跨时间、跨目标的自然交互环境为目标，基于虚拟现实和数字孪生等技术，构建沉浸感强、包容性高、压力低的社交空间，为用户提供多元化、多样化的社交互动体验。

6.2.1 当前"虚拟分身"

元宇宙中虚拟世界是现实世界的延伸和拓展，其建立也将遵循社会发展的基本规律，通过创建"人"这一基本要素，进而建立人和人之间的关系形成社会，在此基础上开展生产、交易、游戏、医疗、教育等社会活动。社交应用中的用户、社交关系以及沟通互动，就成为构建元宇宙虚拟世界的基础。因此，很多人认为社交领域具有切入元宇宙的天然优势，也被视为"短期内构建元宇宙的最佳入口"。

1. Facebook 公司打造多款元宇宙社交应用

2019 年 9 月，Facebook 公司发布了 VR 社交平台 Facebook Horizon，并于 2020 年 8 月推出公开测试版。基于 Horizon 平台，用户可以构建场景并创作游戏，开展社交活动。扎克伯格也曾提到："这款应用将在建立更广泛的、跨 VR 和 AR 的元宇宙中起到很大作用。"

2021 年，Facebook 更名为 Meta，凭借全球范围超大规模的社交用户和社会关系的积累，以社交应用为突破口，全面进军元宇宙。扎克伯格表示："大多数公司关注人如何与技术连接，而我们关注建立技术，使人们得以相互连接。你将能够与朋友一起玩耍、工作、游戏、学习、购物、创造等。这不一定是要花更多时间在网上——而是让人在网上花的时间更有意义。"

2021年11月，Meta升级了其VR远程工作平台Horizon Workrooms。Horizon Workrooms的目标是打造面向更广泛用户群体的VR生产力平台。基于该平台，使用Oculus Quest 2头盔的用户可以在Workrooms中以自己的化身参加会议，并使用AR键盘等工具。虽然Horizon Workrooms并未完全体现元宇宙的特征和概念，但仍可将该产品看作Meta在元宇宙中的初期探索。

此外，Meta还将推出其第一个社交项目Everlens（elen）。Everlens是全球首个基于Cardano、BSC和Solana构建的Instagram跨链NFT社交平台。在Everlens中，Instagram用户可以将自己的图片内容生成一个NFT，并对外出售，产生收益；同时，交易行为也将为社区互动带来积极影响。

Everlens 社交项目

2. 陌生人社交巨头 Match Group 探索元宇宙

Tinder 是全球陌生人社交巨头 Match Group 公司旗下的一款约会交友应用。Tinder 于 2012 年上线，目前已覆盖 190 个国家和地区，完成了 550 亿次配对。Tinder 根据用户所在的位置推荐附近的其他用户，依据 Facebook 网站获取的兴趣爱好、共同好友和社交关系等要素形成分值，并将推荐用户按照得分从高到低的顺序进行展示。用户通过左滑、右滑来表达"喜欢"或者"跳过"，当双方互相"喜欢"时，则"It's a Match!"，便可以开始聊天，进行下一步交流。

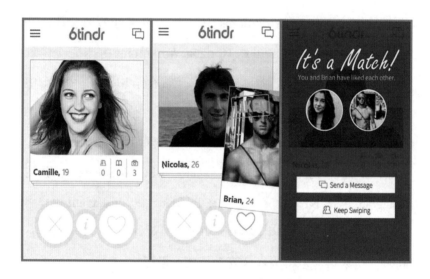

Tinder 应用截图

2021 年 11 月，Match Group 开始探索元宇宙，计划扩展交互体验、虚拟交易等业务领域，通过在 Tinder 中增加"探索"功能提升用户共享和实时体验，通过发布虚拟商品和 Tinder Coins 虚拟货币构建虚拟交易生态系统，通过提出基于头像的虚拟体验向元宇宙迈进。

Tinder Coins 已在多个欧洲国家进行测试，计划向全球用户开放。预计 2022 年，全球用户将可以使用 Tinder Coins 在 APP 内购买 Tinder 产品。这可以帮助用户获得更多约会匹配工具，促进用户的互动，同时，还可通过这种形式丰富 Tinder 的盈利模式，提升变现能力。

3. 英伟达公司的 Omniverse Avatar 平台

2021 年 11 月，在英伟达 GTC 大会上，英伟达公司发布了 Omniverse Avatar 平台。作为一个创建虚拟数字人[①]的虚拟化身平台，Omniverse Avatar 向世界展示了英伟达公司对元宇宙的设想和期待。

从技术角度来看，Omniverse Avatar 底层基于 Omniverse 平台和 Megatron 530B[②]，提供了基于人工智能的虚拟形象开发功能，可生成具备视觉和听觉感知能力，能够理解对话含义并进行交互式交流的虚拟人。会上，黄仁勋展示了使用 Omniverse Avatar 创造的三个虚拟形象，更加证明了全力布局元宇宙势不可挡。

大会推出了黄仁勋的虚拟形象 Toy-Me。Toy-Me 基于全球最大的语言模型进行语言处理，实现自然语言理解，并通过语

---

① 中国人工智能产业发展联盟的《2020 年虚拟数字人发展白皮书》中提出，虚拟数字人指具有数字化外形的虚拟人物，将依赖显示设备存在，并且拥有人的外貌、人的行为以及人的思想（能与人交流）。

② Megatron 是由英伟达公司研究人员主导的开源项目，研究大型 Transformer 语言模型的高效训练，Megatron 530B 是全球最大的可定制语言模型。

音合成技术以黄仁勋的声音进行自然交互，可以回答有关天文、气候变化和生物等方面的问题。

黄仁勋虚拟形象 Toy-Me

英伟达公司还以一个在有噪声咖啡厅进行视频会议的场景为例，推出了可以嵌入会议软件中的虚拟人。在虚拟角色与参会人员沟通过程中，平台能够自动去除噪声。平台还可将英语对话内容转写成文字，并实现英文向德文、西班牙文、法文和中文的转换，通过虚拟人对外交流表达。

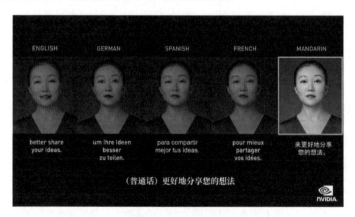

可以嵌入会议软件中的虚拟人

同时，英伟达公司使用 Omniverse Avatar 创造了一个蛋壳人。蛋壳人是一个三维虚拟角色，可以"看懂"眼前的场景、"听懂"对话的内容，还可以与人进行问答交流，可应用于点餐购物、服务预约等场景，为大规模客户服务的自动化处理提供更多可能性。

英伟达公司的蛋壳人

4. 韩国 Dvision 开发虚拟世界

在对元宇宙响应最为热烈的韩国，瞄准元宇宙产业的 Dvision 公司搭建了一个基于区块链的 NFT 元宇宙平台 Dvision Network。这个平台主要包括 NFT 市场、Meta-Space 和 Meta-City 三大要素，通过 NFT 市场支持用户创建和交易数字商品，通过 Meta-Space 支持用户获取并定义个性化虚拟空间，通过 Meta-City 构建用户虚拟空间的公共集合。

Dvision Network 构建了一个开放、公共、虚拟的世界 Meta-City，并持续丰富完善虚拟世界的元素。用户可以通过计算机、移动设备或 VR 头盔访问虚拟世界，创建自己的虚拟空间 Meta-Space，用户还可根据喜好在元宇宙内制作时装秀、艺术展、游戏，并可使用平台工具进行聊天和视频会议，满足用户在虚拟世界里的社交需求。

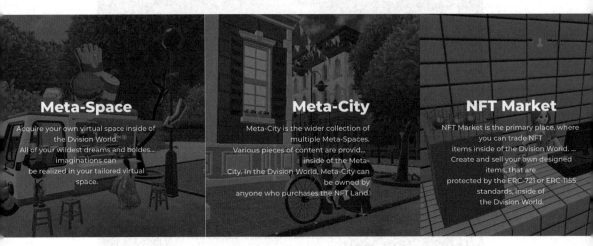

Dvision Network 组成

5. 字节跳动公司上线虚拟社交平台 Pixsoul

2021 年 9 月，字节跳动公司推出了 Pixsoul 社交产品，并在海外上线。字节跳动公司计划通过 Pixsoul 打造一个沉浸式虚拟社交平台，提供全新的社交模式和玩法，主打 AI 捏脸功能，支持开启多人聊天室，轻松开展互动。

Pixsoul 目前提供两个高清特效，其中之一便是 Avatar。Avatar 能将用户的照片转变为相应的三维形象，也可将其塑造成电子游戏中的虚拟角色。

Pixsoul 宣传图

6. 网易伏羲发布沉浸式活动平台"瑶台"

2021 年 12 月，IDC 发布了《IDC FutureScape：2022 年中国元宇宙市场十大预测》报告，报告预测"元宇宙大会"有望成为疫情新常态下企业的主流大会形式。随着新冠疫情逐步常态化，企业一直在积极探索新的大型会议形式。从实体线下展会到视频直播，已经基本实现了效率和便捷两方面的平衡。2022 年，随着元宇宙概念的持续渗透，在元宇宙世界中举办大会，预计将成为企业新的主流会议形式。以互联网公司、投资机构为主要推动力，可容纳多人同屏虚拟互动的元宇宙大会 APP 或者平台将接连上线。

2021 年，网易伏羲发布在线虚拟活动平台——"瑶台"，致力于用人工智能和科技创新打造全新的线上活动模式。"瑶台"告别了传统在线会议的低互动效果，主打古风沉浸式虚拟会议世界，致力营造活动氛围感和仪式感，已为美国、日本、新加坡等 20 多个国家的学术会议、毕业典礼、客户交流等活动提供了平台支撑。

在"瑶台"中，会议主办方可以根据活动需要从各种风格的会议场景中进行选择和设置，搭建精致逼真的会议环境；参会嘉宾则可以制作自己的名片，向特定对象发送并交换名片，进行一对一私聊，实现精准社交互动。此外，为满足会议活动交流需要，"瑶台"提供 PPT 协同播放、消息通信、语音聊天、多语种翻译等功能，大大增强了活动的交互性和参与感。

"瑶台"中虚拟人走近便开启"群聊模式"

"瑶台"通过人脸三维信息的重建，支持参会嘉宾创建个性化虚拟形象，并可与真人保持实时同步，增强了会议的沉浸感和真实性。

表情迁移，增加乐趣

"瑶台"中的虚拟形象

　　2021年，在"瑶台"中成功举办了很多大型活动。8月23日，第十六届国际生物矿化研讨会改为在"瑶台"中举办，"瑶台"为国内外共300位学者提供了一个沟通、研讨和展示的环境，使学术交流更为便捷。11月16日，华泰证券基于"瑶台"上线"华泰证券2022年投资峰会"元宇宙空间，将线下

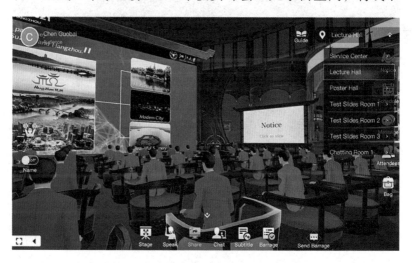

第十六届国际生物矿化研讨会"瑶台"会场

策略会的内容"平移"到了元宇宙，实现了线上线下一致性体验。

7. 百度发布多人互动虚拟世界"希壤"

2021年12月27日，百度发布了元宇宙产品"希壤"，旨在建立一个身份认同、经济繁荣、跨越虚拟与现实、永久续存的多人互动虚拟世界。希壤是一个莫比乌斯环星球，其城市建设和互动体验中融入了大量中国元素。在希壤元宇宙内，每一个用户都可以创造一个专属的虚拟形象，在个人计算机、手机、可穿戴设备上登录希壤，参会、逛街、交流、看展。[1]

百度副总裁、希壤负责人马杰表示："目前元宇宙尚处于非常初期的产业探索阶段，其发展是循序渐进的，将由整个社区花费很长时间来共同构建并成熟。"在希壤发布当天，百度AI开发者大会（Create 2021）也在希壤APP成功举办。

Creator City

百度AI开发者大会在希壤举办

———————
[1] 《百度将发布元宇宙产品"希壤"10万人将在元宇宙内开会》新京报贝壳财经讯（记者 许诺）2021年12月10日。

6.2.2 未来"跨越统一"

未来元宇宙的社交应用将呈现出跨平台、跨空间的形态。互联网社交应用打破了国与国、地区与地区之间的界限。在此基础上，全世界用户在不同平台上构建各自的社交网络。在未来的元宇宙社交应用中，不同社交平台的用户可以基于同一套价值体系和话语体系，打造统一的、庞大的社交体系，彼此进行畅快地沟通，开展丰富的社交活动。此外，随着人工智能技术的发展，现实世界与虚拟世界之间的界限也将变得模糊，现实世界中的人类与虚拟世界中的虚拟人也可以进行交流，互相陪伴和学习。

6.3 神笔马良——制造应用

元宇宙的制造应用在虚拟世界中为用户提供全方位模拟设备生产、交易、运行等全生命周期过程管理的环境。传统制造领域存在工业研发制造产品周期长、制造工艺不稳定、工人培养周期长等问题，制约着社会的发展并带来了资源的浪费。元宇宙可以提供丰富的工业制造数字孪生模型来支撑智能制造，避免资源浪费。

元宇宙制造应用以提供全场景、高精度、易操作的数字制造环境为目标，基于数字孪生、物理仿真和三维渲染等技术，为用户提供低成本、高便捷、高效率的制造设计途径。与数字产业的先天优势和快速发展相比，制造企业等传统产业向元宇宙的转型之路较为漫长，需要在对企业进行数字化转型的基础上，实现制造流程各要素在元宇宙空间下的映射和交互。

6.3.1 当前"数字孪生"

1. 英伟达公司的 Omniverse 平台

英伟达公司的 Omniverse 是一个易于扩展的开放式平台，专为虚拟协作和物理级准确的实时模拟打造。创作者、设计师、研究人员和工程师可以连接主要设计工具、资产和项目，从而在共享的虚拟空间中协作。开发者和软件提供商还可以在 Omniverse 平台上轻松构建和销售扩展程序、应用、连接器和微服务，以扩展其功能[①]。

Omniverse 由三部分组成：第一部分是数据库引擎 Omniverse Nucleus，用于支持 3D 资源和场景描述的数据访问和交换，在此基础上设计师可与数据用户一起创建场景，实现建模、布局、阴影、动画、照明、特效或渲染等功能；第二部分是用于实现虚拟场景合成、渲染和动画效果的引擎系统，可支撑光线反射等物理现象的模拟和实时展现；第三部分是包括客户端和服务端的英伟达 CloudXR，可将扩展现实内容以专业级高保真的形式展示在任意终端设备，允许用户自由进出 Omniverse。

Omniverse 于 2020 年底开始上线测试，可实现虚拟世界中高效、低成本的实时协作，已经在各个领域得到大规模应

---

① 英伟达公司官网对 Omniverse 的介绍。

用，拥有 700 多家企业级用户。例如，宝马公司和沃尔沃公司利用 Omniverse 进行汽车设计，爱立信公司利用 Omniverse 模拟 5G 无线网络，英国建筑设计事务所 Foster + Partners 利用 Omniverse 实现了覆盖 14 个国家的跨地区团队协作。

2021 年，Omniverse 获得了《时代》杂志评选的最佳发明奖，并得到评价："虚拟世界不仅仅是为游戏而打造——其对于道路、建筑等基础设施的规划来说也有帮助，并且可以用于测试自动驾驶汽车。极度逼真的虚拟空间有助于现实世界目标的实现，英伟达公司的 Omniverse 项目正在让其创造过程变得更简单。该平台结合了最新的英伟达 GPU 的光线追踪技术与一系列开源工具，允许在真实感十足的 3D 世界中进行实时协作。Foster 建筑事务所等建筑专家正使用该技术在更早的设计阶段进行建筑细节的可视化；宝马公司使用它建造了一个工厂的数字孪生，以测试更高效的流水线的可能性。"

2. 宝马公司使用英伟达 Omniverse 建造先进工厂

宝马公司通过将 Omniverse 打造成一个标准化的集中式平台，整合联通汽车制造过程中的前后端系统，模拟汽车生产制造过程中的各个步骤，推动实现更高的生产精度、产品质量和成本目标，提升宝马制造的智能化水平。宝马公司已在其生产网络中的 31 家制造工厂中实现了工人工单指令的模拟，将生产计划时间减少了 30%。

2021 年 11 月，在英伟达 GTC 大会期间，宝马公司描绘了如何将汽车生产中心转变为未来工厂的愿景和蓝图，并在

"宝马和生产中的Omniverse"演讲中详细介绍了宝马雷根斯堡工厂，该工厂拥有一个功能完整的实时数字孪生体，可模拟规模生产，并能够根据约束条件执行有限的调度。

宝马未来工厂

6.3.2 未来"智能制造"

未来元宇宙将多方位改变智能制造产业：通过平面化的设计图纸和模型，以三维形式在虚拟空间呈现，验证设计合理性，缩短产品研制周期；在虚拟空间中进行生产过程仿真模拟、设备运行状态诊断、分析预警等，预防实际生产故障，保障生产效率；把工人传送到虚拟工厂，使其可以通过与操作现实生产设备相同的方式来学习制造工艺，提高制造工人培训效率。

6.4 积金至斗——金融应用

元宇宙的金融应用为用户提供了在虚拟世界中进行数字资产交易、管理的经济体系。元宇宙有着和现实世界相似的经济系统，该系统包括经济体系和原生数字货币。数字货币带来了法定数字货币与数字货币兑换、支付载体、跨境交易汇率、安全监管等金融问题。元宇宙经济体系提供代表着数字世界交易的场所和规则，是元宇宙体系存在的基础和关键，是驱动元宇宙不断前进和发展的引擎，也是元宇宙繁荣发展的基础设施。构建稳定安全的经济体系对元宇宙的建设和发展至关重要。

元宇宙金融应用以保障用户数字资产权益、提高数字货币跨境支付效率为目标，基于区块链和数字资产管理等技术，构建去中心化的金融体系，为用户提供了将虚拟劳动转化为现实价值的途径。依托元宇宙金融应用，一方面可以打造稳定互通的虚拟经济系统，用户在虚拟世界中创造的数字资产可以跨平台，甚至跨虚实空间迁移和流通，保障用户权益；另一方面要保护实体经济安全发展，元宇宙的虚拟经济系统不应取代实体经济，而应从虚拟世界的新维度激发实体经济新发展和新活力。

6.4.1 当前"虚拟商品"

得益于区块链技术的快速发展和逐步应用，元宇宙的金融应用已初见形态。以比特币、以太坊为代表的原生数字货币渐成气候，配套的去中心化金融（Decentralised Finance，DeFi）服务日渐活跃[20]。同时，信用卡巨头 Visa 积极开展元宇宙金融探索，为与虚拟银行、虚拟交易所等虚拟金融系统之间达成互认共识开展工作。

1. 以太坊——原生数字货币

以太坊是一个可提供智能合约的公共区块链平台，通过使用专用加密货币以太币（ETH）提供以太虚拟机来处理点对点合约。在元宇宙中，以太币可作为原生数字货币，用于支付 NFT 藏品竞拍、游戏装备购买、虚拟土地购买等交易所需的费用，也可通过出售所拥有的数字资产获得收益。同时，以太币可以转换为现实世界的货币进行流通。

2.DeFi——去中心化金融

与传统中心化金融相对，DeFi 以区块链技术和密码货币为基础，模拟现实世界常见的金融交易，建立一个多层面去中心化的金融系统，提供更为公平、可靠和高效的金融服务，保障元宇宙中数字资产的安全。

比特币、以太坊等虚拟货币通过转移支付就完成了所有权的转移，因此，无法简单通过借贷来实现货币乘数效应，也就是无法撬杠杆。DeFi 可以解决这类金融衍生问题。DeFi 这类智能合约通过跨链来解决抵押，通过保证金制度来解决杠杆。有了抵押、杠杆和资金池，便具备了传统金融最基本的元素，可以设计各类复杂的衍生品①。在 DeFi 中，社区与社

---

① 永定河畔.最近很火的 DeFi，入门知识普及[EB/OL].[2021.03.16].http://events.jianshu.ip/p/3be8f9f5fe21.

区之间的交易往往还是通过比特币、以太坊这类主流货币实现的。

3.Visa 开展金融应用探索

2021 年 8 月 23 日，信用卡巨头 Visa 宣布花费 49.5 以太币（约 150000 美元）购买像素头像 CryptoPunk #7610，迈出向元宇宙进军的第一步。当天 Visa 官方推特发表了一段推文："在过去的 60 年里，Visa 建立了一系列历史悠久的商业文物——从早期的纸质信用卡到 zip-zap 机器。今天，随着我们进入 NFT 商务的新时代，Visa 欢迎 CryptoPunk #7610 加入我们的收藏。"该事件进一步掀起了 NFT 的购买热潮，之后CryptoPunks 创下了日销售额 6900 万美元的新纪录。

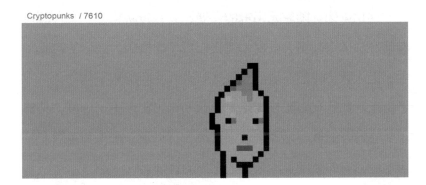

CryptoPunk #7610 像素头像

6.4.2 未来"虚拟金融"

在工业时代，人类社会完成了实物货币（黄金、白银等贵金属货币）向法定货币的转换。元宇宙时代将走向数字货币。未来，将构建元宇宙的数字货币跨境支付系统，提升不同主权国间在元宇宙中的数字货币跨境支付效率；并将突破数字虚拟世界的穿透式、陷门等监管技术，解决元宇宙中仍然会延续的中心化货币与去中心化货币的矛盾。

6.5 点石成金——资产应用

目前在元宇宙发展的初级阶段，元宇宙本质上是实体世界的数字化影像。随着元宇宙的发展，元宇宙将构建一套自己独有的经济体系，更大限度创造出以数字化资源为载体的物质文明，进入数字化的高级阶段，达到有人参与的数字化社会的终极形态。数字化资源在产生、流通的过程中产生了价值，具备了交易的可能性，形成了数字资产。可以说，个人和组织在元宇宙中拥有的数字资产是其最重要的特征。

元宇宙资产应用以区块链为底层技术基础，依托区块链的不可篡改特性，通过在链上产生一个唯一编码，实现资产锚定，支撑数字资产的产生、确权、定价、流转和溯源等活动。

6.5.1 当前"资产交易"

当前，元宇宙数字资产主要包括数字地产、数字藏品、数字作品、数字道具和数字形象等。在元宇宙中，用户可以像在现实世界中一样创造和交易数字资产，并允许用户跨平台转移数字资产。

NFT 是元宇宙中数字资产化的手段，是连接数字资产与现实世界的桥梁。2017 年，NFT 诞生于以太坊 CryptoPunks 像素头像项目，在该项目中，每个头像都不相同，这些头像可以在交易平台中进行买卖。

CryptoPunks 像素头像

鉴于 NFT 的特性，可将 NFT 看作元宇宙中的基础组成要素，可以通过将土地、建筑、服装、饰品等各类数字资产铸造成 NFT 的形式，确定数字资产的唯一性和可确权性。同时，NFT 改变了传统虚拟商品的交易模式，可支撑构建元宇宙的基本交易秩序。2021 年以来，NFT 已经被运用到元宇宙中地产、藏品、游戏等领域，市场交易量节节攀升。

1.OpenSea 数字资产交易平台

OpenSea 作为全球第一个也是最大的加密数字资产交易平台，提供了加密体素、去中心化体、索马里空间和沙盒等以太坊虚拟商品的交易渠道，支持通过以太币完成交易。截至 2022 年 1 月 6 日，OpenSea 月活跃交易者

OpenSea 官网

最高达 36 万人，日成交额最高达 2.6 亿美元，数字资产交易正在蓬勃发展。

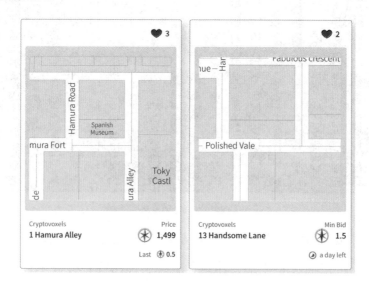

以太币交易的加密体素土地

2. 数字地产

元宇宙中的数字地产与现实中的房地产相似，都是人类社交活动的必需场所，都具有一定的稀缺性。元宇宙中的数

字地产已经成为当前最为引人注目的数字资产，交易额动辄几十万、几百万美元。在元宇宙中，用户可以在自己购买的土地上按照自己的喜好打造想要的建筑，这种沉浸式体验让越来越多的用户认可元宇宙中房屋与土地的价值。

数字地产作为元宇宙中广告、电子商务等活动的载体，吸引了众多投资公司和投资人的关注。他们开始在沙盒和Decentraland等虚拟世界中购买土地，元宇宙已经拥有了自己的"炒房团"和"广告商"。2021年11月，加密货币巨头Grayscale发布的一份报告预测，元宇宙中依托于数字地产的广告、电子商务等产业，或将达到每年上万亿美元的规模。

2021年11月23日，加拿大投资公司Tokens.com旗下子公司以约243万美元（约1552万元人民币）的价格购买了位于Decentraland的一块数字地产，其价格甚至超过了大多数纽约和旧金山实体住宅的价格。这一记录很快被刷新，11月30日，元宇宙房地产公司Republic Realm以430万美元（约2737万元人民币）的价格购入了沙盒世界里的一块24×24单元的数字地产，这是迄今为止全球额度最高的一笔数字地产交易。据悉，Republic Realm公司从视频游戏公司Atari SA手中购买了这块数字地产，这两家公司计划合作开发其中的一些地产项目。

2021年12月9日，香港房地产巨头、新世界发展集团宣布购入沙盒中最大的数字地块之一，希望打造创新中心，展示大湾区新创企业的商业成功。该集团对这块虚拟土地的投资金额约为 500 万美元（约 3200 万元人民币），将在这块虚拟土地上展示 10 家特色公司，包括诊断及基因检测开发商 Prenetics、物流业独角兽 Lalamove、科技配件品牌 Casetify 等，这些公司都与新世界发展集团的风险投资公司有联结或合作关系。

3. 数字藏品

在元宇宙中，用户多出于展现身份和美化生活的目的购买数字藏品，通过对数字藏品的沉浸式访问增强其体验性，进而为生活带来更多乐趣。

2021 年 3 月 11 日，美国数字艺术家暨图像设计师 Beeple 的数字藏品 *Everydays. The first 5000 days* 在英国佳士得（Christie's）拍卖平台以约 6935 万美元的拍卖价成交。佳士得称，该价格是在世艺术家所拍卖作品的第三高，也是全球知名拍卖平台出售的第一批基于 NFT 的艺术品，创下了网络拍卖最高价格记录。

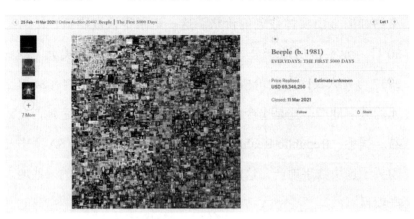

佳士得拍卖作品 *Everydays. The first 5000 days*

2021 年 12 月 24 日，新华社发行了中国首套"新闻数字藏品"，发行活动受到了广泛关注，造成新华社客户端崩溃了半个小时之久；随着 2022 冬奥会的召开，吉祥物冰墩墩受到了全世界的喜爱，官方授权发行的冰墩墩数字藏品也是一"墩"难求；2022 年 2 月 15 日，中央广播电视总台携手腾讯音乐推出了原创 IP 数字藏品"十二生肖冰雪总动员数字纪念票"，上线后 10 秒售罄。除此之外，腾讯、京东等公司都在抢占数字藏品市场，纷纷推出了自己的数字藏品。

　　2022 年 1 月 1 日，潮流品牌 PHANTACi 发布了首个 NFT 产品 Phanta Bear。Phanta Bear 是一个由 10000 个算法生成的数字藏品的集合。每只 Phanta Bear 都有其唯一性，可提供独特的访问权限，并可作为俱乐部会员卡使用。

Phanta Bear NFT

6.5.2 未来"永存永续"

　　未来，元宇宙将呈现更加丰富的数字场景和内容，数字资产也将衍生出更多形态，基于元宇宙没有物理边界、自由流动的重要特性，将进一步促进元宇宙虚实世界的映射和融合，加速元宇宙经济体系落地。从技术的层面讲，未来通过构建一系列通用、可复用、可继承的标准，数字资产可以在多个平台间自由流动。也正是因为这种自由无壁垒的流动，数字资产不会随着某一平台的消亡而消失，从而实现数字资产的永存永续。

6.6 绘声绘影——教育应用

元宇宙的教育应用为用户提供在虚拟世界中进行沉浸式教学、培训的场景。多媒体教学、虚拟教学等方式打破了时空束缚，丰富了教学方式，但现在的技术选择还很有限，用户沉浸感、社交性、体验性不足。元宇宙中很多全新的交互方式，将提升学校教学、技能培训等教学工作和学习过程的趣味性。同时，元宇宙可提供充满创新性和科技感的交互工具和呈现方式，教育工作者可以更充分地"传道授业解惑"；元宇宙还可进一步迭代当前的直播教学方式，使其更加立体化，更具互动性。

元宇宙的教育应用基于三维引擎技术和 VR/AR 等技术，构建高沉浸、高逼真、高流畅的虚实交互教育空间，丰富教学场景和教学形式，为用户提供更具沉浸感、可交互性的学习体验。

6.6.1 当前"虚拟场景"

早在 2018 年，以 VIPKID、学而思等为代表的企业已将 AR、VR 等技术应用在教育领域。2021 年，随着斯坦福大学元宇宙相关课程的开设，元宇宙教育应用正在迈入沉浸式教学体验的新阶段。

1.VIPKID AR 教学

2018 年，VIPKID 推出全球首个在线教育 AR 产品。基于该产品，老师在教学过程中可以根据教学场景选择不同动画形象进行辅助教学。例如，在讲到小动物的时候，老师可以通过在脸上和头上添加动态贴纸的方式，呈现小狗、小兔子等动物形象，提升课程趣味性，吸引小朋友的注意力，增强小朋友学习的兴趣，加深小朋友对教学内容的记忆。

2. 学而思 VR 教学

2018 年，学而思按照国际空间站的设计理念，打造了一个 VR 体验馆，综合运用 ITS 智能教学系统、IPS 智能练习系统、IDO 个性化学习体系、KNEWTON 自适应学习、FACETHINK 人脸识别等技术和平台，以 720°全景视频嵌入式呈现的方式，构建了科技馆、文化馆和体验馆等不同场景。

学而思 VR 体验馆

学而思网校在实际教学中也有 VR 教育项目落地。2019年 10 月，在第六届世界互联网大会上，学而思网校展示了全新研发的 VR 沉浸式课堂。在 VR 沉浸式课堂中，学生可以通过佩戴 VR 眼镜"置身于"黄鹤楼内部，近距离欣赏黄鹤楼建筑格局，体验黄鹤楼历史文化。

3. 斯坦福大学元宇宙课程

2003 年，斯坦福大学的 Bailenson 教授开设了编号为 COMM166/266 的"虚拟人"（Virtual People）课程，学习和研究关于虚拟人的相关知识。随着 VR 技术的不断进步，Bailenson 教授将"虚拟人"课程从教室转移到了真正的 VR 空间，这成为斯坦福大学第一门完全在虚拟空间中进行的课程。

"虚拟人"课程

在这门课程中，学生们走入一个可交互的虚拟世界，亲身体验虚拟人的生活，从文化、行为和传播等多角度研究以往书本上的"虚拟人"。在这里，学生们可以在太空中遨游，俯视地球；还可以在美丽的珊瑚礁中游泳，以秒来代替年，让时间快进，从而观察气候变化导致的珊瑚礁损坏。

6.6.2 未来"沉浸教学"

未来，元宇宙将在教育领域有新突破：依托三维引擎技术和 VR/AR 技术提供丰富的教学场景和教学形式，让师生随时随地互联互动，提升学习及研究的效率；通过三维引擎技术提供可视化集成开发环境，支撑第三方的开发环境进行相应的集成，实现资源管理、场景搭建、属性编辑、动态预览等功能；通过 VR/AR 技术构建虚拟世界并超越现实教育场景，突破现实时空限制，带来空间上拓展和时间上延伸的场景，激发师生创意，实现沉浸式的交流与学习。

在 Facebook 描绘的元宇宙世界中，如果想了解太阳系的奥秘，只要戴上智能设备，便可以在面前投影太阳系八大行星，通

探索太阳系奥秘近距离观看太阳系八大行星

过点击获取每个行星的详细信息，通过手势放大缩小查看行星地表和光环等细节；如果需要学习古代历史，可以穿越到古罗马街市，听到各种声音，闻到各种气味，身临其境地体验集市上的热闹场面；如果想要探索地球科学，可以在大海中畅游，感受水流的触感，近距离观察深海鱼类，并阅读到鱼类的详细信息。

6.7 悬丝诊脉——医疗应用

元宇宙的医疗应用为用户提供去中心化的医疗基础服务和交互协同的场景。我国医疗保障总体布局尚可，但仍存在医疗资源分配不均、医患关系紧张等问题[21]，基层和偏远地区医疗资源配置规模相对较低，医疗水平不足，就医条件较差。为了向患者提供更完善的医疗服务，医疗工作者和科技工作者一直在围绕医疗应用的科技创新而努力。元宇宙围绕去中心化的医疗基础设施，将医疗数据转化为资产，配合激励模型充分发挥资产价值，可支撑构建公平共享的医疗生态，在重建医患关系、建立共情连接方面产生巨大的价值。

元宇宙的医疗应用以实现医疗数据隐私安全及共享、促进远程手术技术发展、提高远程手术稳定性、解决偏远地区医疗手术难题为目标，依托扩展现实技术（Extended Reality，XR）① 以及高速通信网络等技术，构建高实时性、高交互性、

———————

① 扩展现实技术指通过计算机技术和可穿戴设备产生的一个真实与虚拟组合的、可人机交互的环境，包括 AR、VR、MR 等。

高临场感的虚拟医疗环境，充分发挥高水平医院的医疗技术优势，探索虚实共生的医疗救治方式，促进突破时空局限实现医疗资源共享，实现远程检查、诊断和治疗。

6.7.1 当前"模拟辅助"

十年前，我国便有使用 AR 技术开展脑动脉瘤手术的论文。如今，包括 AR 在内的 XR 技术已经支撑了超过 15000 台手术。此外，医疗工作者和科技工作者也在积极探索 XR 技术在日常诊疗中的应用，例如，VR 技术通过让记忆力减退或有攻击性的痴呆症患者在虚拟环境中活动，提供正向的精神刺激，帮助患者找回记忆、改善情绪；澳大利亚母乳喂养协会的一项研究为新妈妈们配备了谷歌眼镜，对新妈妈进行观察并提供指导，同时 VR 还可帮助孕妇减轻分娩疼痛。这些尝试对元宇宙中的医疗应用有着重要借鉴意义和参考价值。

当前，以 SINSO、Surgical Theatre、HoloLens 2 为代表的企业和设备在医疗应用领域取得了一定进展。

1.SINSO 打造医疗数据公共基础设施

在这个社会医疗创业高度内卷化的时代，重建更加和谐的医患关系显得尤为重要。SINSO 成立于 2020 年 10 月，定义了医疗数据公共基础设施的新范式，计划在元宇宙中构建一个去中心化医疗的基础设施，促进医生自主权和患者自主权的崛起。SINSO 已经累计为超过 500 家医疗机构和 8 万多位医生提供了服务。

SINSO 整合了远程医疗和 AI 诊断的医学影像数据，在元宇宙中构建了 Gateway、DAC、Donors Network 和 Medical DAPP 四大组件。

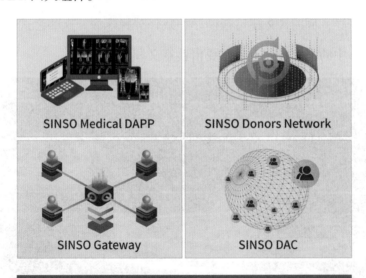

SINSO 体系中构建医疗元宇宙的四大组件

SINSO Gateway 提供数据采集标准 API 接口、数据预处理和隐私计算模块，通过标准的 API 与个人及机构进行数据交换。依托区块链技术，Gateway 能够将链下的数据聚合到链上，并且能够把医学影像等传统医疗业务数据升级到 Web 3.0 的接口，打造医疗工业的电子胶片系统。

SINSO DAC 是一个去中心化组织（Decentralized Autonomous Organization，DAO）的治理框架，通过使用智能合约技术将医疗开源来解决当前医疗行业的问题，降低医疗成本，满足人类医疗发展的整体利益需要。

SINSO Donors Network 支持 NFT 的交易，可推动医疗数据的价值流转。同时，通过构建激励经济模型自动化匹配数据采购者，对存储矿工和相关贡献者进行激励，还可将医生 NFT 部分阈值向现实反射，重塑当前的生产关系。例如，可以设定一个反向激励模式，如果医生的工作成效低于当前相应疾病的治疗标准，将获得更多的反向激励。那么医生就不需要再通过收取红包等灰色收入手段去增加收入，可推动当前生产关系的重构。

SINSO Medical DAPP 是开源的医疗应用，在这里患者可以自主掌控自己的病历。SINSO Medicd DAPP 可以实现专家诊疗咨询的快捷匹配，以及个人病历及影像数据的确权，还可将健康医疗相关数据铸造成 NFT。

2.Surgical Theater 的 VR 医疗服务

2010 年，为了探索模拟系统对医疗服务的增值作用，曾在以色列空军从事飞行模拟工作的莫蒂·阿维萨（Moty Avisar）和阿隆·盖里（Alon Geri）创立了 Surgical Theater。发展到今天，Surgical Theater 已经成为 VR 医疗服务的领头企业。

Surgical Theater 为医生和患者打造了一个多模态的 VR 视觉平台，通过提供 360°的 VR 可视化技术，以一种更为轻盈便捷的方式为患者及外科医生提供沉浸式的、由内而外的患者解剖结构视图，可以帮助医生在术前进行逼真的模拟教学和技能提升，在术中获取精确的引导和提示，躲避错综复杂的人体结构去定位病灶，为从患者参与、手术计划、医生跨学科合作到进入手术室的整个门诊及手术过程提供帮助，有效提升手术成功率。

Surgical Theater 官网

2021 年 4 月 26 日，Surgical Theater 宣布与美敦力（Medtronic）公司开展合作，为颅骨手术提供 AR 平台。美敦力公司将 StealthStation S8 手术导航系统与 Surgical Theater 的

SyncAR 技术相连接，在复杂颅骨手术中使用 360°渲染覆盖 AR 技术，为神经外科医生提供更加清晰的实时画面，使医生能够更全面、更方便地看到隐藏的解剖结构和血管结构等内容，从而提高手术的精度和效率。

2021 年 9 月 2 日，在一例以色列一岁连体双胞胎的头部分离手术中，医生首先使用了基于核磁共振成像（Magnetic Resonance Imaging，MRI）、电子计算机断层扫描（Computed Tomography，CT）和血管造影扫描图像的三维模型模拟双胞胎血管、脑膜、颅骨和皮肤连接，在此基础上使用了 Surgical Theater 的 VR 工具来模拟和规划手术过程，并就各个细节进行反复练习，提升了医生执行手术的信心，最终成功完成了手术。

3.HoloLens 2 在外科手术中的应用

HoloLens 2 是微软公司研发的混合现实头显设备，已被许多国家的医生广泛应用在不同医学领域。

HoloLens 2 医疗应用概念

1）新加坡国立大学公共卫生专业：神经外科手术

在传统手术中，医生在手术过程中需要不断抬头观看 CT 或 MRI 扫描影像，并凭借经验和技术水平将观测到的平面扫描影像对应到实际的手术部位，用以辅助手术。在这种情况下，扫描影像与手术台距离造成的视觉误差将有可能带来手术偏差。

为了解决上述问题，新加坡国立大学公共卫生专业的学术研究小组计划在神经外科手术中使用 HoloLens 2 混合现实技术，在手术过程中，通过数字辅助程序将手术部位的三维影像叠加显示在患者真实的身体部位上，从而帮助医生从各个角度无遮挡、无障碍地观察手术部位，获取相关提示信息和历史数据，取代传统反复观察影像并匹配实际病灶的过程，辅助医生快速进行正确判断并进行操作，为手术过程带来提升和改变。除神经外科以外，未来在脊柱手术、肝脏手术、面部重建手术等复杂手术中，HoloLens 2 混合现实技术也将发挥增强作用，进一步提升未来的临床医疗水平。

此外，HoloLens 2 还可促进医患关系的改善，患者可以在医生的帮助下，通过佩戴 HoloLens 2 来查看病灶位置，更直观、更清晰地了解手术过程、风险和注意事项，有效保障了患者的知情权，提升患者的手术信心和配合程度。

2）巴尔格里斯特大学医学院：脊柱手术

巴尔格里斯特大学医学院和苏黎世联邦理工学院在苏黎世进行了名为"SURGENT"（外科医生增强现实）的医学研究，该项目由苏黎世联邦理工学院负责产品开发的马自达·法沙德

（Mazda Farshad）教授领导，微软公司是该项目的技术合作伙伴。

2020 年 12 月初，依托 SURGENT，借助患者的全息投影导航，研究小组进行了一例脊柱手术，用于测试 AR 技术在手术中的使用，这也是同类手术中的第一次尝试。法沙德教授执行了这次手术，他在手术过程中通过佩戴 Hololens 2 眼镜，基于 CT 图像将三维影像直接投影到手术区域，并通过 Hololens 2 眼镜观察患者的三维解剖结构，参照系统指引完成了一系列手术操作。

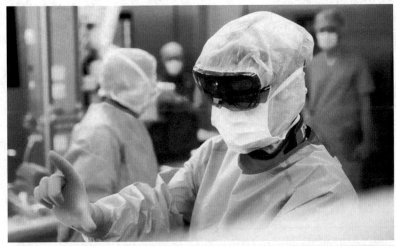

手术中的 AR 应用，通过 Hololens 2 眼镜获取 13.3 厘米的辅助信息

6.7.2 未来"体系增强"

未来，元宇宙将利用区块链和大数据技术实现医疗数据隐私安全及共享，打造医疗健康体系，重构医疗全产业链，降低医疗成本；通过构建药品的研发生产及医疗实验虚拟环境，加快实验进度并进行模拟推演，提高科研效率，大大缩短药品研发及医疗实验周期；通过人工智能与混合现实技术进行远程手术指导，或者通过高速网络远程利用机器人操控手术，实现险、重、急患者手术的快速响应，提高生存概率；通过计算处理巨大的医疗数据，将患者的以往病史、家族病史和同类病历进行汇总计算，形成人工智能医生，为患者提供治疗服务，最大限度地发挥医疗大数据优势，提高医疗服务水平。

第七章

大成之路

元宇宙畅想

MEDITATION

忆秦娥·紫竹社

紫竹社，南长河畔守明月。

守明月，行远自迩，两仪所得。

博雅之美仙琼阁，目营心匠灿星河。

灿星河，迁思回虑，天地镌刻。

在此番元宇宙热潮的涌动中，我们尽己所能地对各家之见进行了梳理，基于一番论证抛出了自己对于元宇宙概念研究和体系构想的成果，并抽丝剥茧般地呈现出来。此番立书，既是分享我们对元宇宙的一番系统性思考，也是尝试引起更加广泛的探讨。在这个根本出发点上，望这些对元宇宙朴实的研究能够为元宇宙概念的筑基与相关领域行业的发展做出一些贡献，在推动元宇宙走上大成之路的过程中，为大家提供一套具备可演化能力的方法论，并基于这套方法论形成体系性的综合实践指导。

7.1 迁思回虑——概念回顾与体系再叙

在讨论元宇宙的大成之路前，不妨先来看看元宇宙可演化的体系性方法论该如何理解与掌握。这不仅仅因为它是我们当前阶段性研究成果的总结与提炼，更是因为只有把握好这套可演化的体系性元宇宙方法论，才能掌握识别、认知、融入和发展元宇宙，并与元宇宙发展获得共赢的精髓要义。再回看我们对于元宇宙研究得出的这套具备可演化能力、较为体系性的方法论，以及这套方法论指导下开展的架构、技术、平台、应用等一系列以体系构想为名的元宇宙综合实践指导，其要旨在于驾驭体系的复杂演化性、关联耦合的体系性，以及复杂演化的关联耦合性。

从体系的复杂演化性来说，元宇宙概念研究，就是基于

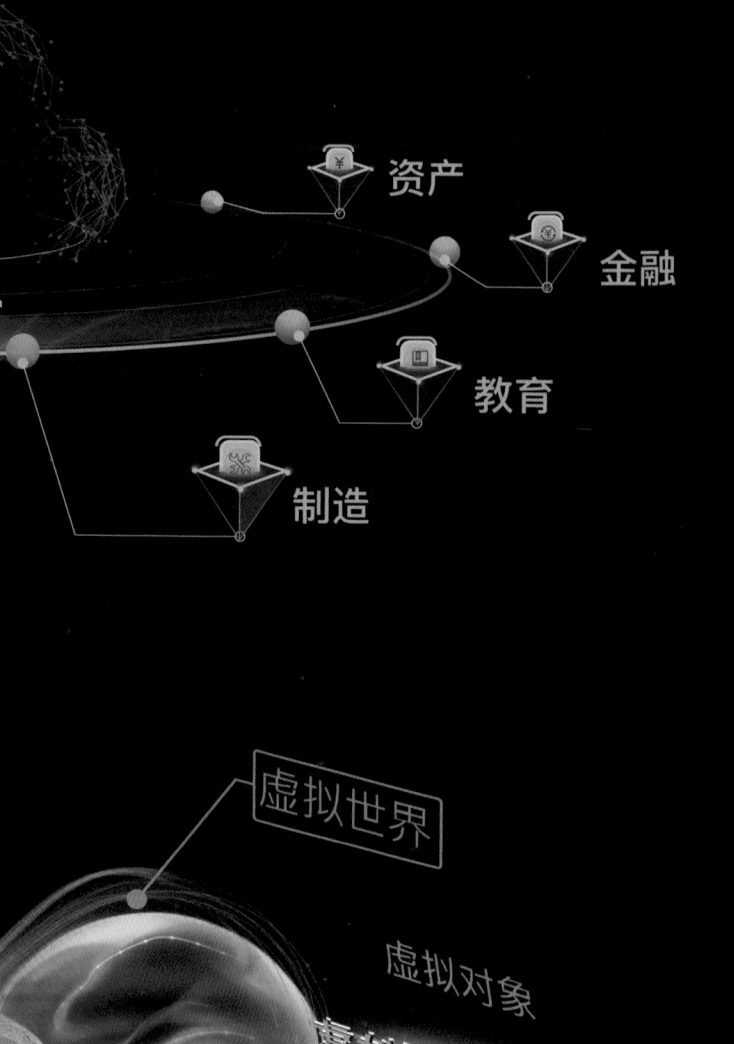

灵境

资产

金融

世界

教育

制造

虚拟世界

虚拟对象

虚拟空间

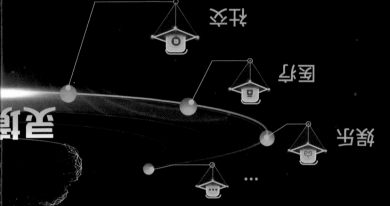

体系的复杂演化性，融汇提炼元宇宙概念核心，掌握其发展脉络宗源。客观理性地理解当前元宇宙的发展及相关领域的预测，始终是"纸上得来终觉浅"。听之还要明辨之，才能始终持有一套正确的方法论，找到合适发展的立足点和切入点。因而，我们一步步深入探讨元宇宙的概念内核及其特征描述的合适维度，并选择一种发展的脉络特征体系来进行长时间尺度的描述。这样去研究元宇宙的概念，在于元宇宙本身概念的开放性、整体性、层次性、复杂性和动态性等，需要我们秉持发展的眼光来看待它，并且找到一个能够长期使用，或引导我们长期可扩展应用的方法体系，我们称之为元宇宙的基本概念和特征体系，能够帮助我们审视并明确元宇宙发展阶段中概念内涵的描述、主要特征及发展态势。同时，我们始终秉持一个观点：研究从来不是孤立的，研究不仅仅是研究，研究的成果需要有指导实践的价值。

从关联耦合的体系性来说，元宇宙体系构想，就是基于关联耦合的体系性，洞悉掌控元宇宙建构法则，解析其生存运转逻辑。以方法论为"工具"帮助我们从交互界面，到建构规则，再到基础支撑，一步步解构探秘元宇宙实在的层层内核与运转机制。基于这种耦合关联的解构，我们提出了在方法论指导下建构元宇宙实在的法则与方法。缘因这些解构本身紧密关联的体系性，在我们构想下，"两仪灵境"是一套具备体系性紧密耦合关系的架构、技术、平台与应用场景的综合性实践指导，并细化形成了元宇宙架构体系中"基础元素""两仪天地"和"灵境世界"的支撑与互动关系。在架构、技术与平台的体系融合之上，种种灵境之象得以生成和运转，成为元宇宙被我们感知和存在的实在环境。

从复杂演化的关联耦合性来说，元宇宙的概念研究方法论和体系构想实践指导，都是在不断促进中同发展、发展中又交互融合的。我们要看到，元宇宙一定具备的体系结构与运行机制的演进性。所以，我们当前梳理的体系构想在未来一定不会一成不变，一定会是发展的。但这种发展必然有其潜藏的可以把握的脉络规律，那就是我们对概念研究得到的可扩展应用的方法体系，即元宇宙的基本概念和特征体系。在元宇宙走向大成的道路上，这套方法体系会在不同的发展阶段和物质基础之上，衍生出新的基本概念描述和特征体系表征，并基于此不断丰富完善元宇宙的技术、平台和应用体系。

即便仅仅是看向当下的元宇宙概念，我们也不应该就概念而论概念，要切实考虑其存在的必然、发展的窗口、潜藏的风险。因而，我们将元宇宙概念研究自得之成果，分别放在了社会发展、国家安全、全球治理等不同的层次，希望我们的一点点讨论与实践规划的论述能够与大家共勉。而这些视域下的主题研判，也无不在呼应我们对于元宇宙这个或将成为国之"新疆域"的新世界中机遇与挑战并存的研判。

7.2 兴会神到——概念演绎与体系衍化

若说前述我们对于元宇宙概念研究与体系构想的方法论与综合实践指导的研究，均是我们作为科研工作者相对理性的分析研究与综合研判。那么在元宇宙的大成之路上，我们一定不要忘记这个概念与人类社会发展的潜在联系。也同样不要忘记，想象是创造的第一步，美好的畅想是孕育技术发展的温床。我们希望带有一种理科生式的严谨与浪漫，来简论朴素的元宇宙能力演进之路、概论辩证的元宇宙大成之法和畅臆末期的元宇宙终成之大道。在这条大路上行进，元宇宙或将引发新的社会形态的融合式演变，或将变迁发展成为新的疆域。

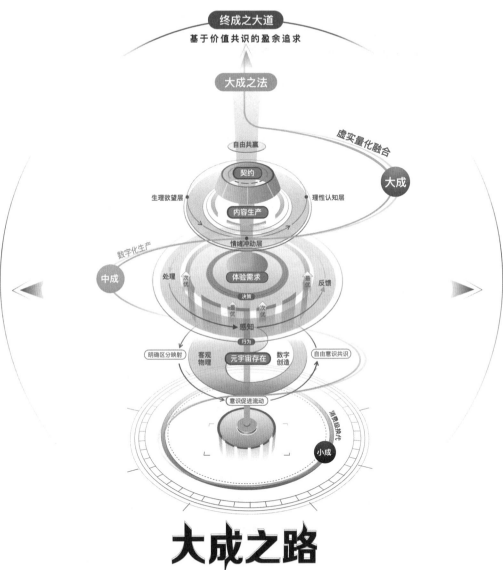

终成之大道

基于价值共识的盈余追求

大成之法

虚实量化融合

自由共赢

契约

大成

生理欲望层   理性认知层

内容生产

情绪冲动层

数字化生产

处理   次优   体验需求   最优   反馈

中成

决策

最优   次优

感知

行为

明确区分映射   客观物理   元宇宙存在   数字创造   自由意识共识

意识促进流动

消弭般迭代

小成

大成之路

元宇宙大成之路，是对元宇宙概念的演绎和体系的衍化，由小成（消费级换代）、中成（数字化生产）、大成（虚实量化融合）的高度为出发点，不断往上延展，以色彩做关联，将其间的体系性关联耦合，交互融合三者的结构关系，成为如图所示的基于技术核心的发展牵引力。在向上延展的过程中，以大成之法为推动力，最终走向终成之大道的持续发展。所谓大成之法，如同引擎的驱动，以技术体系为牵引（大成之路），在客观实在、体验需求、内容生产等维度剖析了能够映射现实世界、表征虚拟世界、驱动交流互动的基础逻辑、阶段特征标志，是元宇宙的多维度潜在发展规律（大成之法），终成可持续发展的文明架构（终成之大道）形成了一整套大成之路的逻辑流程概念体系图。

如此图示形象化的大成之路，旨在融合展示其中的高度、深度与广度，将大成之路与大成之法囊括于终成之大道之中的同时，又让人能感受时空在形式表象之外的价值和意义。

7.2.1 简论朴素的元宇宙能力演进之路

透过轮番登场的诸家解读，元宇宙的大成之路颇具匣里龙吟的意味。我们姑且将元宇宙的"大成之路"分为小成、中成、大成，并以一种现实、朴素的眼光先做一番审视和展望。

1. 元宇宙小成之所得，有赖于人机交互界面的消费级换代

这种消费级的升级换代，不仅仅是单个产品的消费级市场认可，而要在整体维度上，涉及并涵盖不断提升和完善的多

类型产品合集。就像《头号玩家》中的那样，我们可以选择眼镜、手套和动捕设备在虚拟世界中赛车，也可以选择全身皮肤衣来一场格斗或者参加一场舞会。所以，元宇宙的小成必将无法仅仅依靠于消费级 AR 眼镜的上市，也无法因 Meta 推出新模态的社交平台而产生整体性的带动效应。当我们能够自由选择合适的设备、平台等，通过虚拟世界得到关键感官交互需求的接收与反馈时，方是元宇宙的小成之时。

2. 元宇宙中成之妙趣，需仰仗社会范畴内容的数字化生产

元宇宙的真正益处是社会性的数字化表达和交互的达成，而不仅仅止于现实中虚拟体验的一次次升级。换言之，基于元宇宙的小成之得，人与人的互联、信息交换的渠道将越加丰富多元，当其中的信息存量、信息交互效能足以满足社会整体性需求的数字化转换时，即当数字化内容生产与反馈真正能够表达我们日常生活中的大部分所思所感，或能够迎合人类心智的大部分体验需求时，元宇宙将真正迈入走向大成之路的高速发

展期。

3.元宇宙大成之境界，得益于混沌和有序的虚实量化融合

不管是万物运转平衡的自然界，抑或是浩瀚缥缈的宇宙星河，都是一个动态的"复杂系统"。而今我们依旧站在这些"系统"外，通过观察来猜测机理并印证推论，试图给出"系统"演化的动力与规则。如果有一天，当这些庞大且交割繁杂的关联，能够基于数理描述得到完整建构时，虚实与实虚间一切复杂就可以度量和控制，而虚实之间的融合映射就能够脱离概率与统计范畴的近似表征。到那时，营造对周身感官和思维意识的刺激，并将人的意志作用于营造出的虚实互动空间，就可能变得自由且自如，元宇宙的大成之境方可到来。

7.2.2 概论辩证的元宇宙大成之法

在这番展望下，我们将元宇宙的大成之路在感官的体验及内容的反馈上分为小成、中成和大成。但如何评判这种体验是否关键，以及其覆盖的广度、反馈刺激的深度是否能达成各个阶段人们对于元宇宙体验的基本诉求，当前是很难盖棺定论的。

如果我们更加辩证地去审视这番现实、朴素展望里的过程要素，便会发觉元宇宙的发展阶段和人类认识世界、改造世界的过程密不可分，它的阶段也必然没有一个清晰、明确的分水岭。也许在这里，我们更加迫切地需要一个方法论、评价准则的引领，以使我们不致走入就元宇宙论元宇宙存在与发展的存在主义荒诞怪圈。那么，思辨地去看待元宇宙的概念、元宇宙的可能发展以及元宇宙的大成之路，不妨从以下几个方面来继续我们的思考。

1. 元宇宙的存在因何而存在

元宇宙存在基础是数字与物理之间不断流动的存在性质的映射、感知与反馈。而这种对于存在性质的映射、感知与反馈，在元宇宙中将不仅仅来自客观物理的实在，甚至包括数字创造的存在。约翰·洛克将物体的性质分为切实存在其中并不以感知为转移的第一性质，以及基于人感知与意念产生的第二性质。乔治·贝克莱则利用洛克的理论进行自我逻辑攻击，结果证明，第一性质与第二性质是很难割裂存在的。直到现在，是否有客观存在，还是感知是一切存在的本原，依旧没有定论。

那么，元宇宙的数字与物理存在是否同样遵循这样的规律，在小成、中成和大成这个粗浅的划分中有何阶段性特征能够供我们把握？其实，就像柏拉图在《理想国》中的洞穴寓言，一切事物都处在流变的状态之中，而人是衡量万物的尺度。也就是说，无论元宇宙是否是被共识承认的存在，客观物理存在与数字创造存在之间的流动过程能够被人感知的部分，将成为人类衡量元宇宙存在的基准，而由人界定的其能够覆盖的体验需求的广度与深度，将可能用来衡量元宇宙的发展阶段。

于是，小成之中，我们可能依旧能够将数字存在和物理存在明确地、有意识地区分；中成之时，我们便可能有意识地促进数字创造存在和客观物理存在的流动转换；大成之境后，也许我们无法再明确感知数字存在与物理存在的变迁（或者说我们可以对这种变迁变得无感，并且不致产生对我们体验和存在有自我负面评价的影响），这种变迁已然成为人自由意志的一部分而共生。在这种客观物理存在与数字创造存在以人的体验需求为映射、感知与反馈的基础上，元宇宙（或言，数字社会与现实社会的交融世界），因存在而存在。

2. 元宇宙需迎合的是人的何种体验需求

元宇宙的存在归因于以人的体验需求为驱动，进行的客观物理存在与数字创造存在之间的映射、感知与反馈。那么要解释元宇宙需要迎合的体验需求，就需要从人需求产生的驱动出发去探究。柏拉图相信人都有三重灵魂，即理性的灵

魂（代表冷静的逻辑）、精神的灵魂（代表感性的认识）、欲望的灵魂（代表物理的意愿）。尽管现今人们已不将柏拉图的三重灵魂的论断作为世界观与方法论的基础，但依旧认同我们的行为是由生理欲望、情绪冲动和理性认知而驱动的。从贝克莱"存在即被感知"的论断出发，到由"感觉"上升到"统觉"的认知能动性，再到打通"本体"与"实存"的界限，人的体验需求无外乎对生理欲望、情绪冲动和理性认知的几方面维度。

但元宇宙很难从单一满足某个维度或某几个维度的若干方面来评定其是否覆盖了关键体验需求。那么，在体验需求的维度上，我们用什么来衡量元宇宙存在与发展所处的实在状态？或许，一个合适的方法方式是以行为来评定元宇宙所迎合的体验需求内容和层次。抛开生理、情绪与理性，单就能够观察并满足客观行为主体一切行动的刺激－反应要素，来衡量元宇宙能够接收行为的感知维度、处理行为信息的融合维度，以及刺激下一步行为产生的反馈维度，从而能够去评定元宇宙的发展程度。这种评定不是基于从单次行为体验需求的迎合，而是要囊括时空与内容等多维尺度，讨论整体水平上的平均满足程度。

若我们从信息的多跳衰减对决策影响的角度描述，这种评定或可以描述为：小成之中，至少有一项偏序占优的下步行为决策因素能够被客观行为主体获知，使得行为策略能够至少获得次优决策；中成之时，行为决策的信息优势被进一步提升，使得最优决策发生的概率大大提升，而次优决策发生的概率随机性增强；大成之境后，每步行为决策的所需信息都将被即时给予反馈，从而使得无论是数字创造还是客观物理的行为主体能够即时实现最优行为决策。或言之，元宇宙需要迎合的是以人本体及其本体能够感知的一切实在（包括数字创造存在和客观物理存在）行动决策为转移的体验需求。

3. 元宇宙如何能够实现内容的生产

元宇宙的内容生产来源于规则的产生，规则的产生归因于共识的达成，共识的达成依赖于一切实在的相似性行为的发生，而相似性行为的发生及行为跨主体的认同需要基于统一的论域。我们不妨以亚历克修斯·迈农的对象论为例，要达成统一的论域，就是要保持行为主体（这里既包括客观物理存在的行为主体，也包括数字创造存在的行为主体）之间具备时空尺度重合的"存在"系统，包括超存在、亚存在和存在（出自迈农的本体论）。基于统一的论域，行为主体间的"话语体系"能够实现一致性的映射、表征与交互，是为共识达成的前提。

那么共识又是如何发生的？共识达成的过程实际上是一种契约建立的过程。托马斯·霍布斯认为，契约是源于一切行为主体之间自由理性的共识行为。其实在元宇宙中，契约可以在一切行为主体之间的任何自由行为层次间通过共识的发生而达成。那么，我们可以通过共识达成的行为所处的行为驱动层次来划分共识的层次，即生理欲望层、情绪冲动层和理性认知层。所以元宇宙实现内容生产，便基于上述三层的契约建立和履约行为总和。这之中，契约的达成与履约过程中存在着决策行为主体之间的博弈和互动，从而实现和促进形成了行为主体间多重复杂、形式多样的关联关系。

固然，我们可以简单地将元宇宙能够达成的"契约"的主体层次作为衡量元宇宙发展阶段的一种标准，但显然这种简单的划分不足以切实表征各个阶段契约参与的决策行为主体、契约的具体内容，以及围绕契约进行的内容生产行为的特异性和发展性。那么，应该如何划分？这里我们就要考虑契约达成以及履约的目的是什么？答案显然易见，收益，即决策行

为主体在基于价值共识达成的契约中能够获得的能量盈余之总和。

所以考虑决策信息的不对称、交易的成本以及价值的激励，我们不妨提出如下的划分方式：小成至少能通过行为主体间的互动博弈，基于成本和价值激励实现生理欲望层面的信息对称式决策，即生理欲望层面的自由共赢（此阶段物理存在之间可借由数字存在实现普遍价值共识）；中成与大成则依序为情绪冲动层面的自由共赢（此阶段物理存在与数字存在之间能够实现普遍价值共识）和理性认知层面的自由共赢（此阶段物理与数字存在任一之间都能够实现自由的普遍价值共识）。如此，元宇宙的内容生产便来源于自由共赢所产生的行为、交易、规则、制度、法律等一切可表征为权利与义务的约定——契约。由于这种契约的建立不再局限于客观物理存在，则其存在形式或为数字存在或为物理存在，并可一致性映射与运行。

结束了思辨的过程，让我们回过头审视元宇宙概念存在的意义、元宇宙可能发展的必然以及元宇宙大成之路中的冲突与现实。正如苏格拉底的名言"未经审视的人生是不值得过的"。也许元宇宙这个关乎人类存在与发展的命题，正给了我们这样一个探求和审视"人生"的机会。任何事都不具有与生俱来的意义，它们的意义都是行动与意志赋予的，没有行动、没有思考，就无法妄下断言。借由存在主义的观点，我们有我们，我们也只有我们，拥有为自己创造美好存在的力量，并且能够唯我地判断存在的质量与意义。我们不能沉沦元宇宙之中成为一个享乐主义的机器，借由元宇宙给予我们的感官甚至情绪体验来虚度人生。作为也必将作为元宇宙大成之路上的客观实在的行为主体，我们不妨让自己成为内容生产与驱动者。既然实践是检验真理的唯一标准，那么践行才能成为我们断言的唯一论据。

7.2.3 畅臆未期的元宇宙终成之大道

最后，我们不妨作一番大胆的畅想和预测。当地球半径不再是人类生存与活动范围的丈量尺度，我们每个人也许都有一个接纳我们全部感官维度的可变多维空间——可能到那时，我们称它为"仪"。

"仪"也许不再明确指代虚或实，只是一套完备规则的集合体，以及支撑规则集合体运转的资源。人与"仪"处在一种动态范围内，伴生与共生混杂的状态中：当规则体达到了共识建立的条件时，"仪"和"仪"就可以交融；当规则的演化出现分歧，"仪"也有可能产生"裂变"。到那时，也许"仪"可能成为打破维度的存在，也可能成为存量竞争达到极限时，人类基因与生命延续存在的唯一选择。

当那么一天真正来临，你抬头仰望，也许看到的不再是星河，而是"心河"。你的所知即是所见，所见即是所知，成为你认知中拥有的一切。无论如何，元宇宙终成之大道，将无尽于人类基于价值共识的盈余追求，将是人类新的存在空间，将是新的疆域。

通往元宇宙的大成之路，必将是一条不平静又不平凡的路，就像山中蜿蜒攀援的藤蔓，在找寻它们获得阳光照耀的通道。回还与前行，都在其中，但头顶的阳光确在真切地指引着它们。所以，在这番元宇宙的热潮下，我们不必讶异它的突然出现，不必惊惶于自己是否已跟不上时代的洪流，更不必轻下断言资本席卷下社会发展的趋势。也许我们应该以一种更加质朴的观点，对一切新思想、新观点的涌动泰然处之，真真切切地从我们对于人类社会生活、自然存在的愿望，以及达成它们的途径出发。不急于定下它的称谓，不评判谁是谁非，也许这就是我们这个时代新的"百家争鸣"。

　　回想那个年代，华夏大地上儒、墨、法、道……杂糅并济之时，人们为了论道立说，苦其心志，劳其筋骨，空乏其身，也未尝停歇。在那个思想碰撞的时代，人们对于思想理论从不曾浅尝辄止，他们身体力行，诸子百家，蜂出并作，各引一端，崇其所善，以此驰说，联合诸侯，为实践理想信念而殚精竭虑。

　　我们应当为自己可能置身这样新的一波思想洪流中而感到幸福和幸运，应当对他人提出的各式各样的新鲜观点展开思索和探求，应当将这个时代的一切放置在想象的海洋里，让真正的通路在激流中涌现。当我们离开"舒适的大陆"，踏过起起伏伏的"波涛"，走向一片蔚蓝时，也许未来的温暖就在静谧与深邃的"大洋"中心等待着我们。等待着……等待着……等待着那个最先发现"深海"之中"绿洲"的人，等待着纷至沓来的人们，等待着每一次黎明氤氲中霞光的破茧，等待着每一个带着笑安睡的夜晚。在这片温暖的"新大陆"上，我们将继续等待着期许中的新生。

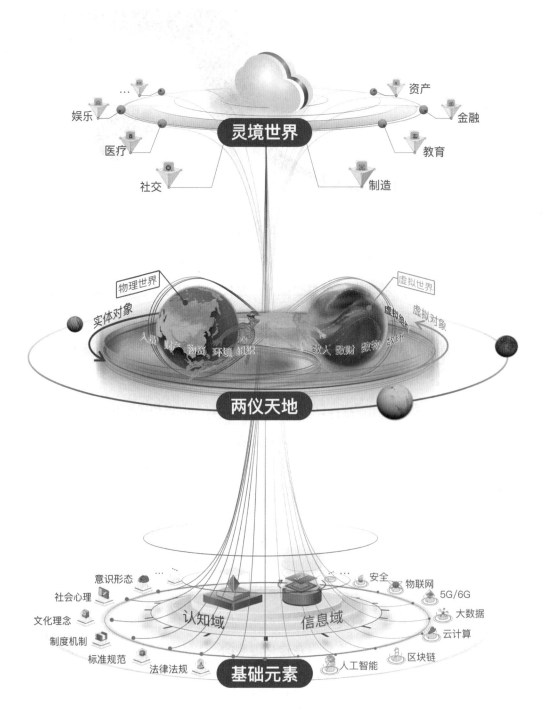

目营心匠——设计理念

　　"两仪灵境"设计融入了商周之际所主张的"盖天论"中"天道圆，地道方，圣人法之，所以立上下"的原始宇宙论，体现了《道德经》《管子》《齐物论》等文献中对于宇宙的理解和表达方式，致敬了古代圣人的智慧。

　　为了更形象地表达元宇宙含义，"两仪灵境"设计构图（详见海报大图）运用平视法，辅以透视效果，将空间映射的抽象概念具象化表达，并使用情绪版设计风格，根据场景抽取关键文字元素，加以情绪色彩的对比，同时将"知白守黑，得其玄妙也"的理论融会其中，删繁就简、适当留白、核心聚焦。

　　"两仪灵境"设计采用三层贯穿结构，核心是物理世界与虚拟世界两大主体，对应了太极阴阳论的理念。《易传·系辞上传》中提到"太极生两仪，两仪生四象，四象生八卦"，静态展示为物理世界与虚拟世界相生相依，其动态视觉可衍生出八卦之意。同时将"无限符号"的概念融入设计中，其无穷之外还是无穷，体现无穷无尽之意。围绕核心进行拓展并与外部关联，又囊括整体结构，构建了"言有尽而意无穷"的想象空间。星云散布在宇宙当中，近实远虚的层级结构，体现象外之象的广阔、深邃、神秘、探索、未知的意境，营造"观一物可观万物"的探索之意。

灵境世界：潜在应用场景以人为本，使人可以随时随地地接入这个虚拟的未来世界，演进形成一个永续的、广阔的虚实应用市场。它有着自我不断发展的娱乐、医疗、社交、制造、教育、金融、资产等方向，通过技术手段去创造虚实联动的世界，使接入者的沉浸体验得到质的提升。

两仪天地：元宇宙中既有现实世界的数字化复制，也有虚拟世界的创造。"元宇宙"实体是由虚拟世界中的数字化人员、数字化财产、数字化物资、数字化环境、虚拟组织，与物理世界的人员、财产、物资、环境、组织等交互属性实体对象相融合、依靠、制约、转化的同时，又紧密相连形成的人、机、物三元融合世界。

基础元素：元宇宙的构建离不开虚实共生能力支撑，是将人工智能、区块链、云计算、大数据、5G/6G、物联网、安全等信息域元素支持的虚拟世界，基于数字孪生、数字原生和虚实相生形成现实世界的镜像。除各项"冰冷"技术支撑外，需人文情感和理念的介入，其中包含法律法规、标准规范、制度机制、文化理念、社会心理、意识形态等认知域元素的驱动，才能构成对一个世界的核心基础支撑。逐步形成一整套信息和认知体系、元宇宙、码世界、以人为本的未来世界。

月章星句

词汇解读

拔新领异 bá xīn lǐng yì

【出处】

南朝·宋·刘义庆《世说新语·文学》："王逸少作会稽，初至，支道林在焉。孙兴公谓王曰：'支道林拔新领异，胸怀所及乃自佳，卿欲见不？'"

【释义】

指创立新意，提出自己独特的见解。

百家争鸣 bǎi jiā zhēng míng

【出处】

《汉书·艺文志》："凡诸子百八十九家……蜂出并作，各引一端，崇其所说，以此驰说，取舍诸侯。"

【释义】

百家：指学术上各种派别。

争鸣：发出声音，发表意见。

原指战国时期儒、墨、法、道等各家学说蜂拥而起，各种流派互相争论、互相批评的局面。现比喻学术上不同学派的自由争论。

本固枝荣 běn gù zhī róng

【出处】

《诗小雅斯干》："如竹苞矣，如松茂矣。"比喻竹子的根本坚固，松树的枝叶茂盛，四季常青。

《左传·文公七年》："公族，公室之枝叶也，若去之则本根无所庇荫矣。"故后人祝贺亲友的事业发达，开业大吉，常题本固枝荣。

【释义】

指树根扎得深，树叶才能茂盛；树根扎得牢，树枝才能繁荣。比喻人的学业、事业有了牢固的基础，才能有大的成就。

博雅之美 bó yǎ zhī měi

【出处】

《后汉书·杜林传》："博雅多通，称为任职相。"博雅教育又可译为通识教育、文科教育、人文教育、通才教育、素质教育等。

【释义】

博雅的意思是学识渊博，品行端正，丰丽博敞。

"博雅"的拉丁文 Artes liberales 原意是"适合自由人"，在古希腊所谓的自由人指的是社会及政治上的精英。

本书使用博雅之美来修饰技术体系，指元宇宙中技术包罗万象而又有机融合，带给人无限的美感和遐想。

不拔之柱 bù bá zhī zhù

【出处】

《淮南子·精神训》："圣人倚不拔之柱。"

【释义】

有坚固的根基。

本书用来形容平台的建立为打造元宇宙建立了坚强的根基，可以在此之上拓展各类服务和应用。

采摭群言 cǎi zhí qún yán

【出处】

南朝梁·刘勰《文心雕龙·正纬》："是以后来辞人，采摭英华。"

汉·孔安国《尚书序》："采摭群言，以立训传。"

【释义】

采摭：采择拾取。

选取各家之言。

初生之犊 chū shēng zhī dú

【出处】

先秦·庄周《庄子·知北游》："德将为汝美，道将为汝居，汝瞳焉如新生之犊而无求其故！"

【释义】

刚出生的小牛，比喻单纯或勇猛的青年人。

吹影镂尘 chuī yǐng lòu chén

【出处】

《关尹子·一宇》："言之如吹影，思之如镂尘，圣智造迷，鬼神不识。"

【释义】

比喻工艺精细到不见形迹。

寸积铢累 cùn jī zhū lěi

【出处】

宋·李纲《与右丞相条具事宜札子》："寸积铢累，以及此数，若不妄散，以陈易新，可以常为洪州之根本。"

【释义】

铢：古代重量单位，一两为二十四铢，指极轻微的分量。

形容由一点一滴积累起来。

D

大成之路 dà chéng zhī lù

【出处】

本书创意。

其中，大成原是孟子专对孔子的赞誉，出自《孟子·万章下》："孔子之谓集大成，集大成也者，金声而玉振也。"

【释义】

本书用来形容元宇宙概念研究与体系构想逐步达到最高水平的过程。

待势乘时 dài shì chéng shí

【出处】

明代臧懋循《元曲选·无名氏〈冻苏秦〉一》：“据先生甘贫守困，待势乘时，所谓蛟龙得云雨，终非池中之物。”

【释义】

待：等待。势：趋势，形势。乘：利用。时：时机。

等待形势发展，利用有利时机。

蹈机握杼 dǎo jī wò zhù

【出处】

汉·徐幹《中论·爵禄》：“位也者，立德之机也；势也者，行义之杼也。圣人蹈机握杼，织成天地之化，使万物顺焉。”

【释义】

脚踩布机，手握筘梭。比喻掌握着事物发展变化的枢键。

点石成金 diǎn shí chéng jīn

【出处】

汉·刘向《列仙传》：“许逊，南昌人。晋初为旌阳令，点石化金，以足逋赋。”

晋朝的旌阳县曾有过一个道术高深的县令，叫许逊。他能施符作法，替人驱鬼治病，百姓们见他像仙人一样，就称他为“许真君”。一次，由于年成不好，农民缴不起赋税。许逊便叫大家把石头挑来，然后施展法术，用手指一点，使石头都变成了金子，用这些金子补足了百姓们拖欠的赋税。

【释义】

旧谓仙道点铁石而成黄金，今比喻修改文章，化腐朽为神奇。也比喻修改文章时稍稍改动原来的文字，就使它变得很出色。也指对人稍做指导，就可以让他幡然醒悟。

动静之机 dòng jìng zhī jī

【出处】

清乾隆年间，王宗岳《太极拳论》："太极者，无极而生，动静之机，阴阳之母也。动之则分，静之则合。"

【释义】

动静：中国哲学上的一对重要范畴。在中国古代哲学中，"动"与"静"这两个概念的含义，比通常物理学上所讲的运动、静止的含义要宽泛得多，复杂得多。如，变易、有欲、有为、刚健等都被纳入"动"的范围，而常则、无欲、无为、柔顺等则被纳入"静"的范围。因此，它被广泛地用来解释中国古代哲学各方面的问题，包含丰富的内容。

本书用以描述观照天地万物动静之时，将发未发之端倪的感触。

断鳌立极 duàn áo lì jí

【出处】

《淮南子·览冥训》："于是女娲炼五色石以补苍天，断鳌足以立四极。"

【释义】

比喻开创新局面，创建伟业，树立最高准则。
本书用来形容场景构建技术带来震撼性。

端本正源 duān běn zhèng yuán

【出处】

《晋书·殷仲堪传》："端本正源者，虽不能无危，其危易持。"

【释义】

从根本上加以整顿清理。

发轫之始 fā rèn zhī shǐ

【出处】

蔡东藩《民国通俗演义》第 128 回："以李彦青一生事业而论，此时还不过发轫之始 。"

【释义】

发轫：把支住车轮的木头抽掉，使车辆前进。

比喻事情的开始。

方圆殊趣 fāng yuán shū qù

【出处】

《宋书·礼志一》："今者见生，或年在扞格，方圆殊趣，宜听其去就，各从所安。"

【释义】

方形和圆形不同，其意趣就大不相同，比喻不同的人或事物各有其不同的特点。

蜂出并作 fēng chū bìng zuò

【出处】

东汉·班固《汉书·艺文志》："是以九家之术，蜂出并作。"

【释义】

蜂出：像群蜂出巢，多而杂乱。作：兴起。

形容纷纷兴起，层出叠见。

观往知来 guān wǎng zhī lái

【出处】

战国·郑·列御寇《列子·说符》："是故圣人见出以知入，观往而知来，此其所以先知之理也。"

【释义】

指认真研究过去，就能推测未来。

攻瑕指失 gōng xiá zhǐ shī

【出处】

清·顾炎武《与友人书》："今此旧编，有尘清览。知我者当为攻瑕指失，俾得刊改以遗诸后人。"

【释义】

批评缺点，指出失误。

格物致知 gé wù zhì zhī

【出处】

西汉·戴圣《礼记·大学》："致知在格物，物格而后知至。"

【释义】

格：推究。致：求得。

推究事物原理，从而获得知识。

鸿鹄之志 hóng hú zhī zhì

【出处】

最早出处，《吕氏春秋·士容论》："夫骥骜之气，鸿鹄之志，有谕乎人心者，诚也。"

衍生典故，《史记·陈涉世家》：陈涉少时，尝与人佣耕，辍耕之垄上，怅恨久之，曰："苟富贵，无相忘。"佣者笑而应曰："若为佣耕，何富贵也？"陈涉太息曰："嗟乎，燕雀安知鸿鹄志哉！""燕雀安知鸿鹄之志"因强烈表达了绝不屈从命运安排的意思，而广为流传了千百年。后世据此典故引申出成语"鸿鹄之志"。

【释义】

指天鹅有飞跃千里的志向和能力，比喻一个人有远大的理想和抱负。

鸿蒙初辟 hóng méng chū pì

【出处】

宋·张君房《云笈七签·太上君开天经》："太初始分别天地清浊，剖判滓溟鸿蒙。"

【释义】

鸿蒙：古人认为天地开辟之前是一团浑沌的元气。

开天辟地：指刚刚开始出现人类世界。

绘声绘影 huì shēng huì yǐng

【出处】

清·萧山湘灵子《轩亭冤》："绘声绘影样翻新，描写秋娘事事真。"

【释义】

形容叙述或描写生动逼真。

混沌之光 hùn dùn zhī guāng

【出处】

本书创意。

混沌也作混沦，指宇宙形成前气、形、质三者浑然一体而未分离的迷蒙状态，是古代时空观念中的一个阶段，处于"先天五太"中第四太"太素"之后。见于《列子》中的《天瑞篇》："昔者，圣人因阴阳以统夯。夫有形者生于无形，则天地安从生？故曰：有太易，有太初，有太始，有太素。太易者，未见气也；太初者，气之始也；太始者，形之即时也；太素者，质之始也。气形质具而未相离，故曰浑沦。浑沦者，言万物相浑沦而未相离也。"

【释义】

本书用于形容元宇宙理论的萌芽状态。

积基树本 jī jī shù běn

【出处】

《晋纪总论》："故其积基树本，经纬礼俗，节理人情，恤隐民事，如此之缠绵也。"

【释义】

缔造基础，树立根本。

本书用来强调支撑技术为建立元宇宙的根本，不可动摇。

积金至斗 jī jīn zhì dǒu

【出处】

唐·杜牧《昔事文皇帝三十二韵》："亿万持衡价，锱珠挟契论。堆时过北斗，积处满西园。"

【释义】

堆积起来的金子能触到北斗星。比喻积累的财富极多。

戛戛独造 jiá jiá dú zào

【出处】

清·洪亮吉《北江诗话》卷一："门接山光来异县，墙分花气与芳邻，皆戛戛独造。"

【释义】

别出心裁，富有创造性。

本书用来强调元宇宙中场景构建要充满创意，来源于现实世界并高于现实物理世界。

见时知几 jiàn shí zhī jǐ

【出处】

《资治通鉴·汉献帝建安四年》："监军之计在于持牢，而非见时知几之变也。"

【释义】

指看到时运的推移而预知事情变化的先兆。

敬陈管见 jìng chén guǎn jiàn

【出处】

出自蔡东藩《清史演义》第七十一回："因御史董元醇敬陈管见一折，内称请皇太后暂时权理朝政，俟数年后，朕能亲裁庶务，再行归政。"

【释义】

指毕恭毕敬地阐明自己浅陋的见解或建议，多用于自谦词。

敬陈：恭敬地陈述。管见：从管子里观看东西，所见极小，指浅陋的见解。

精研覃思 jīng yán tán sī

【出处】

唐·孔颖达《尚书序》："承诏为五十九篇作传，于是遂研精覃思，博考经籍，采摭群言，以立训传。"

【释义】

同研精覃思。意思是精心研究，深入思考。

两仪灵境 liǎng yí líng jìng

【出处】

本书创意。

【释义】

两仪：中国道教文化术语，在中国古典哲学中指的是"阴阳"，主要为黑白双色，乃大道之本。天地初开，一切皆为混沌，是为无极，无极生太极，太极生两仪，两仪为阴阳。两仪在《易经》中指阴（－－）阳（—）。

灵境：原指庄严妙土，吉祥福地，多指寺庙所在的名山胜境，也指风景名胜之地。20世纪90年代初，钱学森开始了解到"Virtual Reality"（虚拟现实）技术，并为其取名为"灵境"。在本书中，将灵境概念扩展为虚拟世界和物理世界的集合。

本书代指元宇宙。

灵境之象 líng jìng zhī xiàng

【出处】

本书创意。

【释义】

灵境：见"两仪灵境"。

象：指自然界、人或物的形态、样子。例如，《老子》中"惚兮恍兮，其中有象"，刘勰《文心雕龙·养气》中"纷哉万象，劳矣千想"，《易·系辞上》中"一阖一辟谓之变，往来不穷谓之通，见乃谓之象"。

此处，用"灵境之象"指代元宇宙对用户展现的外在表征，即元宇宙的应用。

论道立说 lùn dào lì shuō

【出处】

"论道"出自《抱朴子·用刑》："通人扬子云亦以为肉刑宜复也，但废之来久矣，坐而论道者，未以为急耳。"

"立说"出自宋·叶适《朝请大夫陈公墓志铭》："边事将作，思诚谂故。余告以立说有先后，定计有始末，无误也。"

明·王守仁《大学问》："吾党各以己见立说，学者稍见本体，即好为径超顿悟之说，无复有省身克己之功。"

【释义】

本书用于形容建立自己的观点。

目交心通 mù jiāo xīn tōng

【出处】

宋·无名氏《鬼董》第二卷："卜居西湖，邻邸有白衣少妇来寓，艳冶而慧，始见犹自匿，稍久，目交心通。"

【释义】

以眼色传情，心中相互沟通。

本书用来描述交互感知平台达到的无障碍、全方位沟通体验。

目营心匠 mù yíng xīn jiàng

【出处】

宋·李格非《洛阳名园记·富郑公园》："皆出其目营心匠。"

【释义】

比喻仔细观察测量，巧妙构思设计。

驽马十驾 nú mǎ shí jià

【出处】

先秦·荀况《荀子·劝学》："骐骥一跃，不能十步；驽马十驾，功在不舍。"

【释义】

驽马：劣马，跑不快的马。驾：马走一天的路程。劣马拉车走十天也可以走很远的路程。比喻能力差的人，只要坚持不懈地努力，同样可以达到目的。

披沙沥金 pī shā lì jīn

【出处】

同"披沙拣金"。唐·刘知己《史通·直书》："然则历考前史，征诸直词，虽古人糟粕，真伪相乱，而披沙拣金，有时获宝。"

【释义】

比喻从大量的事物中选取精华。

盘石桑苞 pán shí sāng bāo

【出处】

《易·否》："系于苞桑。"孔颖达疏："苞，本也。凡物系于桑之苞本则牢固也……桑之为物，其根众也，众则牢固之义。"

【释义】

根深柢固的桑树，比喻安稳牢固。本书借指各类资源为元宇宙的打造建立了雄厚的基础。

千里跬步 qiān lǐ kuǐ bù

【出处】

《荀子·劝学》："不积跬步，无以至千里；不积小流，无以成江海。"

【释义】

走一千里路，是半步半步积累起来的。比喻学习应该有恒心，要坚持下去，不要半途而废。

迁思回虑 qiān sī huí lǜ

【出处】

汉·司马相如《封禅文》："乃迁思回虑，总公卿之议，询封禅之事。"

【释义】

形容反复思考。

日异月殊 rì yì yuè shū

【出处】

明·袁宗道《论隐者异趣》："农工商贾，厮养皂隶，所作之事，日化月迁，所说之语，亦日异月殊，以其新也。"

【释义】

指变化快。

弱冠之年 ruò guàn zhī nián

【出处】

《礼记·曲礼上》："二十曰弱冠。"

【释义】

指年纪刚到成年的时候。

神笔马良 shén bǐ mǎ liáng

【出处】

中国童话故事，我国著名儿童文学作家、理论家洪汛涛先生创作于20世纪50年代。主人公马良心地善良，且作画惟妙惟肖，得到神仙赠送神笔，画什么就变成什么。

【释义】

本书用于形容元宇宙的制造应用为用户提供在虚拟世界中全方位模拟设备生产、买卖、运行等全生命周期过程管理的逼真环境。

熟思审处 shú sī shěn chǔ

【出处】

清·梁章钜《浪迹丛谈·许小琴分司》："盖芍友遇事必熟思审处，计出万全而后行。"

【释义】

反复思考，审慎筹划。

天涯比邻 tiān yá bǐ lín

【出处】

唐·王勃《杜少府之任蜀州》："海内存知己，天涯若比邻。"

【释义】

天涯：天边。比邻：近邻，邻居。

彼此相隔很远，却像近在身边一样。也作"天涯若比邻"。

匣里龙吟 xiá lǐ lóng yín

【出处】

晋·王嘉《拾遗记》卷一："帝颛顼有曳影之剑，腾空而舒，若四方有兵，此剑则飞起，指其方则剋伐。未用之时，常于匣里如龙虎之吟。"

【释义】

宝剑在匣中发出龙吟般的声响。原指剑的神通，后比喻有大材的人希望见用。

兴会神到 xīng huì shén dào

【出处】

《池北偶谈》十八："古人诗画，只取兴会神到，若刻舟缘木求之，失其旨矣。"

【释义】

清王士祯用语。兴：感兴；神：神来之笔。主张作诗要"伫兴而就""故未尝为人强作，亦不耐为和韵诗也"（《渔洋诗话》卷上）。反对"强作""和韵诗"，认为"强作""和韵诗"都不可能诗思喷涌。

行远自迩 xíng yuǎn zì ěr

【出处】

《礼记·中庸》："君子之道；辟如行远必自迩；辟如登高必自卑。"

【释义】

自：从。迩：近。

走远路必须从最近的一步走起。比喻学习、办事要由浅入深，从头开始，一步步前进。

虚实相长 xū shí xiāng zhǎng

【出处】

本书创意。

【释义】

相长：彼此促进。

本书用以形容虚拟和现实的相互映射。

悬丝诊脉 xuán sī zhěn mài

【出处】

在古典小说《封神榜》中，商纣王的宠妃妲己化成美女，她淫乱朝纲，祸国殃民。有三只眼睛的闻太师识破了妲己的真面目，再三向纣王进谏，纣王不信。闻太师通过悬丝诊脉，诊出妲己果真是妖精。

【释义】

古代中医诊脉的一种方法。为不便露面的患者诊脉时，以丝线的一端系在病患的手腕，医生在室外持线的另一端，即可凭在线传来的脉动诊断病情。

本书用以形容元宇宙的医疗应用为用户提供去中心化的医疗基础服务和交互协同的场景。

眼约心期 yǎn yuē xīn qī

【出处】

《沉醉东风·夜宴即事》曲："玉纤寒试调筝雁，眼约心期不暂闲。"

【释义】

嘴上虽然没说话，但双方的目光交流，心意相通。

本书中形容自然交互技术能够最终达到和元宇宙同用户心意自然相通的境界。

娱心悦目 yú xīn yuè mù

【出处】

秦·李斯《谏逐客书》："所以饰后宫，充下陈，娱心意，说耳目者，必出于秦然后可。"北齐·颜之推《颜氏家训·勉学》："直取其清淡雅论，剖玄析微，宾主往复，娱心悦耳，非济世成俗之要也。"

【释义】

娱、悦：使愉快。

使心情愉快，耳目舒畅。

月章星句 yuè zhāng xīng jù

【出处】

元·马熙《摸鱼子八首》之六："集词敬为先生寿，博得月章星句。"

【释义】

形容文章优美，辞藻华丽。

凿空立论 záo kōng lì lùn

【出处】

宋·朱熹《朱子全书·学》："固不可凿空立论，然读书有疑有所见，自不容不立论。"

【释义】

凿空：缺乏根据，牵强附会。

比喻本来缺乏根据，却挖空心思穿凿附会地作出论断。

知白守黑 zhī bái shǒu hēi

【出处】

《老子》："知其白，守其黑，为天下式。"

【释义】

对是非黑白，虽然明白，还当保持暗昧，如无所见。

知往鉴今 zhī wǎng jiàn jīn

【出处】

明·无名氏《太平宴》第一折："知往鉴今，驱曹荡吴，非同小可也。"

【释义】

鉴：借鉴。

了解过去作为今天的借鉴。

知微知彰 zhī wēi zhī zhāng

【出处】

《易·系辞下》："君子知微知彰，知柔知刚，万夫之望。"

【释义】

既了解细小的萌芽状态，又了解发展起来后的显著特征。形容了解事物发展的始末；亦作"知微知章""知章知微"。

钟灵毓秀 zhōng líng yù xiù

【出处】

唐·柳宗元《马退山茅亭记》："盖天钟秀于是，不限于遐裔也。"

【释义】

钟：凝聚，集中。毓：养育。

凝聚了天地间的灵气，孕育着优秀的人物。指山川秀美，人才辈出。

众擎易举 zhòng qíng yì jǔ

【出处】

明·张岱《募修岳鄂王祠姆疏》："盖众擎易举，独力难支。"

【释义】

许多人一齐用力，容易把东西举起来。比喻大家同心协力就容易把事情办成。

诸法实相 zhū fǎ shí xiàng

【出处】

《法华经·方便品》："唯佛与佛，乃能究尽诸法实相。"

【释义】

佛法三乘菩提的核心，指自心藏识——无余涅槃之实际，即是实相心，名为非我之我，名为非心之心，名为诸法实相。具中道之性，离于二边，非因修有，本已如是。于无量劫来，因无明业爱有漏种子所牵，令众生轮回十方三界六道；然于生死轮回之中，实相心恒处中道性中，谓离有无、去来、断常、增减、生灭、一异、俱不俱、菩提烦恼、生死涅槃、有为无为、善恶净染等等二边，即龙树菩萨阐述的"八不中道"。

作而行之 zuò ér xíng zhī

【出处】

《周礼·考工记》："坐而论道，谓之王公；作而行之，谓之士大夫；审曲面势，以饬五材，以辨民器，谓之百工。"

【释义】

身体力行。

随文释义——术语表

AKA: Authentication and Key Agreement，认证与密钥协商协议

ALU: Arithmetic and Logic Unit，算术逻辑单元

API: Application Programming Interface，应用程序接口

AR: Augmented Reality，增强现实

ASIC: Application Specific Integrated Circuit，专用集成电路

BAN: Body Area Network，体域网

BCI: Brain-Computer Interface，脑机接口

BRDF: Bidirectional Reflectance Distribution Function，双向反射分布函数

CISC: Complex Instruction Set Computer，复杂指令集计算机

C/S: Client/Server，客户机－服务器

CT: Computed Tomography，计算机断层扫描

DAG: Directed Acyclic Graph，有向无环图

DAPP: Decentralized Application，分布式应用

DAM: Digital Asset Management，数字资产管理

DAO: Decentralized Autonomous Organization，去中心化组织

DARPA: Defense Advanced Research Projects Agency，美国国防高级研究计划局

DAS: Direct Attached Storage, 直接附加存储

DCI: Digital Copyright Identifier, 数字版权唯一标识符

DeFi: Decentralised Finance, 去中心化金融

DLP: Digital Light Processor, 数字光学处理器

DOE: Department of Energy, 美国能源部

DNN: Deep Neural Networks, 深度神经网络

ECC: Elliptic Curve Cryptography, 椭圆曲线加密算法

EPG: Execution Primitive Graph, 可执行原始图

ESB: Enterprise Service Bus, 企业服务总线

ETSI: European Telecommunications Standards Institute, 欧洲电信标准化协会

FL: Federated Learning, 联邦学习

FPGA: Field Programmable Gate Array, 现场可编程门阵列

GPU: Graphics Processing Unit, 图形处理器

GUI: Graphical User Interface, 图形用户界面

HE: Homomorphic Encryption, 同态加密

HMM: Hidden Markov Model, 隐马尔可夫模型

HPC: High Performance Computing, 高性能计算

IaaS: Infrastructure as a Service, 基础设施即服务

IDC: International Data Corporation, 国际数据公司

IMT: International Mobile Telecommunications, 国际移动通信

ISO: International Organization for Standardization, 国际标准化组织

KNN: K-Nearest Neighbor, K最近邻算法

LCoS: Liquid Crystal on Silicon, 液晶覆硅, 也称硅基液晶

LWE: Learn With Errors, 容错学习

LWR: Learning With Rounding, 带舍入学习, 也称取整学习

MD: Mimic Defense, 拟态防御

MG: Minic Guise, 拟态伪装

MIMO: Multiple Input Multiple Output, 多进多出

MLWE：Module Learning With Errors，模容错学习

MP：Mimic Phenomenon，拟态现象

MPIC：Multi-Party Intermediary Computation，多方中介计算

MR：Mixed Reality，混合现实

MRI：Magnetic Resonance Imaging，核磁共振成像

MUD：Multiple-User Domain，多用户虚拟空间游戏

NAS：Network Attached Storage，网络附加存储

NaaS：Network as a Service，网络即服务

NFT：Non-Fungible Token，非同质化代币

NFV：Network Functions Virtualization，网络功能虚拟化

NIST：National Institute of Standards and Technology，国家标准与技术研究院

NSA：National Security Agency，国家安全局

NSF：National Science Foundation，国家科学基金会

OAM：Open Application Model，开放应用模型

OLED：Organic Light-Emitting Diode，有机发光显示（也称有机电激光显示）

OSTP：Office of Science and Technology Policy，科技政策办公室

PaaS：Platform as a Service，平台即服务

PBR：Physically Based Rendering，基于物理的渲染

POG：Programming Operator Graph，编程运算符图

QoS：Quality of Service，服务质量

RAID：Redundant Arrays of Independent Disks，磁盘阵列

RISC：Reduced Instruction Set Computing，精简指令集计算机

RLWE：Ring Learning with Errors，环上容错学习

SaaS：Software as a Service，软件即服务

SAN：Storage Area Network，存储区域网络

S-box：Substitution-box，S 盒

SDN：Software Defined Network，软件定义网络

SLA：Service Level Agreement，服务等级协议

SLAM: Simultaneous Localization and Mapping, 同步定位与地图构建

SMC: Secure Multi-party Computation, 多方安全计算

SOA: Service-Oriented Architecture, 面向服务的架构

SQL: Structured Query Language, 结构化查询语言

TEE: Trusted Execution Environment, 可信执行环境

TPU: Tensor Processing Unit, 张量处理器

UGC: User Generated Content, 用户原创内容

UI: User Interface, 用户界面

VR: Virtual Reality, 虚拟现实

XaaS: X as a service, 一切皆服务

[1]刘之茵.提问的力量[J]. 销售与市场（管理版），2019.

[2]尤瓦尔·赫拉利.人类简史:从动物到上帝[J].中国民商，2014（11）:63-64.

[3]中国信通院.脑机接口技术创新与产业发展研究报告[R].2021.

[4]Seo D，Carmena J M，Rab Ae Y J M，et al. Neural Dust: An Ultrasonic, Low Power Solution for Chronic Brain-Machine Interfaces[J]. Quantitative Biology, 2013.

[5]梁启娟，张雪飞.浅谈智能代理技术[J].硅谷，2009（4）:1.

[6]刘韵洁，黄韬，张晨，等.未来网络的发展趋势与机遇[J].无线电通信技术，2020（1）.

[7]中国信通院云计算与大数据研究所.下一代数据存储技术研究报告[R].2021.

[8]王坚.城市大脑:以数据资源驱动社会可持续发展——谈从电

力时代迈向算力时代[J]. 前沿科学, 2019, 13（2）:5.

[9]段晓东, 姚惠娟, 等.面向算网一体化演进的算力网络技术 [J].电信科学, 2021, 37（10）:76-85.

[10]Zhang Y , Qu P, Ji Y , et al. A system hierarchy for brain-inspired computing[J]. Nature, 2020.

[11]袁勇, 王飞跃. 区块链技术发展现状与展望[J]. 自动化学 报, 2016, 42（4）:14.

[12]袁勇, 王飞跃. 区块链+智能制造技术与应用[M], 北京: 清华大学出版社, 2021.

[13]梅宏.大数据发展现状与未来趋势[R].2019.

[14]Ghemawat S, Gobioff H, Leung S T. The Google file system[C]. Proceedings of the 19th ACM Symposium on Operating Systems Principles. 2003: 29-43.

[15]Chang F . Bigtable : A Distributed Storage System for Structured Data[C]. 7th USENIX Symposium on Operating Systems Design and Implementation （OSDI）, 2006.

[16]Dean J . MapReduce : Simplified Data Processing on Large Clusters[J]. Proc. OSDI 2004, 2004.

[17]结城浩. 图解密码技术[M]. 周自恒, 译. 北京: 人民邮电 出版社, 2015.

[18]胡俊, 沈昌祥. 可信计算3.0 工程初步[J]. 网络与信息安 全学报, 2017（09）:83.

[19]Elias Y , et al. A key 6G challenge and opportunity –

connecting the remaining 4 billions: A survey on rural connectivity. TechRxiv, 2019.

[20]郑瑜.区块链底层初步构建元宇宙泡沫隐现[N].中国经营报,2021-11-27.

[21]黄华,孙茂才,王宁,等.医教协同背景下临床教学基地建设的问题与思考[J].南京医科大学学报(社会科学版),2018,18(6):481-484.

千里跬步

千里跬步——后　记

随着元宇宙概念的迅速火热，人们对这样一个看似虚无但又拥有无限可能的未来充满了期待，这是人类对美好生活的向往，也是人类探索未知的本能。我们对元宇宙也从最初的好奇，逐步经历了迷茫、认识、探索的过程。当前，国内外关于元宇宙的相关论述层出不穷，我们参考复杂巨系统设计理念，力求跳出已有的框架，从理论和技术的维度思考和研究，打造一本从孩童到专业技术人员都能有获得感的读物，达到学理性和实用性、工具性和前沿性的统一。

在本书编写过程中，我们反复学习钱学森关于"灵境""巨系统"等的概念和论述，从中汲取了营养，得到了启发，"站在巨人的肩膀上"初步形成了元宇宙体系构想——两仪灵境。为提升本书的准确性和规范性，我们邀请领域专家和资深编辑对书稿进行了审核，并研读了相关元宇宙分析和报告，历经多轮迭代完善形成样书。随后，我们在不同领域、不同年龄的潜在读者中开展了样书试读，倾听意见和建议。在即将付梓之时，我们有幸邀请到十余位院士、专家为本书作序，丰富了本书的内涵，升华了本书的价值。

由于元宇宙的概念还在不断发展进化，在目前认知阶段，本书发现了一些现象，提出了一些概念，总结了一些规律，形成了一些研判，希望尽早与广大读者进行交流，分享在元宇宙探索过程中形成的认知与取得的收获。如果本书能够给大家带来一点启发或思考，并以此唤起大家对元宇宙"新疆域"的热情，那就是对本书最大的认可。

面对浩渺的元宇宙，此书仅作为开端，通过"元宇宙系列丛书"的形式，在"万物皆可元宇宙"的浪潮中，我们希望以科学为内核、以体系为主线、以美学为辅助，持续探索元宇宙奥秘，从多视图体系设计、多层次技术剖析、多场景应用畅想等方面呈现元宇宙全貌，以发展的视角、求知的态度走"近"元宇宙，期望有一天能够真正走"进"元宇宙。

本书的编撰得到了众多领导和专家的大力支持和鼎力相助，在此一并表示感谢。感谢姜丽、赵彦杰、陈凤、徐小刚、王峰、吴江等领导为本书的撰写提供的指导和支持，感谢荣明、孟英谦、杨文是、甘翼、胡志军、杜楚、邹烈、刘永强等专家学者的先进思想和研究成果，感谢翁冬冬、韩腾、崔兆鹏、刘锋、孙路、汪武、张皓洋、马闯、彭龙、李胜昌、赵勇、宋彪、温秀秀、何嘉洪、卜毅明、朱桂桢、曾冲寒、史恺等老师对本书的修改完善，感谢国防工业出版社为本书出版提供的帮助，感谢首批"内审"读者惠心晨、李令仪、李汉卿、王凯旋、邵鹏志、葛晋鹏、胡明哲、高圣楠、杜佳兴、丛迅超、王迪、罗艺、肖龙飞等对本书的宝贵意见。

未来，我们愿与同仁们一道在探索元宇宙的道路上继续思考，继续前行。

正如计算机科学之父艾伦·图灵所说：

"We can only see a short distance ahead, but we can see plenty there that needs to be done."（我们的目光有限，但可以看到许多能做的事。）

惠怀海于北京

2022 年 7 月 30 日